中国皇帝传

刘浏　艾长青◎编

北方联合出版传媒（集团）股份有限公司
万卷出版公司 VOLUMES PUBLISHING COMPANY

ⓒ 刘浏 艾长青 2017

图书在版编目（CIP）数据

中国皇帝传 / 刘浏，艾长青编. —沈阳：万卷出
版公司，2017.6（2023.10重印）

ISBN 978-7-5470-4501-5

Ⅰ. ①中… Ⅱ. ①刘… ②艾… Ⅲ. ①皇帝－列传－
中国－古代 Ⅳ. ①K827=2

中国版本图书馆CIP数据核字（2017）第083457号

出版发行：北方联合出版传媒（集团）股份有限公司
　　　　　万卷出版公司
　　　　　（地址：沈阳市和平区十一纬路29号 邮编：110003）
印 刷 者：辽宁新华印务有限公司
经 销 者：全国新华书店
幅面尺寸：170mm×240mm
字　　数：300千字
印　　张：19
出版时间：2017年6月第1版
印刷时间：2023年10月第3次印刷
责任编辑：高　爽
装帧设计：张　莹
责任校对：高　辉
ISBN 978-7-5470-4501-5
定　　价：39.80元
联系电话：024-23284090

第一卷　秦汉

第二卷　魏晋南北朝

第一卷

秦汉

第一章 秦始皇嬴政

公元前221年，秦统一天下后，秦王嬴政感到"王"的称号无法彰显自己横扫六国的功绩和无上权威。他觉得自己功兼三皇五帝，决定从"三皇""五帝"中各取一字，号为"皇帝"，并以"制""诏""朕"作为皇帝专用语，不许他人使用。于是秦始皇嬴政成为了中国历史上第一位皇帝。

嬴政出生在战国时代，居住于关中地区的秦国是战国七雄之一。嬴政的父亲子楚是秦太子安国君的儿子，子楚的母亲名夏姬并不得宠，自身又非长子，所以被作为质子送到赵国邯郸。在邯郸，子楚被大商人吕不韦相中，认为他奇货可居。吕不韦从此为子楚四处奔走游说并为此投入重金，最终通过走安国君宠姬华阳夫人的门路使安国君约定立子楚为合法继承人。嬴政的生母"赵姬"也是吕不韦献给子楚的。

当时秦、赵两国失和，互相攻伐。秦昭襄王四十八年（前259）九月，秦兵进攻邯郸，次年九月将邯郸包围起来。第三年，秦将王齮指挥重兵发起强攻，邯郸危在旦夕。而作为质子的子楚处境也危险起来。子楚与吕不韦商讨对策后向防守官吏行贿六百金，逃回了秦国。赵姬母子也在娘家的秘密掩藏下，躲过了杀身大难。

秦昭襄王五十六年（前251），昭襄王死，太子安国君继位，是为秦孝文王。华阳夫人为王后，子楚为太子。这时秦、赵关系已经缓和，赵国就把赵姬母子送回秦国。于是九岁的嬴政在生地邯郸度过了童年后，终于来到秦国。

秦孝文王在位时间甚短，他先服丧一年，然后正式即位，即位三天就死了。接着子楚继承王位，是为秦庄襄王。庄襄王一即位，便起用吕不韦做相国，封为文信侯，赏赐洛阳十万户作为他的食邑。而庄襄王在位时间也很短，三年就去世了。这样，秦庄襄王三年（前246），十三岁的少年嬴政登上了秦国的王位，王政由母亲赵太后和相国吕不韦执掌。

秦王嬴政继承秦国王位以后，吕不韦的权势进一步扩大。他继续官居相国，并取得作为国君长者的"仲父"尊号，而且财力雄厚，成为秦国首屈一指的大富翁和政治暴发户。他还招养门客三千，广集见闻，著成《吕氏春秋》。而赵太后的权势也盛极一时，假充宦官的嫪毐深得太后宠爱，所掌政务悉由其决断，更拥有宾客千余人，朝中官员也争相交结，成为秦国仅次于吕不韦的又一股政治势力。

于是在秦王嬴政亲政以前，吕不韦的吕氏集团和嫪毐的后党集团把持了国政，他们都是秦王嬴政亲政之后必须铲除的势力。秦王嬴政亲政的前一年，吕不韦公布《吕氏春秋》，嫪毐则分土封侯。面对吕党和后党两集团的嚣张气焰，秦王嬴政未动声色。次年四月，他照预定计划举行冠礼。嫪毐乘秦王嬴政至雍城加冠之机矫秦王御玺和太后玺发动暴乱，企图杀死秦王嬴政。秦王嬴政早有戒备，立刻命令相国昌平君等人率军镇压，活捉嫪毐。嫪毐被车裂，诛灭三族；党羽骨干卫尉竭、内史肆、佐弋竭、中大夫令齐等二十余人皆枭首示众；舍人都被判处服刑，受案件牵连的四千余家全部被夺爵流放蜀地。秦王嬴政还杀死了赵太后与嫪毐所生的两个私生子，同时把母亲隔离于雍城宫中监视起来。后经群臣屡谏，秦王嬴政才亲自把赵太后迎回咸阳。

此事还牵连到相国吕不韦。秦王嬴政本打算乘嫪毐案件诛杀吕不韦，一并清除吕氏集团。但是吕不韦辅佐先王继位的卓著功勋众所周知，在秦国也有深厚的根基，不能操之过急。直到又过了一年，秦王嬴政站稳脚跟，才免去吕不韦的相国职位，将他逐去洛阳。吕不韦在洛阳居住期间，山东六国君主频繁地派人到洛阳向他请安。为防止吕不韦与山东六国勾结变乱，他在始皇帝十二年（前235）决定处死吕不韦，便派人给吕不韦送去一封书信，信中说："君对秦国有何功劳？却封土洛阳，食邑十万。君与秦国有何血亲？却号称仲父，妄自尊大。快带家属滚到西蜀去住！"吕不韦受到这番凌辱，自度不免一死，于是服毒自尽。吕不韦死后，秦王嬴政还严惩了他的家人、宾客。

嫪毐和吕不韦两大政治集团的覆灭意味着嬴政彻底扫清了自己施展抱负的障碍，他开始了统一山东六国的事业。在战国七雄中，秦国具备兼并天下最有利的条件。秦国到秦王嬴政继承王位时，无论在经济上、军事上还是地理形势上，都做好了完成统一的准备。为了加快统一步伐，他在清除国内敌对势力的同时积极搜罗人才，重新组织文武骨干。秦王嬴政的文武骨干有二十余人，由王翦、王贲、蒙武、蒙恬等将才负责兵事，由顿弱、姚贾等精干机敏之人负责谍报，策略则由尉缭和李斯这样的得力谋士来谋划。

在战略上，秦王嬴政继续奉行先王"远交近攻"的战略方针，首先向韩国兴兵。秦王政十七年（前230），秦军攻韩，俘韩王安，尽取韩地，置为颍川郡，韩国灭亡。秦王政十八年（前229）秦兵攻赵，两年后又攻打燕国，并在五年后彻底灭亡赵国和燕国。秦王政二十二年（前225），秦将王贲率军攻魏，魏国灭亡。同年秦王嬴政派李信、蒙武率兵二十万南下灭楚，大败而回。后采纳王翦意见，令其率兵六十万伐楚，王翦用兵三年，楚国也被彻底灭亡。

短短九年时间，秦国已经并吞了山东六国中的五国，只剩下长期苟且偷安的齐国。公元前221，王贲大军由燕南下，一举战胜齐军，俘齐王建，齐国灭亡。就这样，秦王嬴政花了十年时间，终于完成了统一中国的大业。此后秦王嬴政为了巩固统一，以秦国制度为蓝本，在政治、经济、文化等各个领域施行全面改革，奠定了中华的大一统帝国模式。

统一战争刚一结束，秦王嬴政就着手确立始皇帝朝的正统地位。他依照战国时"五德始终"的学说，以周为火德，以代周的秦为水德，于是颁布新的"正朔"，表示新朝代的诞生。五行中黑色代表水，所以秦朝以黑色为上，衣服旗帜皆为黑色，百姓也改称为"黔首"。秦王嬴政又到泰山举行封禅典礼，把秦朝的正统地位进一步确立起来。

王朝地位确立后，经群臣郑重讨论，嬴政的尊号由秦王改为"皇帝"，确定皇帝的地位和权力至高无上，朝廷和地方的主要官吏都由皇帝任免。皇帝自称为"朕"，命称为"制"，令称为"诏"，行使权力的凭证是玉玺。只有皇帝的印才称为玺，只有玺才能使用玉料，玉玺与"朕""制""诏"一样，都是皇帝的专擅之物，不许臣民使用。皇帝名号和权位确定以后，皇帝的至亲也随之各建尊号，父亲曰"太上皇"，母亲曰"皇太后"，正妻曰"皇后"。秦始皇还命令博士官参照六国礼仪，制定了一套尊君抑臣的朝仪，皇帝高高在上，群臣听传令官之令趋步入殿拜见皇帝。为了充分行施自己的最高权力，秦始皇每天都在夜以继日地拼命操劳，给自己规定，不批完一石竹简公文，决不休息。

中央和地方制度的确立也是重大问题。丞相王绾主张继续分封，在各封国设国王，群臣都表示赞同。唯新任廷尉的李斯力排众议，坚持认为分封正是战国年间天子式微兵祸连年的根源，应该设立郡县，由可以随意任免的官僚来管理地方。秦始皇认为李斯的意见正确。于是废分封、置郡县，把天下分为三十六郡，并在全国范围内建立了一套有利于中央集权和皇帝专制的行政机构。

朝廷以皇帝为首，下设三公九卿。三公是左右丞相、太尉和御史大夫。丞相是中央行政机构的最高长官，协助皇帝处理全国政务。太尉是中央行政机构的军事长官，协助皇帝掌管军事，但平时没有兵权，只有接到皇帝命令和符节时才能调动或指挥军队。御史大夫是副丞相，相当于皇帝的秘书长，协助丞相治事，并有监察文武百官的职权。三公之下设有九卿，即奉常、郎中令、卫尉、太仆、廷尉、典客、宗正、治粟内史和少府，负责掌管各方面的具体政务。地方则以郡、县为基本行政单位，下分乡、亭、里、什伍，建立起了一套强有力的官僚行政体系。什伍互相监督，有罪连坐，从朝廷到地方，从郡县到乡里，这套制度构成了一张庞大的统治网，使权力通过朝廷集中于皇帝手中。专制主义中央集权的帝制国家已经初步成型。

除了建立国家制度外，秦始皇还采取了一系列加强集权的措施。首先是将天下豪富迁到咸阳进行监视和控制；其次是把民间兵器全部没收，集中销毁，铸成了钟座和十二金人；第三是毁坏城防，下令将六国首都城郭和边城、关塞全部拆毁；第四是修筑驰道，以咸阳为中心，一条东通今河北、山东的海边，一条南通今两湖、江苏等地，一条北通今内蒙古。秦王朝除了三条主要驰道外，还在岭南修有"灵渠"和"新道"，西南山险地区也修了"五尺道"。这一东西南北纵横的交通网，大大便利了帝国中央对广大领土的控制。

秦始皇还把秦律颁布全国统一执行，结束了战国时代各国法律条文不一致的状况。秦律具有苛刻严明的特征，对于"治吏"尤为重视，官吏犯过，绝无宽恕余地，所以秦代吏治清明，官吏不敢贪污受贿或者玩忽职守，理事效率极高。除法律之外，秦始皇还采取了许多统一措施，诸如统一度量衡、货币，简化和统一汉字等，史称"车同轨，书同文"。这些，都对统一帝国的巩固和发展起了巨大作用。

秦始皇统一六国后还需要面对北方游牧民族的军事威胁，于是他派大将蒙恬北攻匈奴，并修筑了作为"世界七大奇迹"之一的万里长城。对"南越"居住的岭南广大地区，秦始皇也进行了征服和统一。统一岭南后，秦始皇设置南海、桂林、象郡，徙民戍守，与越杂居。这样秦王朝就大体上划定了东到辽东、西至陇西、北至阴山、南至南海的中国历史上的空前辽阔的帝国疆域。

秦始皇是自信而又富有进取精神的君主，这使他完成了前所未有的伟大功业。然而在他成就霸业后，他的进取与自信变成了好大喜功和刚愎自用。他穷奢极欲，横征暴敛，丝毫不爱惜民力。他到处建造离宫别馆，仅首都咸阳四周二百里内就有宫殿二百七十座，关中有行宫三百座，关外有四百多座。其中规模最大的宫殿是阿房宫。这项宏大的工程常年用工七十万人，后来项羽入关放火焚烧，一连三月还没全部烧毁。还有秦始皇为自己修建的骊山墓，常年使用刑徒七十二万人，一直修到他死。

单是阿房宫和骊山墓两项工程，秦王朝就用去了精壮劳力一百四十余万人，加上北筑长城，南戍五岭，修驰道，造离宫，以及其他兵役杂役，常年动用民力多达三百余万。这些消耗大量人力物力的工程不可避免地带来沉重的兵役徭役和苛捐杂税，于是海内民穷财尽。秦王朝又奉行法家学说，崇尚严刑峻法的高压统治，这招来了更大的不满。六国贵族、士人和广大百姓都对秦的暴政愤恨不已。秦朝统一天下本来结束了连绵的战祸，却因为不恤民力迅速地失去了人心。

然而秦王朝不但无视人心所背，反而变本加厉地实行高压统治。为压制士人舆论，升任丞相的李斯建议秦始皇命令将天下诸子百家书籍一律烧毁,有敢谈论《诗》《书》者杀,官吏知情不报同罪。令下三十日不烧即判刑。仅保存医药、卜筮和农书不毁。秦始皇批准了李斯的奏书,全国各地便展开了一场大规模的"焚书"活动。然而焚书和刑罚并未能封住士人之口,秦始皇大怒,派御史进行调查。结果犯禁者四百六十余人全部被坑埋在骊山深谷。因为其中多为儒生,所以史称"坑儒"。秦始皇的长子扶苏只是对此劝谏了几句,秦始皇就恼怒扶苏多嘴,把他赶到北边的上郡去执行监军任务。

不仅士人,百姓也在怨恨秦始皇。楚地流行着"楚虽三户,亡秦必楚"的歌谣,诅咒秦王朝灭亡。始皇帝三十六年,东郡落下一块陨石,有人在石上刻了一行字:"始皇帝死而地分。"秦始皇知道后派遣御史追查刻字人,无人承认,他便把陨石附近的居民全部杀死,然后销毁了陨石。然而朝野间对暴政的怨恨依旧有增无减。

秦始皇依旧沉迷在自己独掌天下的快感之中,他开始四处外出巡游,寻访仙山、希求长生。在巡游途中,秦始皇每到一地,便派遣大量的方士去寻找神仙,求取长生仙药。始皇帝三十七年,秦始皇进行了他的最后一次巡游,依旧一无所获。连日的旅途劳累与沮丧的心情使他在平原津病倒了。

当时,跟随秦始皇出游的有左丞相李斯、中车府令赵高等人,还有秦始皇的少子胡亥。随着病情加重,秦始皇自己也明白死到临头了,于是给在北边监军的长子扶苏留下玺书,让他急赴咸阳主办丧事,由扶苏来继承帝位。玺书封好后放在中车府令赵高处,还没有来得及交与使者,行舆至沙丘平台,秦始皇就病逝了。时为始皇帝三十七年七月。秦始皇在位三十七年,称王二十五年,称帝十二年,终年五十岁。

丞相李斯见秦始皇死在途中,为防止因争夺继承权导致天下变乱,只能秘不发丧,把秦始皇的尸体载在可以躺卧的车中继续前进。天气炎热,尸体臭味扑鼻,不得不靠每车载一石鲍鱼来掩盖。赵高乘机在归途中策动政变,勾结李斯窜改遗诏,扶立少子胡亥继承帝位,并派人逼死扶苏。车队返回咸阳以后,胡亥继位,是为秦二世皇帝。

同年九月,中国历史上的首位皇帝秦始皇下葬在骊山。

第二章　汉高帝刘邦

汉高帝刘邦，字季，一说小名刘季，公元前256年出生于沛郡丰邑中阳里的一个小康之家。刘邦小时候虽然也读过书，但性格颇不安分，又好逸恶劳、游手好闲，他的父亲曾为此多次责备他。到他的青年时代，秦朝已经统一全国。他通过考试当上了秦的泗水亭长，并与郡县小吏关系非常亲密，但依旧改不了吊儿郎当的性子。他尽管在生活上不大检点，但胸怀大志。一次他押送夫役到咸阳，正碰上秦始皇出行，看到秦始皇威风的仪仗，他便赞叹说："唉，大丈夫就应该像这个样子！"

从咸阳回来后不久，刘邦就结了婚。妻子是单父人吕公的女儿。吕公因为和沛县的县令关系好，躲避仇家时便搬到沛县。吕公刚到沛县时，县里的豪杰吏曹听说他是县令的贵客，都来拜贺。当时萧何在沛县任主吏，主办宴会，向来客宣布："凡贺礼不满一千钱，都坐在堂下。"刘邦也是贺客之一，他根本没带钱，却说："我贺钱一万。"传达去告诉吕公，吕公急忙亲自下堂迎接。吕公看到刘邦后，觉得他相貌气度非凡，对他十分敬重，就拉他入席就座。酒后，吕公示意刘邦留下，表示想把自己的女儿嫁给他。刘邦当然求之不得，就和吕公的女儿成婚了。吕公的这个女儿就是后来历史上著名的吕后。她为高祖生了一儿一女，女儿后来称鲁元公主，儿子就是汉惠帝。

秦王朝末年，刘邦受命以亭长身份押送刑徒到骊山去作为劳工。刑徒们在半路纷纷逃亡。刘邦估计等到了骊山，这些刑徒差不多要跑光，索性在走到大泽里时仗着酒劲就把刑徒身上的绳索解开，对他们说："你们都逃命吧，我也从此逃亡了！"当时有十几个刑徒愿意跟着刘邦走，刘邦就连夜带着他们从大泽里逃亡。逃亡的途中刘邦斩了一条拦路的白色的大蛇，那些跟从他的刑徒认为这是上天降下的预兆，对他更加敬畏。

刘邦杀了大蛇后带着那些愿意跟从他的刑徒逃亡到芒、砀山区，藏了起来。但就是这样，吕氏和其他人去寻找他，也常常能够很快找到。刘邦很奇怪，就问她原因。吕氏说："你藏身的地方，天空上经常有五彩祥云，所以我一找就能找到。"刘邦很高兴，把此事向人们悄悄宣传，沛县及附近的青年人听说后，很多都愿意跟从他。这样一来，刘邦利用迷信和自己的为人网罗了一批人在自己周围，成为当时人们公认的沛中豪杰。

秦二世皇帝元年（前209）七月，陈胜、吴广在大泽乡发动起义，反秦的起义战争就此爆发。沛县县令想响应陈胜来保全自己，刘邦好友沛县主吏萧何、狱掾曹参就向县令建议说："你是秦朝的官吏，现在想背叛秦朝，沛中子弟恐怕不会听你的。最好还是把那些逃亡在外的人召回来，能聚集几百人，这样就能聚集人心了。"县令表示同意，让吕后的妹夫樊哙去找刘邦。刘邦这时已经聚集了好几百人，于是就和樊哙一起回到沛城。但刘邦还没到沛城，县令又开始后悔，害怕刘邦进城会杀掉自己，因此紧闭城门，还打算杀掉萧何、曹参。萧何、曹参闻讯后，急忙越城逃到刘邦处。刘邦进不了城，就写一封信射到城里，号召沛城父老杀掉县令，响应各路义军。城中人民对县令出尔反尔非常愤恨，加上不满他平日鱼肉百姓，于是杀了县令，开门迎接刘邦，并想推举他为县令，萧何、曹参等也都一致推让刘邦。刘邦一再推辞，最后被大家拥立为"沛公"。刘邦在县令的衙门中，设坛祭祀，并宣称自己是赤帝之子，因而树起红色大旗，正式宣布起兵反秦。接着，萧何、曹参和樊哙等人分头去招兵买马，沛中子弟踊跃参加，队伍很快发展到了两三千人。

刘邦在沛城起兵的同时，原楚国贵族的后裔项梁、项羽叔侄也在吴中起兵。他们杀了会稽郡守，很快组成了一支八千江东子弟兵的队伍。其他一些六国贵族也都纷纷起兵，自立为王。同年十二月，陈胜被车夫庄贾所杀。次年六月，项梁知道陈胜确实已死，就在薛县召集各部将领，立了楚怀王的孙子熊心为楚怀王，尊为义帝，定都盱台。这时，秦大将章邯已经攻灭了魏国和齐国。到了七月，楚军经过休整向秦军发起反攻，取得一系列胜利，项梁被胜利冲昏了头脑，轻敌冒进。九月，章邯得到秦关中的援兵后突然夜袭定陶，楚军大败，项梁被杀。章邯在击杀项梁后，认为楚国已不再构成威胁，就渡河进攻赵国。赵王向楚怀王求救。楚怀王接到赵国的求援信，决定分兵两路：一路以宋义为上将军，项羽为次将，范增为末将，北上救赵；一路以刘邦为将，西进关中。最初，楚怀王曾和诸将约定："先入定关中者王之。"但由于秦军强大，许多将领都不愿意抢着入关。只有项羽为了给项梁报仇，要求和刘邦一起入关。楚怀王和老将们考虑项羽为人剽悍残酷，不如刘邦宽厚。所以最终他们没有同意项羽的要求，还是派刘邦独自率军入关。

经过连番征战，公元前207年八月，刘邦攻入武关，向咸阳逼近。秦相赵高杀死二世皇帝，派人向刘邦求和，被刘邦拒绝。九月，秦王子婴即位，他诛灭赵高，派兵在峣关抵挡刘邦。刘邦率军绕过峣关向秦国进攻，在蓝田之南打败秦军，接着到蓝田又大破秦军。十月，刘邦即进抵咸阳东郊霸上。秦王子婴被迫捧着玺印向刘邦投降。秦王朝灭亡。

十月，刘邦进入咸阳。他听从张良的劝谏，"乃封秦重宝财物府库，还军霸上"。后有萧何带着"秦丞相御史律令图书"回到军中。十一月，刘邦召集各县一些有名望的人士，与他们约法三章：杀人者死，伤人及盗抵罪。原来的秦法一律废除，所有官吏和行政也都保留。刘邦派人和秦朝原来的官吏一齐到各县乡邑去宣传。老百姓听说后非常高兴，都纷纷带着牛羊酒肉来慰问义军。刘邦辞让说："仓库里的粮食很多，我不能让你们破费。"老百姓更加高兴，唯恐刘邦不做关中王。这时，一个见识短的人向刘邦献计说为了当上关中王应该赶快派兵守住函谷关，防止项羽等人入关。刘邦认为他的意见很对，于是派兵驻守函谷关。

项羽在救赵消灭秦军主力后，也率军向关中进发。公元前207年十二月，他来到函谷关。一见关门紧闭，又听说刘邦已平定关中，项羽大怒，当即命当阳君英布攻破函谷关，接着率四十万大军开到城下。这时，刘邦的左司马曹无伤听说项羽正发怒，为了求封，就暗中派人向项羽告状说："沛公欲称王关中，让子婴做相国，把秦的珍宝都据为己有。"项羽一听，更是怒上加怒，加之谋士范增也劝项羽赶快除掉刘邦，因此他下令犒劳士兵，决定次日一早就向刘邦进攻。刘邦当时只有十万人，在兵力上完全处于劣势。项羽的叔叔项伯和刘邦的谋臣张良交往甚密，张良曾救过他的命。他听说项羽马上就要向刘邦进攻，连夜驰入刘邦军中，想把张良带走。张良却对他说："沛公有大难，我作为谋臣不能一声不吭就走，要走也得把这个事情告诉他。"刘邦听了大惊，要张良赶快考虑对策。张良说："你现在应亲自去对项伯说明，你不敢背叛项王。"刘邦对项伯以好酒招待，并约为儿女亲家，然后说："我入关后，秋毫不敢所取，登记吏民，封存府库，以等待将军。遣将守关也是为防备盗贼和其他意外。我日夜盼望将军到来，怎么敢反叛呢？希望您能替我向将军说明这个情况。"项伯答应，对刘邦说："你明天拂晓定要亲自去对项王赔礼。"刘邦答应后，项伯即连夜返回，把刘邦的话全部告诉了项羽，并劝告项羽说："沛公不先破关中，你能顺利入关吗？人家有大功，不该这样对待，还是好好相待才是。"项羽表示同意，取消了进攻计划。

第二天一早，刘邦率张良、樊哙和一百多个骑兵来到项羽的营帐鸿门，向项羽赔礼。项羽宴请刘邦，席上明争暗斗，剑拔弩张，演出了历史上著名的"鸿门宴"。鸿门宴后，项羽即率兵西屠咸阳，杀秦王子婴，烧秦宫室，掳掠财物妇女，然后东归。到公元前206年二月，他以最高统帅的身份，尊怀王为义帝，立诸将为王、侯，一共分封了十八个诸侯王。项羽自立为西楚霸王，管辖梁、楚九郡，都彭城，立刘邦为汉王，管辖巴、蜀、汉中四十一县，都南郑。

四月，项羽遣诸侯各自就国。刘邦没有办法，也只好前往南郑。项羽当时只给了他三万士兵，加上自愿随从的几万人，也不到十万人。为了防备其他诸侯的袭击，也为了向项羽表示不再东出争夺天下，刘邦接受张良建议，把通往汉中的栈道烧了。这样，从陈胜开始反秦到秦灭亡，长达三年的战乱暂时平息。

刘邦虽然来到南郑，但他只是因为势单力孤才没有反对项羽，然而到了南郑后，刘邦所率士卒不服水土，思念故乡，渴望东归，军心不稳，他必须立即决断。同时项羽分封不均，齐国田荣起兵反叛，也为刘邦提供了东进的机会。刘邦决定出关与项羽决一雌雄。恰好丞相萧何又向他推荐将才韩信，认为"必欲争天下，非信无可与计事者"，刘邦便任命韩信为大将。韩信向刘邦建议："我们的军吏和士卒都是崤山东人，他们日夜企望东归，借助这股士气，可以建立大功。我们应立即决策，率军东进。"刘邦非常高兴，就让他全权部署作战计划。高帝元年五月，刘邦以萧何为丞相，留守巴蜀，安抚后方，自己则和韩信率领大军暗度陈仓，很快占领了整个关中，楚汉战争正式爆发。

高帝二年十一月，正当项羽与齐、赵激战时，刘邦率兵出关向中原进军。汉军声势浩大，河南王申阳主动投降，刘邦置其地为河南郡。郑昌顽抗，被韩信击破，也被迫投降。刘邦回到关中，迁都栎阳。为瓦解敌方和巩固后方，他下令若敌方将领率万人以一郡降封为万户，开放秦朝原来的苑囿园池，令民耕种。高帝三年，刘邦北渡黄河，西魏王魏豹带兵投降。塞王司马欣抗拒，被刘邦击败后俘虏。接着，刘邦又南渡黄河，攻克洛阳。四月，刘邦率各路诸侯，共五十六万人，东向伐楚，很快攻下了彭城。

项羽知道刘邦出关东进后，并没有立即回师迎战。他准备把齐国彻底击破后，再全力对付刘邦。这时听说刘邦已经占领彭城，便率领精兵三万，急返彭城。当时刘邦还在彭城置酒，和各路诸侯庆功，楚军在早晨向汉军发动进攻，一日之内，大破汉军。汉军沿毂、泗二水退逃，被杀死十几万人。又在灵壁东濉水上被项羽追上，又有十几万汉军被杀死，"濉水为之不流"。刘邦仅与数十骑逃脱，路上恰遇女儿和儿子，而父亲和妻子却被楚军俘虏。各路诸侯看到刘邦大败，纷纷叛离。

刘邦退到荥阳，收集逃散士卒。这时，萧何从关中派来增援部队，连五十六岁以上的老人和不满二十岁的青年都被征入伍。同时韩信也收兵前来会合，汉军复振。五月，汉军在荥阳南边京、索之间击破楚军，使楚军不能越荥阳而西。在此期间，刘邦还派说客说降英布叛楚。英布是项羽手下的一员猛将，他的反叛不仅使项羽丧失了一支重要的力量，同时由于项羽要分兵平叛，也给刘邦的正面战场减轻了压力。

当时，汉军在荥阳一带设防。为了保证军粮，汉军修筑甬道，从黄河上通过，到原秦的大粮仓敖仓去搬运粮食。项羽却多次侵夺汉军的甬道，使汉军缺乏粮食。四月，项羽包围了荥阳。刘邦无奈，向项羽请和，以荥阳以西为汉。项羽准备答应，但范增却认为不应放过消灭汉军的机会，项羽便不再同意讲和，猛攻荥阳。刘邦只好使用陈平之计离间项羽和范增。

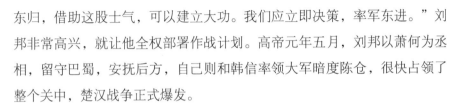

中国皇帝传 ◎ 第二章 汉高帝刘邦

项羽派使者来劝降，刘邦让人捧着丰盛的食物去招待。看见使者，假装惊愕说："我以为是亚父的使者，原来却是项王使者。"然后把好菜好饭拿走，换上很差的饭菜。使者很生气，回去报告项羽。项羽从此怀疑范增与汉私通，对范增提的一些主张不再采纳。范增为此大怒，心灰意冷自请退隐，项羽同意。这样，范增就离开了项羽，还没有走到彭城，背上生疮，气愤而死。

五月，楚军对荥阳的攻势更加猛烈。在这种情况下，将军纪信建议刘邦，让自己代替刘邦假装投降，以使刘邦借机逃离。于是纪信坐着刘邦的车子，从东门出降，吸引楚军四面包围，刘邦带着几十个骑兵从西门突围而走。项羽没有捉住刘邦，气得把纪信烧死了。项羽占领荥阳后，接着又攻克重镇成皋。高帝四年十月，刘邦收复成皋，进围荥阳。项羽听说成皋失守，立即回师。刘邦撤围后退，两军在荥阳东北的广武山形成对峙。

对峙数月，项羽感到这样下去对自己不利。刘邦可以从敖仓取得军粮，而楚军却由于彭越在后方骚扰军粮总是供应不上。为了逼迫刘邦投降，项羽想出了一个方法，把前时俘虏的刘邦的父亲太公带到了阵前，对刘邦说："现在你不赶快投降，我把你的父亲烹了。"不料刘邦却毫不在意，竟说："我和你曾受命怀王，'约为兄弟'。我的父亲就是你的父亲，如果你一定要烹了你的老子，那么看在兄弟分上也分给我一碗肉汤吧。"项羽气得要杀掉太公，项伯劝他说杀了太公毫无作用，只会徒增怨仇。项羽只好作罢。后来项羽又向刘邦单独挑战，刘邦却笑着拒绝说："我和你只斗智，不斗力。"然后刘邦还指责项羽的十大罪状，项羽听后大怒，弯弓射中了刘邦的胸部。

双方这样对峙了十个月，刘邦兵盛食多，项羽兵疲食绝。最后在辩士侯公的说和下，刘邦和项羽约定：双方以鸿沟为界，"中分天下"，西边属汉，东边归楚。项羽送还了刘邦的父亲和妻子。鸿沟之约后，项羽率兵东去，刘邦也想引兵西还。张良、陈平进谏说目前楚军已兵疲粮尽，不借这个机会消灭项羽就是养虎遗患。刘邦醒悟，立刻追击楚军。

高帝五年十月，刘邦在阳夏之南追上项羽。他遣使与韩信、彭越约期会师，共击项羽。到了固陵，韩、彭两军未至，项羽向刘邦发起攻击，汉军大败。刘邦只好又坚壁固守，同时遵循张良的计策派人通告韩信、彭越，以封他们为齐王和梁王相筹得到二人全力相助。楚大司马周殷也被刘邦劝降，淮南王英布也带兵前来会战。汉军终于在兵力上占据了绝对优势。到十二月，双方在垓下会战，汉军三十万人团团围住了项羽。

项羽当时已兵少粮尽，夜里又听到四面汉军大唱楚歌，以为汉军已全部占领楚地。他与美人虞姬在帐中饮酒，命人牵来心爱的坐骑"乌骓"，然后悲歌慷慨地唱道："力拔山兮气盖世，时不利兮骓不逝。骓不逝兮可奈何，虞兮虞兮奈若何！"虞姬则和唱说："汉兵已略地，四方楚歌声。大王意气尽，贱妾何聊生。"二人唱了几遍，虞姬自刎。项羽含泪跨上骏马，率骑兵八百，连夜突围而出。

天亮以后，汉军才发觉项羽已经突围。刘邦令骑将灌婴率骑兵五千追击。项羽渡过淮河，只剩下一百多人随从。到阴陵，由于迷路，又陷入大泽。项羽引兵向东，至东城被灌婴追上。这时项羽身边只还有二十八骑，奋力与汉军三次激战，杀死汉军几百人，最后拔剑自刎。楚汉战争终于以刘邦的胜利而告终。

高帝五年正月，刘邦按照与韩信、彭越的约定，立韩信为楚王，彭越为梁王。于是韩信、彭越和原已策立的淮南王英布、赵王张敖、燕王臧荼、韩王信以及前不久封为长沙王的吴芮上疏共尊刘邦为皇帝。刘邦推辞，他们都说："大王讨灭乱秦，又以汉王诛灭不义，平定天下，立功臣，不为私，诸侯王不足称，惟称皇帝实宜。"刘邦说："你们真认为这样会对天下人民有利，那就可以吧。"二月初三，刘邦于山东定陶氾水之阳正式称皇帝，国号为汉，此即汉高帝。接着，他下诏尊王后吕雉为皇后，太子刘盈为皇太子。

高帝称帝后定都洛阳，让群臣畅所欲言，总结汉胜楚败的经验教训。当时高起、王陵认为，高帝能"与天下同利"，而项羽却"不予人利"，这是项羽所以失败的原因。高帝却认为他们只知其一，不知其二。他说："要讲运筹帷幄之中、决胜千里之外，我比不上张良；讲镇守国家，安抚百姓，供给粮饷，我比不上萧何；讲率军百万，战无不胜，攻无不克，我比不上韩信。但我能任用他们发挥出他们的聪明才智，这才是取得胜利的原因。而项羽只有一个范增，却又不能善加任用，这是失败的原因。"对于高帝的分析，群臣都表示悦服。

这时，戍卒齐人娄敬从山东赶来洛阳，求见高帝。他认为高帝夺取天下的方式和周代不同，不应当像周那样定都洛阳，而应据秦之险，定都于关中。高帝把他的主张交给群臣讨论，许多人表示反对，认为还是在洛阳好。只有张良支持娄敬，对高帝说，关中是"金城千里，天府之国"，攻守兼备。高帝非常赞成，于是西迁关中，定都于长安。因为长安地处西方，和后来光武帝定都洛阳重建的汉朝相对，所以后世史家称为"西汉"。

西汉的政治制度基本上继承于秦朝，是谓"汉承秦制"，只是在具体政策上有所调整。不过汉朝对秦朝制度的继承也出现过一些反复：汉初总结秦亡教训时，有一些保守大臣认为秦朝不分封诸侯是秦朝覆亡的原因之一，认为汉朝应当改郡县为分封诸侯。刘邦对这个观点吃不准，所以没有贸然肯定或者否定，在地方采取了郡县与封国并行、雇佣官僚与世袭贵族并行的明显带有实验色彩的行政体制。汉初刘邦先是分封了七个异姓王国，后来除了长沙王吴芮，其余都被陆续消灭。但在削平异姓王的过程中，高帝又分封了九个同姓王，他们都是高帝的子、侄、兄弟。高帝规定：诸侯王国的地位与郡相等，王国的相和太傅必须由中央委派，代表中央处理政务，没有中央的虎符，诸侯王不得擅自发兵，诸侯王不得违反中央政令等。在诸侯王国以外，高帝还分封了许多侯国。这些侯国的地位与县相等，大多是封赏给有功之臣的。这样一来，汉代的地方制度就是郡县制度和诸侯王国并行。为了维护尊卑等级，高帝还沿用了秦的二十级爵位制度。在秦朝法律的基础上，高帝也改制了新的法律，就是汉代著名的《九章律》。在制定法律的同时，高帝又仿效秦朝建立起一套礼仪制度。总之，通过以上一系列措施，统一的中央集权大帝国又重新建立起来。

统治政策方面，汉高帝借鉴秦王朝灭亡的教训，推行了与秦王朝截然相反的政策。经过长达八年的战乱，建国之初的汉朝人口锐减，经济凋敝。汉高帝刘邦首先采取措施，解决劳力不足的问题：囚犯释放，流民返乡，军人复员，解放奴婢，鼓励生育。同时，调整土地，发展经济。为了调动农民的生产积极性，在秦的赋税制度基础上，高帝采取了轻徭薄赋政策。除了轻徭薄赋，高帝还通过"赐爵""复爵"来调动农民的积极性。在重点发展农业生产的同时，高帝也对工商业的政策作了调整。主要措施就是放宽对私人工商业的限制。结果不仅振兴了工商业，也促进了农业生产。

为了保证人民能有一个安定的环境从事生产，汉高帝还比较妥当地解决了与匈奴的关系问题。他采用"和亲"策略，以宗室女为公主嫁给冒顿单于，并送给匈奴大批财物。这样一来，匈奴对中原的骚扰大为减少，汉、匈之间的关系出现了暂时和平，从而给中原人民提供了一个相对安定的生产环境。

由于以上措施和政策的施行，汉初的农业生产大大发展，经济很快得到了恢复。但是刘邦知道汉王朝隐患犹在：一是分封的异姓王，他们各自"拥兵据地"，擅长军事，不少人对中央怀有不轨之心；二是中小将领，他们都曾为高帝立过汗马功劳，虽然实力不强，但如果处理不当，也会起哄一番；三是六国残余贵族在地方很有势力，一有机会，还会死灰复燃；四是相权太重，人们忠君意识淡薄；另外，还有同姓王的问题。为了巩固统一和强化皇权，高帝从称帝到去世前后八年间，始终都在致力于消除这些隐患。

汉高帝首先解决异姓诸侯王问题，经过七年不懈的努力，除长沙王吴芮作为点缀外，高帝削平了所有的异姓王。汉高帝在消灭异姓王的同时，较为妥当地解决了安置中小将领的问题。高帝六年，他分封萧何等大功臣二十多人后，由于中小将领很多人都争功不决，暂时没有行封。有一次，高帝在洛阳南宫的阁道上，望见很多将领坐在沙地上窃窃私语，就问张良："这是在说什么？"张良说："你还不知道吗？他们是在谋反。"高帝有点不明白："天下已经安定，为什么还要谋反？"张良解释说："他们是怕你不能尽封，还怕你记仇杀掉他们。"高帝问怎么办，张良则问他平生最恨而又人所共知的人是谁。高帝说是雍齿，并说曾想把他杀掉，但因为他功劳多不好动手。张良便说："现在应赶快封雍齿为侯，大家看到雍齿都能先受封，自然人人安心，不会忧虑了。"高帝依张良所言，封雍齿为什方侯。这一招果然成功地安抚了人心，一场危机消弭无形。

至于对六国的残余贵族，汉高帝也同样没有忘记要打压他们。高帝九年，他接受娄敬的建议，并命娄敬把六国的残余贵族和各地的一些名门豪族十几万人都迁到了关中。这样一来，既便于高帝对他们进行控制，也使他们丧失了当地的社会基础。

为了更加稳固统治，高帝还极力强化皇权。当时专制主义中央集权帝国刚刚建立，不少人仍然保持着战国以来那种"士无常君，国无定臣"的观念，必须从礼仪规制和观念道德上对他们加以引导。在这方面，刘邦干了两件很漂亮的事情。一是尊父亲为太上皇。当时，父亲太公和刘邦住在一起。高帝为了表示孝顺，五天就去拜见一次太公。太公习以为常，可是他的属官却认为这不符合礼法，就对太公说："天无二日，地无二王。皇帝虽然是您的儿子，但是人主；您虽然是他父亲，却是人臣。怎么能让人主拜见人臣呢？这样的话，皇帝的威重就没法实行了。"于是高帝再来拜见时，太公就手持扫帚出门迎着退行，不再让高帝拜见。高帝看到后大惊，赶快下车去扶着父亲。而太公说："皇帝是人主，怎么能为我乱了天下礼法！"高帝知道是太公的属官所劝后，对属官能够明白自己的心意很欣赏，就赐给他们黄金五百斤，然后下诏尊太公为太上皇。这样，他既可以名正言顺地拜见太上皇，又借机更加宣扬了皇帝的至高无上。

二是对季布、丁公的不同处理。楚汉战争时，这两人都是项羽手下的大将。季布曾率兵几次把高帝打得很狼狈，毫不留情；丁公也曾率兵追击过高帝，但最后把他放了。高帝称帝后本想下令捉拿季布。可又一想自己也正需要忠臣来巩固统治，于是就改变初衷，下令赦免季布，拜季布为郎中。丁公听说季布都能赦免拜官，自己曾对高帝有恩，如果去见高帝肯定更会受到重赏。但他没有想到，高帝却把他抓了起来，对群臣说："丁公这个家伙给项王做臣不忠，就是他使项王失去了天下。"接着就把他杀了，在军中示众。并对群臣说："让以后做人臣的都知道不要像丁公那样！"

不只是引导、整合，汉高帝也采取铁腕手段打击权臣，巩固皇权。刘邦感到相权太重，对皇权造成威胁时，劳苦功高又有多年交情的丞相萧何也免不了一度下狱。就这样，汉王朝的统治越来越巩固。然而这些激烈的斗争也使刘邦心力交瘁。高帝十一年，他平定英布叛乱时被流矢射中，在回长安的道上开始发病，回到长安后病已经很重。吕后看到高帝将不久人世，就问他后事如何安排："陛下百岁以后，萧相国假如也死了，可以让谁来接替？"高帝回答曹参。吕后又问曹参死后谁可接替，高帝说："王陵可以接替曹参，但王陵缺乏计谋，可以让陈平帮助他，陈平智谋有余，但难以独任。周勃为人敦厚，不善言辞，但安定刘氏的一定是周勃，可以让他担任太尉。"吕后又问这以后的政事安排，高帝说："这以后的事你也不会知道了。"

高帝十二年四月二十五日，汉高帝刘邦辞世，终年六十二岁。死后葬长陵，谥"高皇帝"，庙号"太祖"。

第三章　汉文帝刘恒

汉文帝刘恒，西汉开国皇帝刘邦第四子，母薄姬。汉高帝五年生，七岁时被封为代王。吕后八年，吕后去世，代王即皇帝位，是为西汉第三个皇帝汉文帝。汉文帝在位二十三年多，与景帝共同创造了历史上有名的盛世"文景之治"。

刘邦生有八子，其中吕后只生了老二刘盈，后继位为汉惠帝，却不幸早逝。吕后为了掌权，对庶出的其余诸子大加迫害，有四人为其所害，只有老大刘肥善终。到吕后去世时，儿子中只剩下淮南王刘长和代王刘恒。刘恒因为母亲薄氏地位低微，在诸子中是最不起眼的。薄氏母子一直以来生活在被冷落的边角里，谁也不能得罪，逢事多加考虑，处处谨慎小心，他们母子因此才能躲过吕后的迫害，平安地活下来。刘恒也就在朝臣的眼里留下了一个"贤智温良"的好印象。

吕氏死后，宫廷发生变乱，太尉周勃、丞相陈平诛杀诸吕，大家认为吕后此前立的小皇帝刘弘根本就不是惠帝后代，不宜保留，于是开始筹划皇位的继承。齐王刘襄虽说是高皇帝的嫡长孙，但外舅是恶人不能立；淮南王刘长年幼，母亲娘家人又很坏，不能立。权衡来去，最后认为代王是现存高皇帝儿子中年龄最大的，为人仁孝宽厚，太后娘家的人谨慎善良，是最合适的人选。

闰九月，周勃、陈平等朝中大臣秘密派使者去代郡，迎接刘恒到长安去当皇帝。事情重大而又突然，刘恒和他的一班王府官员都不敢轻信。刘恒又是占卜，又派舅舅薄昭赴长安求见周勃等朝臣以证实。薄昭很快回复，说事实如此，无可怀疑。刘恒就这样踏上了前往长安的道路。

刘恒的车队很快进了长安代邸，群臣也一齐随从而来。丞相陈平、太尉周勃、大将军陈武、御史大夫张苍、宗正刘郢、朱虚侯刘章、东牟侯刘兴居、典客刘揭八名谋划和发动诛吕政变的骨干人物到刘恒面前礼拜，并宣读了他们联名给刘恒的上表。表中说，现在的小皇帝刘弘等人都不是惠帝的儿子，没有奉祀宗庙的资格。又说，他们征求了高皇帝刘邦的大嫂、二嫂、同曾祖的弟兄琅琊王刘泽，以及其他宗室、列侯、俸禄两千石以上的官吏们的意见，认为刘恒应当成为皇帝的继承人，请他即天子位。在这道上表中集中了刘氏宗亲和上层官吏的意见，而且把宗亲放在首位，既符合刘恒的意愿也合乎他的利益。但在刘氏宗亲中楚元王刘交的态度没有讲到，刘交是刘邦的同父异母弟，是刘恒的叔父，他的态度既可影响一部分宗族，也可影响一部分官吏，万一他提出异议，朝臣将如何对待？刘恒在答词中把这个问题端出来推辞，结果是"群臣皆伏，固请"。这表明即使刘交有异议，群臣也不会受到影响。于是刘恒就先面向西以宾主礼说了三遍"不敢当"，然后又面向南以君臣礼说了两遍"不敢当"。既然用起了君臣礼，那就是已经当起来了。群臣最后献上玺和符。刘恒说："既然宗室、将相、王、列侯都以为没有比我更合适的人，我也就不敢再推辞了。"于是刘恒即天子位，群臣依次排列，侍奉两旁，当晚他就住进了皇宫未央宫。

刘恒在皇子中本就弱势，几乎毫无根基，所以即位后采取了一系列措施巩固自己的地位。他首先从卫护自己的安全做起。进入未央宫当晚，刘恒就任命宋昌为卫将军，统率驻守长安的南军和北军，又命张武为郎中令，负责守卫宫殿门户，统领直接为皇帝服务的各种官员。这两项任命可以保障他在长安的基本安全。

任命完毕以后，刘恒又回到前殿坐下，给丞相、太尉、御史大夫下达了第一道诏书，要他们发布皇帝即位的公告，并"赦天下，赐民爵一级，女子百户牛酒，酺五日"。总之，要在帝国范围内为皇帝的即位造成一种大喜大庆的气氛。与此同时，吕氏所立的小皇帝和吕氏三王分别在各自的住所被处死。

接着刘恒又采取几项措施收买人心，培植势力。首先，表彰、赏赐功臣。凡是在推翻诸吕和拥立过程中立了功的都给予厚赏；功大而无爵的，除赏赐外，再封侯。首功自然属周勃，而周勃原封绛侯，就在原先基础上增封食邑一万户，赐金五千斤。典客刘揭从吕禄手中夺取了将军印绶，使周勃得到了军权，功劳卓著，赐金千斤，原无爵，封阳信侯；等等。对于从代国陪同他来长安的臣僚，专门进行了功绩登记，首功自然属宋昌，封为壮武侯。其次，安置亲近官吏，凡自代国随从而来的，一律安置在重要的位置。宋昌为卫将军，统率长安南北军；其余六人，"官皆至九卿"；舅父薄昭为车骑将军，封轵侯。再次，恢复刘氏宗族在吕后当政时期被削被夺的封地和其他利益。"吕氏所夺齐、楚地，皆归之"；立赵幽王刘友子刘遂为赵王；等等。第四，对曾随从刘邦征战夺取天下的列侯、官吏提高待遇。"列侯从高帝入蜀汉者六十八人益邑各三百户"；"吏两千石以上从高帝"者十人，食邑六百户；等等。

刘恒即位不久又下诏说大批列侯居住京师，不仅要消费大量财富，给运输供应造成沉重负担，而且也使他们没有办法"教训其民"，因此命令：列侯都要各到自己的封国里去；有官职在身不能离开，或朝廷特许留住的，也要把长子遣送封国。这是一道对上层人物关系重大的命令，遇到了相当大的阻力，诏书下达一年之久不见行动。刘恒有些恼火，再次下诏说："前时诏书要列侯各到封国，托词不走。丞相是我所器重的人，请他为我率领列侯到封国。"刘恒要丞相带头到封国，以此挡回列侯们不受器重的怨言，表明他这样做不仅是治国的需要，而且也是对列侯们的真正器重。于是免了周勃的丞相，周勃到了他的封地绛县。

然而刘恒让列侯归国这一措施确实也是要处理一批他所不器重或不放心的人物，以此巩固他的地位。周勃本人就是其中的一个。周勃是发动政变诛灭诸吕、拥戴刘恒当皇帝的第一号首领，刘恒确实感激他，给了他最高的奖赏，但对他也心怀畏惧。丞相陈平是谋士出身，一向谋虑深远，他感到自己与周勃之间失去了平衡，处于危险地位，托病不出，坚持要求把周勃的位置排在自己之上。刘恒只好把丞相职位一分为二，要周勃任右丞相，位居第一，陈平任左丞相，位居第二；空出的太尉一席，由将军灌婴填补。有人对周勃说："你诛吕氏、立代王，威震天下；受重赏、处尊位，得宠已极。长此下去势必引祸及身。"周勃猛然意识到问题的严重，立即"请归相印"，刘恒毫不迟疑地答应了。周勃当右丞相前后只有一个多月。辞相一年后，丞相陈平去世，因无合适人选，刘恒又让周勃当了丞相。复职后十个月，又以列侯归国的名义把他免了职。

后来，有人上书说，周勃在家经常披戴战甲，家人在接待客人时手里拿着兵器，像是要造反。刘恒就立即把他抓进了监狱。幸亏周勃与薄昭有些交情，通过薄昭向薄太后解释：自从罢职后，时刻担心被抓去杀头，因而家中有所戒备，并无造反之意。薄太后也相信周勃不会造反，她提着刘恒的帽带子说："绛侯怀揣皇帝宝玺，统率长安北军的时候不造反，如今住在一个小县里，反倒会造反？"刘恒亲自调阅了周勃的案卷，确无造反实据，才放了他，恢复了他的爵邑。周勃出狱后，又活了九年。刘恒最终未让周勃横死，算是中国帝王史上少见的特例了。

在国政方面，刘恒继承了前两代帝王与民休息的国策。刘恒自公元前180年年末开始，至前157年，当了二十三年皇帝。在这二十三年中，他所采取的基本国策是与民休息，安定百姓。他即位不久，就接连下了两道诏书以赈济贫苦百姓。他还和平解决了南粤问题，延续了与匈奴和亲的政策，保持边塞地区的安定。文帝还采纳了晁错"徙民实边"的建议，招募内地居民迁往边塞，为其提供生活、生产条件，亦兵亦农，世代居住，形成防御力量。

一直以来，农业生产一直都是中华文明的立身之本。汉文帝为了提倡农业、刺激农业生产的恢复和发展，曾"开藉田"，"亲率耕，以给宗庙粢盛"。他采纳晁错"贵五谷而贱金玉"的主张，实行以粮食换取爵位或赎罪的政策。他曾多次降低田税。汉文帝十三年曾一度宣布"除田之租税"。汉文帝不论在国事开支方面还是他个人用度方面，都精打细算，简朴从事。他严令各级官吏要"务省徭费以便民"。汉文帝二年，他下诏裁撤卫将军所属的军队，太仆要清点马匹，只留下必用的，其他全部送给驿使用。在刘恒当皇帝的二十三年中，宫室、苑囿、狗马及各种装饰器物都无所增加，前朝留下什么，他就用什么，不挑不拣，一仍其旧。他曾想在骊山建一座供宴游用的露台，找来工匠合计一下，需要"百金"，便说："这相当于十户中等人家的财产。吾享用先帝的宫室，常常觉得过分，还建这样一座台干什么！"于是作罢。他常穿的是粗糙的黑色绸料衣；他宠幸慎夫人，但不让她穿拖到地面的长衣，帷帐不准用带有绣花的贵重丝织品，以免带起奢侈浮华的风气。

汉文帝时，刑罚大省。文帝曾与臣下两次讨论刑罚问题。汉文帝二年讨论废除"收孥连坐法"，陈平、周勃宣布废除有关收孥连坐的一切法律条文，使有罪的按法律治罪，不收捕为官府奴婢，没有罪的不受牵连。汉文帝十三年讨论废除肉刑。针对当时肉刑过滥的现实，文帝给御史大夫下令"废除肉刑，用别的办法代替；做到使罪人各按罪行轻重受到相应的刑罚，不逃亡，满了刑期，就解除刑罚当平民。制定出个法令来"。丞相张苍、御史大夫冯敬有些想不通，但没有表示相反意见，根据这个诏令制定了一个取代肉刑的法令，经文帝批准于当年颁布。

关于臣下、庶民与皇帝的关系，过去的习惯总是错在下、功在上。即使皇上不好也不能说，否则就犯了"诽谤妖言罪"；如果碰上大的祸患，祭祀时就说皇上是英明的，都是臣下不好，这叫"秘祝"；老百姓诅天骂地，因天与天子、皇上连带，所以也就犯了"民诅上罪"。文帝统统废除了这些罪状，还不准再搞秘祝。文帝刘恒为政清明，从谏如流。不阿附上意严格执行法律的官吏张释之被他任命为负责刑法的最高官员廷尉。张释之几次在判决案件时不合文帝的心意，但经过他的法律解释后文帝都认为他的判决确实有理，最后认可了他的判决。

公元前157年夏季六月己亥日，汉文帝卒于长安未央宫，乙巳日葬灞陵（在今陕西西安市东），谥"孝文"，庙号"太宗"，年四十五岁。

第四章　汉景帝刘启

　　汉景帝刘启是西汉开国皇帝汉高帝刘邦之孙，文帝刘恒之子。刘启在父亲为代王时生于代国，母亲窦姬。在代王刘恒入京做皇帝前后，代王王后及其所生四子相继病死，刘启成为文帝长子。文帝元年刘启立为太子，母窦姬为皇后。文帝在文帝（后元）七年病逝，三十二岁的刘启即位，是为汉景帝，母为皇太后。

　　西汉开国之初，分封了一些同姓诸侯王，这些诸侯王的封地和权力都很大。他们拥有军队，自置官职，政治力量和经济力量不断增长，到文帝时济北、淮南二王相继谋反，屏藩汉室的诸侯王已经成为中央朝廷的严重威胁。贾谊尖锐地指出藩王势力是汉朝的一大疾病，必须设法割除。晁错也提出相同的见解，主张削藩，但文帝没有彻底推行他们的主张。景帝即位之初首先面临的国家急务即是如何解除藩王势力对汉室的威胁问题。在此问题上，他充分采纳了晁错的主张。

　　晁错对藩王的情况十分清楚，认为藩王中势力强大而又最危险的是吴王刘濞。刘濞是刘邦之侄，当初刘邦封他为吴王以后，就预计他日后可能反叛，颇有后悔之心，但业已分封，也只好静以观之。刘濞至封国以后，即收买人心，发展势力，企图有朝一日夺取帝位。景帝为太子时，吴王世子入京与其争夺道路，被景帝误伤而死，刘濞怀恨在心，更加紧了准备叛乱的步伐。到景帝即位，刘濞已经准备了四十年，成为威胁最大的诸侯王。晁错主张先削吴王的封地，但这一主张遭到了外戚窦婴的反对，削吴的事只好暂时搁了下来。不过，此外的楚、赵、胶西三国属地分别以罪被削，楚王削了东海郡，赵王削了常山郡，胶西王削了六县，晁错又修改有关律令三十章，一时诸侯喧哗，反响强烈。各藩王自然把晁错视为眼中钉，恨不能食肉寝皮。晁错的父亲也感到儿子大祸临头，特意从家乡颍川赶到京城，劝说儿子。晁错不听，其父服毒自尽。晁错不为所动，仍然力主削夺吴王。最后，景帝决定削吴会稽、豫章二郡。

吴王刘濞见朝廷削藩，就开始举行叛乱。他首先派人勾通了楚王刘戊，随后又扮成使者亲自前往楚国面见刘戊，达成叛乱盟约；接着，又以诛晁错、安社稷的名义，联合各地诸侯王起兵。景帝三年正月，削吴诏书一到，刘濞首先在广陵起兵，封国内十四岁至六十二岁的男子统统征发，共二十余万人，西渡淮水，与楚兵合一，奔梁地而来；接着胶东、胶西、济南、淄川四国起兵，包围齐都临淄；赵国则把队伍集结在封地西界，拟与吴兵会合西进。如此以吴王为首，卷入叛乱的共有七个藩王，史称"吴楚七国之乱"。

当此之时，曾任吴相、与晁错有隙的袁盎在窦婴的引见之下，乘机以七国之乱"诛晁错，发稷社"的幌子为由，说动景帝杀晁错以息叛乱，声称如此则可以兵不血刃，叛乱自平。景帝对此确实抱有幻想，于是一面调兵遣将，一面诛杀晁错，并任袁盎为太常，派他与宗正刘通整装东行，去宣谕吴王息兵。

景帝杀晁错，自然让诸藩王快心如意，但他的停战诏谕却受到了吴王无情的嘲笑："我已经是东方的皇帝了，还有谁配给我下诏？"此时，景帝方才明白了事情的真相，意识到了问题的严重。他一方面后悔杀了晁错，一方面抛弃幻想，准备武力平叛。他派郦寄率领一支队伍击赵，派栾布率领一支队伍入齐，派太尉周亚夫率军讨伐吴楚叛军，又召窦婴拜为大将军，屯兵荥阳，监视战局。

周亚夫率兵坚守昌邑，并派出一支奇兵出淮泗口，截断了叛军的粮道。叛军猛攻梁国，梁国向亚夫求救，亚夫拒不出兵。梁王又派使者请求景帝，景帝诏命亚夫出兵救梁，亚夫取孙子"将在外，君命有所不受"的态度，拒不奉诏。这样坚持了一段时间，形势变为对叛军不利。吴王打算西向，梁国守城，不敢冒进；进攻昌邑，亚夫高垒不战；叛军粮道断绝，士卒饥饿溃散。最后楚王自杀，吴王逃奔东越，后被东越人杀死。吴楚叛乱三个月就被平定了。栾布率军至齐，很快就打破了胶东、胶西、济南、淄川四国的联军，四王全部伏诛。接着栾布回兵助郦寄攻赵，引水灌城，赵王自杀。至此，七国之乱全部平定。

七国之乱平定后，景帝把叛王封地做了一番调整，又乘平叛的余威，于景帝（中元）五年把王国的行政权和官吏任免权收归中央，并裁减王国官吏，降黜他们的秩位，王国的独立地位被取消。从此，诸侯王只能衣食王国的租税，不能过问行政，成为只有爵位而无实权的贵族，藩王对朝廷的威胁基本上得以解除。

景帝削平了藩国对中央的威胁后，继续奉行文帝的治国方针，保持安定局面，发展生产，休养生息。为了达到这一目的，他对内采取重农、薄敛、轻刑和教化的措施，对外则采取了继续和亲匈奴的措施。景帝即位的次年正月，他了解到各地农牧资源不平衡，有的郡县缺乏农牧条件，有的郡县却地广人稀，利于农牧，而当时政府不许人民迁徙，他于是宣布允许人民迁徙到地广人稀的地区去发展生产。为了鼓励农人田作，同年又宣布减免一半田租。田租是国家征收的土地税。汉代田租常制是"什伍税一"，即立纳收成的十五分之一；景帝改为"三十税一"，即交纳三十分之一。景帝一直重视农业生产，直到晚年，还不断地强调农桑之本的重要。为了与民休息和发展生产，景帝颇慎使用民力。他在位期间，除为自己修建了一座规模不大的阳陵外，基本上没有兴建其他土木工程。

轻刑也是景帝比较重视的一项安民措施。文帝曾减轻刑罚，废除了历代相传的肉刑，把肉刑改为笞刑，如当割鼻者改为笞打三百，当断左趾者笞打五百，景帝看到笞刑多把犯人打成残废甚至打死，所以一即位就开始继续减轻刑罚。笞刑经景帝几番更改，这才避免了犯人死于刑下。磔刑是当时一种分裂尸体的酷刑，景帝把磔刑改为弃市。景帝还数次大赦天下。为了避免枉屈无辜，景帝三令五申，强调决狱务必先宽，即使不当，也不为过，并提醒法官不可"以苛为察，以刻为明"，要求判案时尽管依据律文应该治罪，但若罪犯不服，必须重新评议，一切都要体现宽厚仁慈。

在思想领域，景帝依旧奉行黄老的无为而治思想，学术上则对诸子采取兼容并蓄的态度，允许各家争鸣。处士王生是黄老道学大师，常被召居宫内，成为景帝的座上客。景帝在崇尚黄老道学的同时，也很注重儒家的教化作用。当时为儒家设立了不少博士官，《诗》《书》《春秋》等均立博士，景帝起用公羊学派大师董仲舒和胡毋生为博士，这种活跃局面大大推动了儒家的教化和影响。地处西南的蜀郡，各族杂居，文化、风俗都很落后，郡守文翁选郡中小吏张叔等十余人入京拜博士官求学，数年后返回郡中，文翁在成都市内盖起中国第一所地方官办学校——成都学馆，使蜀郡教化大行，文化一跃而与齐鲁等地并驾齐驱。后来普及全国的郡国学校就是以蜀郡学馆为楷模建立起来的。

外交上，景帝继续采取汉初以来与匈奴和亲的政策。景帝在景帝元年（前156）派御史大夫陶青到代郡边塞与匈奴商谈和亲之事。次年秋天，又与匈奴举行和谈。到景帝五年（前151），汉朝遣送公主嫁与了匈奴单于。尽管汉匈和亲，但匈奴一方还是时常小规模地入侵汉境。对于匈奴的入侵掠夺，景帝从维护汉匈和好的大局出发，从未进行出兵反击，最多只是增调部分骑步兵屯守防御。为了维护汉匈和睦关系，景帝还在汉匈边界设置关市，互通有无，大大促进和便利了汉匈之间的经济文化交流。这种宽厚的对匈政策，保证了汉朝社会的安定局面，对人民的休养生息起了很大作用。

景帝在位期间，社会经济稳定地向前发展。这段时期与文帝时期在历史上合称为"文景之治"，是西汉王朝的升平时代。汉景帝除了推行一系列的政治、经济、文化、司法、外交政策以外，还能知人善任，明辨是非。郅都是执法不避权贵的严酷官吏。济南有大豪强氏族，历任郡守无人敢制，景帝拜郅都为济南太守，郅都诛杀该族首恶，一年之后，济南郡成了道不拾遗的清明境界。后来景帝又任郅都为雁门太守，匈奴畏惮郅都，引兵远避，不敢靠近雁门。宁成也是执法不避权贵的严酷官吏。长安居住着许多宗室权贵，胡作非为，京官无人敢管，景帝调宁成为中尉，一举就镇住了犯法的宗室权贵。程不识敢于直谏，景帝任他为评议朝政的太中大夫。石奋有震主之威，景帝调他为诸侯相。周仁守口如瓶，景帝任命他为郎中令，作为贴身近臣。景帝用人，均力图做到择贤而任，用其所长。

外戚是汉室从高帝时起就很敏感的问题。景帝能不以偏概全，既不让外戚专权，又能任用确有才能的外戚以适当的官职。窦婴是外戚，吴楚之乱时，景帝考察宗室诸窦，没人超过窦婴，就拜他为大将军，率兵镇守荥阳，窦婴未负重任。但后来窦太后几次让景帝拜窦婴为丞相，景帝却认为窦婴虽有才具，但行为轻薄，不能老成持重，不适合担任丞相。他经过慎重考虑，还是拜卫绾当了丞相。

公车令张释之是文帝的直臣，景帝刘启为太子时与胞弟梁王刘武共乘一车入朝，行至司马门时违规没有下车，张释之追阻，不许他们入殿门，并告了一状。事情惊动了薄太后，文帝向薄太后免冠谢罪，自责"教子不谨"，搞得太子相当难堪。景帝即位后，没有怪罪张释之，仍然让他官居廷尉原职。张释之后来转为淮南相，以老善终。而上大夫邓通是文帝的宠臣，他没有任何才干，只是在一个偶然的机遇得到文帝厚宠，文帝竟把严道的铜山赏他铸钱。文帝长了一个脓疮，邓通常用嘴为文帝吮吸脓血。文帝问邓通谁最爱他，邓通回答太子最爱他。等太子刘启一到，文帝就让刘启为自己吮吸。刘启虽然照文帝吩咐做了，但面带难色，后来知道了事情的根由，不免对邓通有所怨恨。文帝死后，景帝刘启考虑邓通除讨文帝偏爱别无才能，就免去了他的官职，让他回家居住。后来邓通越境铸钱，触犯法律，景帝只是没收了他的家产，也没有把他治以死罪。

不仅对臣子如此，景帝对同胞姐弟以及宫中的妃嫔们也充满了仁爱之心，多能体谅、庇护，避免了许多不必要的冲突；同时，他又是非分明，原则性的问题坚持不放，决不姑息迁就。其中最显著的例子要算对待弟弟的继位和皇后的设立问题。

景帝的母亲窦太后共生两子一女，景帝刘启为长子，弟弟刘武封为梁王，姐姐刘嫖称长公主，嫁给了陈午。景帝同母兄弟仅有刘武，所以自幼与刘武形影不离。刘武封王至国后，连年入朝，常被挽留京师。一次，景帝设家宴招待梁王刘武，当时朝中还未立太子，景帝喝得高兴，对梁王说："等我百岁之后，把帝位传予梁王。"当时梁王和宠爱小儿子的窦太后听了，并未认真。后来梁王因平定吴楚七国叛乱有功，再加上窦太后的宠爱，便不可一世起来。他在城内大兴土木，营建宫室复道，出门打着天子旌旗，队伍千乘万骑，简直就与皇帝一样。又多作兵弩弓箭，招揽四方豪杰，羊胜、公孙诡等谋士纷纷投奔梁王。过了几年，窦太后和刘武对"传位梁王"的话认真起来，打算让景帝确立刘武为帝位继承人。袁盎和大臣们听到这种风声后，就对景帝揭示这个问题的利害关系，使景帝坚定了帝位必须传子的主张。几经波折，梁王继承帝位的美梦终于破灭，只能辞京回国。梁王回国后，朝中就立了太子。不久，梁王病逝。景帝痛惜骨肉之亲，也为了安慰母亲，把梁王的五个儿子都封为王，五个女儿也都各封了一处采邑。

景帝当太子时，栗姬为他生一男，取名刘荣；即位后王美人也生一男，就是刘彻。由于刘荣年长，景帝把刘荣立为太子，把刘彻立为胶东王。栗姬是个妒妇，景帝仅有几位姬妾美人，十多个宫女，但她仍是醋意大发，不时地想着法子整治众人。景帝本想立她为皇后，托她在自己百年之后，照料自己的姬妾和子女。然而栗姬却让他想起了吕后当年的嫉妒和残酷，便决定不立其为后。他又觉得既然刘荣为太子，日后刘荣即位，栗姬仍会得势，为了保住大群子女，应该废掉刘荣的太子地位。正当景帝考虑是否废太子时，长公主又来向他夸奖刘彻。景帝自己也认为刘彻的才智高于刘荣，于是决定废刘荣、立刘彻。此时恰巧有个小朝官中王美人之计，劝景帝立栗姬为后，说什么"子以母贵，母以子贵"。景帝乘机诛杀此人，把太子刘荣废为临江王。不久，立王美人为皇后，刘彻为太子。景帝共有十四子，刘彻为太子，其余均封为王。

景帝于景帝（后元）三年死在未央宫中，在位十六年，终年四十八岁。景帝死去的当天，汉武帝刘彻即位。即位十日为父举行葬礼，葬于阳陵，谥号"孝景皇帝"。

第五章　汉武帝刘彻

　　汉武帝刘彻，西汉第五个皇帝，在位五十四年，是我国历史上一位雄才大略的帝王。他继承"文景之治"形成的富强国势和安定政局，一改旧制，放弃汉初黄老"无为"政治，提倡儒家学术，对内加强皇权、巩固统一，对外开疆拓土、宣扬国威，是专制主义中央集权大帝国形成进程中的重要历史人物。汉武帝把西汉王朝推向了极盛时期，开创了中国历史上一个光辉时代。

　　刘彻生于汉景帝元年，其父刘启正好这一年登基，因此他一出生便是皇子，其母为王美人。王美人只是个妃子，他也只能算作庶子，按宗法规定是没有资格继承皇位的。四岁的时候，依照惯例，他被封为胶东王。他的大哥刘荣被封为皇太子。

　　汉景帝有个姐姐叫刘嫖，称为长公主。长公主有女陈阿娇，想把女儿许配给皇太子刘荣，但刘荣的生母栗姬不答应，长公主让女儿为皇后的希望成为泡影，便与栗姬结了仇。长公主一向很喜欢刘彻，便转而想把女儿许给他，但阿娇比刘彻大几岁，汉景帝不太同意。长公主便略施小计，有一天当着汉景帝的面问刘彻要不要娶阿娇为妻，刘彻竟答道："如果能娶阿娇，我一定要造一所金屋子给她。"汉景帝便同意了这门亲事。从此长公主与王美人结成亲家，关系更密切了。

　　长公主刘嫖颇有心计，在景帝一朝是个举足轻重的政界人物，能对弟弟景帝施加重要影响。在她的谋划以及各方人员素质的优劣差异悬殊等条件下，汉景帝终于在景帝七年立王美人为皇后，立刘彻为太子。七岁的刘彻取得了皇位继承权。

刘彻从小就表现出聪明才智，汉景帝本来就喜欢他，立为太子后，更是精心培育，请来德高望重的卫绾来做他的老师。卫绾对刘彻培育了六七年之久，给刘彻以很大影响。幼年的刘彻喜欢学习，对儒学经典、骑射、文学，都有很大兴趣。他读到当时著名文学家枚乘的赋，十分佩服，一直想见到枚乘本人，后来他做了皇帝，用安车蒲轮把枚乘接进京。他还向出生在匈奴的弓高侯韩穨当之孙韩嫣学习骑射。

建元元年，十六岁的刘彻继位。此前是"文景之治"时期，汉朝经济得到了恢复和发展，到汉武帝继位时期，国家无事，人给家足。但这种表面繁荣的背后却潜伏着尖锐的矛盾。汉武帝决心解决这些矛盾。于是，他首先从人才入手，下诏全国荐举"贤良方正"之士。经一番选举、考试，大儒董仲舒名列榜首。武帝召见董氏，询问国策。董仲舒从容以对，提出了颇有见地的治国安邦之策，深得武帝之心，史称"贤良对策"。

贤良对策后，汉武帝就着手政治改革。他让魏其侯窦婴接替年高的卫绾的职务，汉武帝还叫母舅田蚡做太尉，掌管军队。窦婴和田蚡都喜欢儒术，他们又向汉武帝推荐了儒生出身的赵绾做御史大夫，王臧做郎中令。赵绾和王臧又推荐自己的老师、《诗经》博士申培改革祭礼和研究明堂制度。汉武帝派人用蒲车和礼物聘迎申培到长安做太中大夫。

雄心勃勃的汉武帝与儒臣合作，推行更加具有进取意图的政治措施。首先严格法制，要求臣下检举那些行为不轨的皇亲国戚，罪行核实后给予贬谪。为削弱王侯的权力，下令要求住京的王侯迁回自己的封地去。接着是对百姓施行一些减轻负担的措施，减省"转置迎送"的卫士一万人，停止喂养苑马，将苑地赐给贫民耕种，废除关卡的税收制度。施行恩德，振兴教化。汉武帝下令：年满八十的老人，家里免除两个人的人头税；年满九十的老人，还免除他家里的口赋钱，并免除一个儿子服役。继而又设立明堂，起草巡狩、封禅制度，准备变更历法和服色，为太平盛世的到来做准备。此外，汉武帝还要求做好反击匈奴的准备，并于建元三年派张骞出使西域，联合西方的大月氏国，夹击匈奴。汉武帝对外政策也开始改变了。

但是，此时朝中大权仍操纵在窦太皇太后手里。窦太皇太后从立为皇

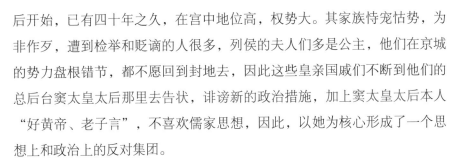

后开始，已有四十年之久，在宫中地位高，权势大。其家族恃宠怙势，为非作歹，遭到检举和贬谪的人很多，列侯的夫人们多是公主，他们在京城的势力盘根错节，都不愿回到封地去，因此这些皇亲国戚们不断到他们的总后台窦太皇太后那里去告状，诽谤新的政治措施，加上窦太皇太后本人"好黄帝、老子言"，不喜欢儒家思想，因此，以她为核心形成了一个思想上和政治上的反对集团。

建元二年，御史大夫赵绾又上书提议不要再让窦太皇太后干预国政，这等于取消窦太皇太后的特权，她大发雷霆，迫使汉武帝废除新的政治措施，罢免丞相窦婴和太尉田蚡，关押御史大夫赵绾和郎中令王臧，送走太中大夫申培。不久，赵绾和王臧在狱中被逼自杀。从此，汉武帝的新政措施中断了。继任丞相是许昌，御史大夫是庄青翟，郎中令是石建，他们都是窦太皇太后的人，而且不是儒家。政权基本上操纵在窦太皇太后手中，汉武帝无可奈何，只有等待时机。

建元六年，窦太皇太后病死，汉武帝摆脱了束缚，立即下令罢免丞相许昌和御史大夫庄青翟，清除了窦太皇太后安插在朝内的所有亲信党羽，任命田蚡为丞相，韩安国为御史大夫。此后，他大刀阔斧地进行了一系列改革，终止了黄老思想指导下的"无为"政治，采纳了董仲舒的新儒家学说，推行"多欲"进取的政治，开创了一个辉煌的时代。

汉初六七十年间，以"清净无为"为特点的黄老之说盛行全国，这对安定政局、约法省禁、休养生息、发展生产都起了有益的作用。但无为、放任却给诸侯王和富贾豪强以扩张势力、为非作恶的机会，从而加剧了社会的两极分化，激化了阶级矛盾。到汉武帝继位，统治已经巩固，社会经济有了新发展，无为而治的黄老思想，已不能适应地主阶级的要求。

董仲舒应运而出，适应时代的要求，提出"罢黜百家，尊崇儒术"，成为这一时期新儒家的代表。他在建元元年贤良对策中提出了他的理论，主张：第一，"罢黜百家，尊崇儒术"，统一思想；第二，强调大一统，加强中央集权；第三，提倡"君权神授"，把道家的道统变成帝制的法统；第四，提倡儒家的仁政，同时强调法治。董仲舒的这些主张，是从统治的长远利益出发提出的方案，为汉武帝集权中央、统一思想、一统天下提供了理论依据，有利于国家长治久安，汉武帝实行"罢黜百家，独尊儒术"是很自然的。汉武帝为独尊儒术，在全国范围内推行儒学教育体制，用儒家思想来培养社会精英。这些用儒家思想培养起来的人才，成为中央集权专制王朝的最得力的维护者。除此之外，汉武帝还号召在郡国兴办地方学校。儒学成为士人进身阶梯，把教育体制与用人制度和统一思想协调起来，天下士人便纷纷统一到儒家思想中来。

由于各种历史原因，汉朝到武帝时仍然是军人贵族政府。为打破这种局面，改变政府官员的构成，武帝听从董仲舒的建议，通过一系列法令、措施，建立并健全了由察举、太学、征召以及公车上书等组成的以选拔文官为主的用人制度。首先是察举制。自武帝建元元年全国大规模推举后，又于元光五年、元封五年几次要求郡国推举孝廉、贤良方正、秀才，并且规定不举孝廉者罪。并允许官民上书言政，还下诏表示要将这些"有非常之功"的"非常之人"，破格任用为"将相"或"使绝国者"。察举选官制汉初就已存在，有贤良和孝廉二科，武帝又增加了科门：德行、学术和儒学、明习法令的法律人才、行政人员，元封五年又增加茂材异国科。汉武帝健全了这种选官方式，使察举制完善起来。

汉武帝在完善察举制的同时，还建立了征召制，征召那些有一定才能又不肯出仕的社会贤达、隐居高士、学者名流。建元征召，有文学家枚乘、儒学大师申培等。此后汉武帝又在元光五年征召通世务晓习道术者，元狩元年，派遣博士行天下征召君子隐士。征召制、察举制与公车上书制相配合下，汉武帝网罗了大批人才。

通过上述用人制度的改革，汉武帝直接或间接地把选拔官吏的权力掌握在自己手中，使以皇权为中心的官僚制度初步成型，同时扩大了西汉王朝的统治基础。在汉武帝的周围聚集了一大批政治、经济、军事、外交、文学等方面的人才。在充实、加强统治机构的同时，汉武帝还大力加强中央集权。首先是削弱相权，强化皇权。由于汉丞相大多为开国功臣，位高权重，权力往往超过皇权。汉武帝对这种丞相分权的情况极为不满，他即位后开始逐步改变这种情况。这时，适逢汉初功臣元老也大都去世，汉武帝便趁机不拘一格地选拔人才，逐步改变军功贵族专权的状况，用儒生来为他的政治服务，通过一系列官制改革，取消军功贵族的特权地位。至元朔五年，武帝打破列侯拜相的旧制，任命出身贫苦的儒生公孙弘为丞相。

汉武帝不仅削弱相权，还经常对丞相采取谴责、黜免甚至处死的措施。

为加强中央集权，汉武帝采取"强干弱枝"的政策，削弱地方割据势力。首先汉武帝从董仲舒提出的"大一统"理论中找到了加强中央集权、打击地方势力的理论依据，他极力宣扬大一统的理论。并于元朔二年采纳主父偃的建议，颁布"推恩令"，完全改变了过去的分封制。推恩令规定，诸侯王除由长子继承王位外，还可以推恩将其余的诸子在原封地内封侯，新封的侯国不再受原国王管辖，直接由各地的郡县来管理。这一措施名义上是皇帝施以恩德，实际上分割了诸侯王的政治军事权力，缩小了诸侯王的地盘，此后"大国不过十余城，小侯不过数十里"。推恩令分封的小侯国，只能"衣食租税"，不再享有政治上的特权。这样，使得很多有权有势的诸侯王国大大地削弱了。

汉武帝在打击地方势力的过程中，还着手打击地方豪强势力，加强对地方官吏的控制。汉初禁网疏漏，减轻刑罚，地方豪强势力得到很大发展，各地出现了一批以强凌弱、以众暴寡、横行乡里的强宗豪右和地方官僚。为加强对他们的控制，汉武帝一方面继续推行汉初以来迁徙豪强的办法，把他们迁到关中，置于中央政府的控制之下，还任用酷吏诛杀豪强。

汉武帝还改革汉初的监察制度，于元封五年把全国划分为十三州，每州派刺史一人，于每年秋天巡行郡国，监督郡国，第一刺史不处理一般行政事务，专门检查各地豪强的违法乱行和地方长官郡守、国相等人的营私舞弊行为，经考察认为优秀的地方长官可以推荐到中央任九卿，认为恶劣的可罢免。这一措施的施行，使地方豪强势力受到了遏制，社会趋于安定。

在政治改革的同时，汉武帝还推出一系列新的经济政策，包括改革币制，把铸币权收归中央，同时由国家统一经营盐铁事业，还推行了均输平准政策。除此之外他还推行算缗、告缗，打击富商大贾。汉武帝进行的这些经济改革，都是在重农抑商的原则下进行的，这些措施在一定程度上限制和打击了富商大贾、豪强、贵族的经济势力，增加了西汉政府的财政收入，暂时解决了由于战争和奢侈浪费所造成的困难，从经济上加强了中央集权，巩固了地主阶级的专政。但这种重农抑商的经济政策，抑制了民间工商业，阻碍了商品经济的发展。

在对外政策及措施方面，汉武帝开疆拓土，威震四方，巩固和发展了多民族统一帝国。汉初的"无为"政治和和亲政策助长了西北边疆和蒙古高原匈奴贵族的贪婪性和掠夺性，给西汉边疆的吏民带来了很大的灾难，也给西汉的政权造成了很大威胁。汉武帝改为推行抗击和"征抚"的民族政策，他整军经武，主动出击，多次大败匈奴，迫使匈奴北迁，出现"匈奴远遁，而幕南无王庭"的局面；派人出使西域，确立西汉对西域的宗主地位；平定闽越和南越的叛乱，稳定了对西南地区的统治；开拓了东北和西北边疆，使今新疆、甘肃西部开始进入中国的版图，东北地区的疆域则从今辽东半岛一直扩大到浑江、鸭绿江流域。

汉武帝的广开三边使中外交往频繁，远方的奇珍异宝和各种高级奢侈品流入中原，这也刺激了汉武帝的骄奢淫逸，他广设苑囿、宫殿，陈设布置穷极豪华，优礼外国使者、商人，招待赏赐无数。同时，汉武帝还和秦始皇一样喜欢巡游，为此所费不菲。汉武帝继位之初，"人给家足"，府库充实，但经过几十年对外战争，"海内虚耗"。

汉武帝日渐衰老时也和很多皇帝一样开始迷信鬼神，寻求长生不老。元鼎五年，方士栾大来到长安，说自己往来海上，见到过仙人，找到长生不老的仙药。汉武帝信以为真，相继封他为五利将军、天士将军、地士将军、大通将军、乐通侯，赐黄金万斤，并把自己的女儿卫长公主嫁给他。最后还专门刻一方玉印，以对待宾客的礼仪封他为天道将军，表示不把他作为臣属。元封元年，骗局败露，汉武帝腰斩了栾大。但他仍不断派人到海上求仙，幻想有人能够成功。

汉武帝晚年疑神疑鬼，有一次梦见数千木人打他，醒后病倒，他认为是臣下吏民诅咒造成的，于是出现"巫蛊之祸"。他派江充去调查，先后害死数万人，其中包括丞相公孙贺父子，武帝亲女诸邑公主、阳石公主等显贵人物。后来有人告发太子宫中有木偶人，诬他诅咒武帝，征和二年七月，皇太子被迫假传圣旨捕斩江充，发兵攻占长安各要害部门，武帝大怒，令丞相刘屈氂发兵逮捕太子，两军在长安大战数日，皇太子兵败自杀，卫皇后也自杀了。这一案件到第二年才被查明是冤狱，太子得以昭雪。后来，丞相刘屈氂和贰师将军李广利也被指控从事巫蛊活动诅咒皇帝，刘屈氂被杀，李广利投降匈奴，所统率的七万大军全军覆没。武帝一生多次大胜匈奴，最后却由于非军事原因而遭此惨败，引起他思想上巨大的震动，后来他觉察到所谓巫蛊活动多无实证，纯属江充等人制造的冤案，他诛灭了江充全家，中止了这一惨祸的继续。

一连串的挫折使汉武帝反思自己一生的所作所为，征和四年大鸿胪田千秋请求斥退方士，汉武帝遣散了所有的方士。六月，搜粟都尉桑弘羊又请求汉武帝派人到轮台修筑堡垒，驻扎军队时，汉武帝下轮台罪己之诏，宣布"当今务在禁苛暴，止擅赋，力本农"，与民休息。以后他重新采取了与民休息、思富养民的政策，任命田千秋为丞相，任命大农学家赵过为搜粟都尉，让他在全国范围内推广先进的"代田法"和先进农具，经过两年的努力，社会又趋于安定了，开创了后来的"昭宣中兴"、媲美文景的西汉盛世。

征和四年，汉武帝托奉车都尉霍光辅佐自己的小儿子刘弗陵继位，并且逼迫刘弗陵的母亲赵婕妤自杀于云阳宫，以免太后干政。后元二年，汉武帝在五柞宫一病不起，他知道自己命在旦夕，便在床前立刘弗陵为太子，同时封霍光为大司马大将军，金日磾为车骑将军，上官桀为左将国，桑弘羊为御史大夫，嘱咐他们同心协力辅佐皇太子。次日，汉武帝去世。汉武帝葬茂陵，其陵东北有霍去病、卫青墓，东南有霍光墓。

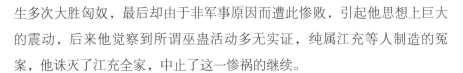

第六章　汉昭帝刘弗陵

汉昭帝刘弗陵，父刘彻，母"拳夫人"钩弋。八岁继帝位，十八岁亲政，二十一岁逝世。虽说享年有限，在位时间却也不短；虽说在位期间多由大臣辅政，本身却也有些政绩。

昭帝刘弗陵的母亲是在汉武帝刘彻巡游时被选中的。当时她姿色映丽，唯两手握成拳状，不能伸开。可是武帝伸出手轻轻一掰，少女的两手立开。武帝命人把她扶进随行的一辆辎车，带回皇宫，号为"拳夫人"。武帝很宠爱"拳夫人"，不久便封她为婕好。她搬进了未央宫中的一处宫馆——钩弋宫，武帝因而叫她"钩弋"。太始二年，赵婕好有孕娠。十四个月后分娩，是个男婴。人都是怀胎十月而生，赵婕好怎会十四个月？宫人议论纷纷。武帝听说后，说道："听说当年尧也是十四月而生，想不到钩弋也是如此。"遂使命名钩弋宫门为"尧母门"，婴儿号曰"钩弋子"，名曰弗陵，字曰不。

武帝立的皇太子刘据被逼造反，兵败自杀，另外两个儿子燕王刘旦、广陵王刘胥，行为不轨，多有不法，宠姬王夫人、李夫人生的儿子都年纪轻轻便病死。钩弋子则身体发育很好，十分健壮，更兼聪明伶俐，武帝很是喜爱，常对人说："此儿像朕。"他出生的怪诞也使武帝奇异，武帝有心立钩弋子为继承人。但他害怕自己驾崩以后，少子年幼，母后临朝，出现当年吕后时的光景，遂犹疑不决。后来，拳夫人因事触怒武帝受责，被迫自杀。于是，武帝立刘弗陵为太子。太子年幼，需有大臣辅佐。武帝检视朝野百官，最后选中了奉车都尉、光禄大夫霍光。他让宫中的画师画了一幅"周公相成王"的画赐给霍光。

后元二年，正在长安西南的五柞宫游玩的武帝突然病倒，病势急剧恶化，在他身边侍奉的霍光涕泣叩问："如有不讳，谁当嗣位？"武帝说："君未晓前赐画之意？立钧弋子，君行周公之事。"于是武帝任命霍光为大司马大将军，金日磾为车骑大将军，又任命陇西上邽人上官桀为左将军，洛阳人桑弘羊为御史大夫，共同辅佐钧弋子。翌日，武帝驾崩，钧弋子即帝位，是为昭帝。

昭帝即位时，年仅八岁。其姊鄂邑长公主入住皇宫，抚养昭帝。霍光以大司马大将军领尚书事，政事无论大小，一决于霍光。武帝时代对外用兵，内兴土木，国库耗空，民赋加重，社会矛盾激化。武帝晚年，下"罪己诏"，表示要改变内、外政策，禁苛暴，止擅赋，力本农。但他一年后就病死，给昭帝君臣留下了一个千疮百孔的破烂摊子。执政霍光匡失救弊，重整江山，他奏准昭帝，接连下了几道诏令：遣故廷尉王平等五人，持节巡行郡国，举贤良，问民所疾苦、冤恨，查办失职官吏；遣使者赈济贫民，发给他们粮种，豁免一年租税；武帝时代的案件，皆赦免不究。这些措施对于缓解武帝以来的社会危机，起了一定作用。

霍光推行的治国方针，本是武帝"罪己诏"所厘定的，他只不过是把武帝的改革方针付诸实施。但是，他的行动遭到了一些人的反对，为首的是御史大夫桑弘羊。桑弘羊是武帝朝盐、铁、酒官营政策的策划者，他热衷于武帝前期的政策，反对转变治国方针。于是，朝臣之间在治国方针上发生严重分歧。始元六年二月，政府举行了一场"盐铁会议"，就治国方针问题进行辩论。经过辩论，霍光所代表的一方占了上风，这次国策转变使濒临崩溃的西汉王朝又焕发出一些生机。但是，朝臣内部的斗争却在进一步激化。

昭帝即位的第三年，车骑将军金日磾病逝，剩下的辅政三大臣霍光、桑弘羊、上官桀则展开了殊死的斗争。御史大夫桑弘羊是前朝权臣，论资格、功劳、才能，他都自认为在霍光之上。他名义上也是辅政大臣，但权势不仅低于霍光，也不如上官桀。"盐铁会议"上，又遭失败。他曾替子弟谋官，遭到霍光的拒绝。故此，他对霍光也甚为怨恨。

霍、上官两家是儿女亲家，上官桀的儿子上官安娶霍光的女儿为妻。

由于这层关系，在三巨头上，上官桀的权势仅次于霍光。霍光休沐，上官桀便替他裁决政事。但是上官一家并不以此为满足。他们通过讨好昭帝的姐姐鄂邑长公主，取得她的信任，并乘其为弟弟选妃之机，把上官安六岁的女儿送入后宫，使年仅十二岁的昭帝册立其为皇后。父以女贵，上官安当上骠骑将军，封桑乐侯。他骄奢淫逸，恃势专横。由于当初霍光未答应上官安之女入宫，他们十分怨恨，便欲取而代之。

在反对、驱除霍光的行动中，上官一家还和皇亲鄂邑长公主结成了联盟。此外，他们还联合了武帝三子燕王刘旦。刘旦因太子自杀，次子早死，满以为帝位非他莫属，故对昭帝不无怨恨。如此一来，四方一拍即合，着手行动。

上官桀和桑弘羊暗中收集霍光的过失，把材料交给燕王刘旦。刘旦遣人上疏弹劾霍光说："霍光出京去长安东的广明亭检阅羽林军，道上称跸，太官供备饮食，僭用天子仪仗；任人唯亲，他的长吏杨敞无功无才却当上了搜粟都尉；他还擅自调动校尉。霍光专权自恣，臣怀疑他图谋不轨，愿归王玺，宿卫京师，保卫皇上。"

上官桀和桑弘羊乘霍光休沐回家之际，劝昭帝把燕王的奏疏下发百官，罢免霍光。不料，昭帝把燕王的奏疏留下，不肯下发。翌日清晨，霍光上朝，听说燕王奏劾之事，未敢入朝。昭帝宣召霍光入朝。霍光入，免冠顿首。昭帝说："大将军戴上冠，朕知道燕王奏疏有诈，大将军无罪。"霍光顿首谢恩，问道："皇上怎知燕王奏疏有诈？"年仅十四岁的昭帝振振有辞地分析说："大将军去广明亭检阅羽林军，广明亭近在咫尺，何须准备饮食？调动校尉一事不出十日，燕王怎能得知？若大将军想图谋不轨，不需校尉。"

上官桀等人不甘心失败，决心铤而走险。他们定计：鄂邑长公主出面请霍光吃酒，伏兵格杀霍光；除掉燕王，废除昭帝，拥立上官桀为帝。不料他们的阴谋被稻田使者燕仓侦知，燕仓密报大司农杨敞，杨敞转告谏大夫杜延年，杜延年又奏告昭帝和霍光，昭帝与霍光发兵逮杀上官桀父子、桑弘羊和丁外人，诛灭三族；鄂邑长公主、燕王自杀。上官皇后年少，仅八岁，未参与谋反，再加上她是霍光的外孙女，故没废黜。这场政变粉碎后，朝政渐趋安定。

元凤四年，昭帝年满十八岁，举行冠礼。按旧制，加冠之后昭帝亲政，但军权大事仍委诸霍光。霍光执掌大权不专权跋扈，君臣相安无事。"成王不疑周公，昭帝委任霍光"，成为历史美谈。在昭帝和霍光的治理下，汉帝国政局稳定，社会经济有较大的发展，出现了中兴局面。

亲政后的第三年夏四月，昭帝暴病而亡于未央宫，年仅二十一岁。他被安葬在平陵。他的谥号曰"昭"，意思是"圣闻周达"。

第七章　汉宣帝刘询

　　汉宣帝刘询，小名病已。他是汉武帝的曾孙，戾太子刘据的孙子，父史皇孙，母王氏。刘询出生于征和二年。他的父亲是汉武帝的孙子，因其母亲家姓史，故史称"史皇孙"，其母为王夫人。汉宣帝询生下才几个月，西汉朝廷发生了"巫蛊事变"。在这次事变中，他的祖父戾太子刘据和他的父亲史皇孙、母亲王夫人都被害身亡。襁褓中的刘病已受其祖父"反叛"之罪的牵连，被关进了监狱，一关就是五年。四岁那年刘询又因为方士构陷险些死于非命，全靠狱官丙吉刚直不阿才死里逃生。刘询五岁那年，经大赦出狱，由丙吉护送到了他的祖母家，朝廷又下令将他列入宗室，由朝廷发放其生活费用。从此，刘询才开始过上了富足优悠的皇室生活。

　　刘询从小早慧好动，他不仅聪敏好学，而且还喜欢结交朋友，斗鸡走马，甚至有时惹是生非，打架斗殴。这些经历，使他从很小的时候起就对民间百姓的疾苦、吏治的得失、世间的不平有着深刻的了解，和那些生长于深宫中的膏粱皇帝大是不同。不过，他也受到了良好的教育。在他出狱并被列为宗室成员以后，负责管理他们的官员张贺是其父的旧部，对刘询极为关心。从六七岁起，张贺就自己出钱给刘询找老师，使他很小就受到了良好的教育。等刘询长到十六七岁，张贺又给他娶了妻子，这就是以后的许皇后。

　　元平元年，年仅二十一岁的汉昭帝去世。昭帝无子，皇位继承成了问题。其时，汉武帝的儿子中仅剩下广陵王刘胥一人，许多大臣都倾向于立广陵王刘胥为皇帝。但这一建议遭到了霍光的否决,他认为广陵王刘胥"内行不修",不可立为皇帝。最后反复挑选,由霍光定策,决定征昌邑王刘贺到长安,择时立为皇帝。可是刘贺犯了政治上的大忌,既心急登位,又把自己的原班人马带进朝中,冷落了抬举他的朝臣,自己还行为不端,于是以霍光为首的朝廷大臣们联名上书皇太后,要求废掉刘贺。刘贺仅做了二十七天皇帝就被赶下台了。

废了刘贺之后,谁来做皇帝又成了一个非常复杂和棘手的问题。经过反复排比和慎重考虑,他们选中了刘病已。因为他来自民间,政治上没有背景和势力,而且十分年轻,容易控制。以霍光为首的朝廷大臣们把刘病已接进了皇宫,先封为阳武侯,继而举行了隆重的即位大典,奉上皇帝印绶,谒祭了祖庙。就这样,刘病已一步登天,成为西汉王朝的第七位皇帝。这时,他正式更名叫刘询。

汉宣帝即位之初,朝政差不多全部掌握在霍光手里。当时,霍家权力极大,除霍光权倾朝野之外,他的儿子霍禹、侄孙霍云为统率宫卫郎官的中郎将;霍云的弟弟霍山官任奉车都尉侍中,统率禁卫部队胡越骑兵;两个女婿分别担任东宫和西宫的卫尉,掌管整个皇宫的警卫;堂兄弟、亲戚也都担任了朝廷的重要职位,形成了遍布西汉朝廷的庞大的势力网。至此,霍光已经成为当时实际上的最高统治者,他的权势和声望,达到了登峰造极的地步。汉宣帝一即位就明显地感觉到了朝廷内部来自霍光集团咄咄逼人的政治压力。有着丰富的生活阅历的汉宣帝心里明白,自己初即位,仅凭着一个皇帝的称号是不能和羽翼丰满的霍光相抗衡的,只有先忍耐,逐渐发展自己的势力,寻求有利时机,才能夺回属于自己的最高统治权。所以在即位伊始,当霍光故作姿态表示要还政于他时,汉宣帝非常"诚恳"地回绝了。他明确表示非常信任霍光,欣赏霍光的才能,请霍光继续主持朝政,并当众宣布,事无大小,先报请霍光,然后再奏知他本人。汉宣帝成功消除了霍光对他的猜忌和提防,缓和了朝廷内部潜伏的政治危机,为他统治的开端创造了一个良好政治气氛。

汉宣帝即位后的第六年,也就是地节二年,霍光去世。宣帝亲临葬礼,按皇帝葬制的规格埋葬了霍光,并加封霍光的侄孙霍山为乐平侯,以奉车都尉的官职领尚书事。与此同时,汉宣帝认为时机已到,开始亲理朝政。他重用御史大夫魏相，让魏相以给事中的身份参与朝中的机密决策，后来又提拔魏相做了丞相。继而任命丙吉为御史大夫，又委以他的岳父平恩侯许广汉以重任，逐渐把权力收归己手。

汉宣帝深知，霍光虽然死了，但霍家的势力还很大，霍家的亲属和亲信还控制着中央政府的各个机要部门，兵权也掌握在他们手中。为此，汉宣帝首先采取行动，削夺霍家把持的权力。他先解除了霍光两女婿东宫、西宫卫尉的职务，剥夺了他们掌管的禁卫军权。又把霍光的两个侄女婿调离了中郎将和骑都尉的位置，让自己的亲信担任南北军和羽林郎的统帅，最终把兵权掌握在自己手中。之后，他提拔霍光的儿子霍禹为大司马，明升暗降，剥夺了他掌握右将军屯兵的实权。还对上书制度进行了改革，下令吏民上书，直接呈皇帝审阅，不必经过尚书。通过这一系列步骤，霍家掌握的权力被剥夺殆尽，权力逐渐集中在汉宣帝的手中。汉宣帝的夺权行动使霍家集团内部惶恐不安，决定铤而走险推翻汉宣帝。但叛乱很快被严阵以待的汉宣帝瓦解，随之而来的是对霍氏集团的大规模镇压，霍皇后也被废。霍家势力一朝覆灭，汉宣帝最终确立了他的绝对统治。

鉴于霍光专权的教训，汉宣帝亲政后首先加强君权。自汉武帝设置"中外朝"以来，尚书逐渐成为掌管机要的中枢机构，吏民的上书和诏令的发布都须经此处经办。所以领尚书事的霍光、霍山、霍云等人往往通过参与尚书事务，掌握了机要大权。汉宣帝为了把政权牢牢地掌握在自己的手中，对尚书制度进行改革，下令无论是吏民上书，还是诏令的拟定发布，都由中书负责，无须经过尚书，从制度上保证了君权的独尊。

汉宣帝还对吏治进行了整顿。汉宣帝曾生活在民间，深知吏治好坏的重要性。他特别重视刺史、郡守的选用，把它看成是整顿吏治的重要环节，每当朝廷要任命刺史、郡守时，他都要亲自过问。在新任刺史、郡守赴任之前，他要亲自接见，当面考察，要求这些新任的刺史、郡守写出任期责任状，以便以后对他们的政绩进行有针对性的考核，"循名责实"。在此基础上，对不合格的官吏给予降职或者免职处分，对治绩优异的官吏及时给予表彰或给予破格提拔。和汉武帝专用"酷吏"的做法不同，汉宣帝在任用地方官时，不仅使用了一大批干练精明的能吏去镇压不法豪强，而且还任用了大量"上顺公法，下顺人情"的"循吏"去治理地方，改善了过去吏治苛严和败坏的现象，缓和了社会矛盾。

汉宣帝做的第三件事情是平理冤狱。在这个问题上，汉宣帝表现出自己的政治特色："霸王道杂之。"也就是一方面强调法制建设，主张执法严明，以惩治不法的官吏和豪强；另一方面又废除苛法，平理冤狱，缓和社会矛盾。汉宣帝亲政不久，针对刑狱审判不合理现象的存在，亲自参加了一些案件的审理，为执法公正做出表率。地节三年，又下令增设了廷尉平一官，定员四人，专掌刑狱的评审和复核，从制度上保证了执法的严肃性。地节四年，汉宣帝下诏令，认为"首匿连坐法"违反人之常情，又牵连无罪亲属，下令废除。之后，他又下令赦免所有因上书触犯他名讳的人的刑事责任。五凤四年，又派遣丞相属官二十四人到全国各地巡察，平理冤狱，检举滥用刑罚的官员。汉宣帝在位二十五年，先后颁布了十次大赦令。

汉宣帝还继续执行轻徭薄赋、发展生产的政策。针对流民问题，宣帝曾多次下诏把公田赋予流民和农民耕种，部分地解决了农民和土地脱离的问题。为防止农民的破产，保证农业生产的正常进行，他又采取了一系列减轻赋税徭役的措施；地节三年，下令减天下盐价，纠正了由来已久的盐价偏高、人民负担过重的弊端；五凤三年，下令减天下口钱，并鼓励流民占著定居，凡流民归还乡土者，当年免收算赋并免除徭役；甘露三年，又下令减少全国百姓岁赋的四分之一，每人每年三十钱。在汉宣帝的大力倡导下，各级地方官员都把劝科农桑、发展生产看成了当时急务。汉宣帝还派农业专家蔡葵为劝农使，巡视全国，指导农业生产。通过这一系列措施，调动了人民的生产积极性，促进了社会经济大发展。

经过一系列的政策调整，国计民生种种状况较之前朝已有了较大的改观，形成了中兴盛世。在宣帝后期，国内经济繁荣，农业连年丰收，谷价猛跌，创造了汉代最低价。为防"谷贱伤农"，宣帝还建立"常平仓"，以国家力量干预粮食价格。在思想文化方面，宣帝主张经学各派兼收并蓄，并亲自主持召开经学大会。当时，文学方面汉赋的创作达到了可与武帝时媲美的极盛境地。

在对待北方游牧民族的问题上，汉宣帝剿抚并用，发动了汉武帝以来最大规模的军事行动，彻底消除了匈奴与汉王朝对抗的基础。甘露三年，匈奴呼韩邪单于入朝觐见汉宣帝，表示归服西汉中央政府，汉宣帝隆重接待。宣帝又派兵护送呼韩邪单于到光禄塞下，资助谷米数万石。从此，汉匈之间结束了长达一百五十多年的战争状态，建立了匈奴呼韩邪政权对西汉王朝在政治上的隶属关系。宣帝以后数世，北方边境不见烽火之警，牛马布野，人民蕃盛，一片和平景象。神爵元年，汉宣帝派名将赵充国率兵平息了西羌族的叛乱，并留兵屯田湟中，置金城属国管理归附的羌族各部落，加强了西汉中央政府对西羌的控制。

黄龙元年，宣帝逝世，终年四十二岁，谥号"孝宣皇帝"。子刘奭继位为元帝。

第八章　汉光武帝刘秀

　　东汉光武帝刘秀，西汉哀帝建平元年夏历十二月的甲子日生于济阳县。刘秀是汉高帝刘邦的九世孙。父刘钦，母樊氏。刘秀行三，故字叫文叔。刘秀二十八岁起兵加入绿林起义军，三十岁称皇帝，在位三十二年，卒于建武中元二年，终年六十二岁，葬原陵，谥"光武"，庙号"世祖"，是中国历史上影响颇大的一个帝王。

　　刘钦为南顿县令，刘秀随父生活在南顿。刘秀九岁时，刘钦去世，留下了夫人樊氏和三男三女。孤儿寡母，在刘钦的弟弟萧县令刘良照顾下生活。年轻时的刘秀处世谨慎，讲信用，相貌堂堂，一表人才。他大约在二十五六岁时去游历京都长安，在长安跟一个叫许子威的庐江人学习《尚书》，"略通大义"。他喜欢务农，性情温和。他很大方，同学们没钱花，他就和同宿舍的一个叫韩子的同学出钱买了些驴来，让仆人赶着驴子搞运输，挣了钱供给同学们花费。这使刘秀和他的大哥刘𬇙显得很不相同。刘𬇙性情刚毅，不事家业，刘氏皇族的意识特强，对新莽政权极端不满，破产散财，交结雄俊人物，颇有取天下的野心。

　　新莽末期，天下已经大乱。地皇三年十月，刘𬇙在舂陵，刘秀与李通的从弟李轶在宛城，同时起兵。当刘𬇙在舂陵起事时，同族的许多人非常害怕，都说刘𬇙要害了自己，纷纷逃跑；但见到刘秀穿戴着红衣大冠的将军服装，率领起事人员回到舂陵时，又说："像刘秀那样谨慎厚重的人都造起反来了，还怕什么！"于是也就心安了。这年十一月，刘秀等人的军队与官军相遇，战于长安，结果大败。在此一战中刘氏宗族死了数十人，败军之际，刘秀单骑逃跑，碰上三妹伯姬，就把她拉到了马上。不远，又碰到刘元，催她快上马，刘元看到追兵在后，挥手说："你快跑吧，不能两全了，不要都死在这里。"追兵赶到，就把刘元和她的三个女儿杀了。

起义军迅速发展到十余万人。军队人多，将领们都主张拥立一个刘姓的皇帝，以此统一号令，顺应人心。南阳一带的豪杰人物，都认为刘縯最为合适，因为刘縯有威望，治军严明。而新市、平林军的将领们大都喜欢散漫放纵，担心立了刘縯不得自由。他们认为刘玄懦弱，容易左右，因而策划拥立刘玄。刘玄是春陵侯刘仁的曾孙，在平林军中，号称更始将军。刘玄当皇帝后，改元为更始元年，并封了一大批官衔，封刘縯为大司徒，封刘秀为太常偏将军。

南阳一带的情况使王莽震惊，调兵遣将，很快集结了四十二万人马，号称百万，命司空王邑与司徒王寻率兵前往镇压。刘秀的将领见敌多势盛，不敢作战，都跑回昆阳城中。他们忧念妻儿老小，都想各自回本土自保。刘秀非常冷静地向将领们分析了形势和前景，和他们讲明利害。恰好这时传来消息，说王邑、王寻的大军已到城北，将领们见事情紧急，又想不出办法，就请刘秀做主。刘秀又向大家讲了他的策略，结果将领们一致同意。当时昆阳城中只有八九千人，刘秀要王凤、王常守城，自己和李轶等十三人骑马乘夜闯出城南门，召集在外的军队。刘秀到郾县、定陵一带，把那里的军队全部集合起来救援昆阳。

刘秀亲率步兵、骑兵千余人当先锋，在离敌军四五里处停下来。敌军派数千人迎战，刘秀率军前锋战中连连胜利，士气大振。刘秀见军心可用，便率领三千敢死队从城西直冲敌军的中军地带。王邑、王寻十分轻敌，下令军队各守营地不得移动，只率领一万余人迎战，结果大败。大军不敢擅救，王邑被杀。王莽军队见主帅被杀，军心尽丧，在刘秀军队合力夹攻下四处奔逃，相互践踏，伏尸百里，水为之不流，王寻带着剩下来的几千人逃回洛阳，刘秀缴获的军备辎重不计其数，用了一个月的时间还没有收拾完毕。

昆阳一战打折了王莽新朝的脊梁骨。海内豪杰蜂拥而起，杀掉州郡官吏，自称将军，接受更始皇帝的年号，等待诏命。王莽的一些心腹，策划杀掉王莽，投降义军，保全宗族。正当此时，新市、平林军的将领们看到刘縯、刘秀兄弟的威名日益大起来，心中不安，劝刘玄除掉他们，甚至连本来与刘縯兄弟关系密切的李轶也转脸谄事新贵。而刘縯手下的人对刘玄当皇帝一开始就不服，公开拒绝刘玄的任命。于是，刘玄就把刘縯和不满自己的人杀掉了。对此，刘秀深感不安，赶紧跑到宛城请罪。刘縯部下的官吏去迎接他，慰问他，他只是在公开场合下寒暄几句，表示过错在自己，不与来人私下交谈，不讲昆阳的战功，不为哥哥服丧，饮食言笑与平常一样，若无其事。刘玄见刘秀没有反对他的意思，有些惭愧，拜他为破虏大将军，封武信侯。而刘秀每当独居，总是不喝酒、不吃肉，以此寄托哀伤。身边的人发现他枕席上有哭泣的泪痕，叩头劝他自宽，他却否认说："没有的事，你不要胡说。"

更始元年九月，刘玄的军队相继拿下了长安和洛阳。当时关中一带的官员赶来迎接皇帝刘玄去长安，见到刘玄的将领们头上随便包一块布，有的甚至穿着女人衣裳，感到滑稽可笑，独独见到刘秀的僚属颇有汉官威仪，纷纷肃然起敬。刘玄到了洛阳，需要派一员亲近大将代表朝廷去河北一带，要那里的郡国遵守朝廷的诏命，刘秀被选中。刘秀在河北每到一处，考察并任免官吏，平反冤狱，释放囚徒；废除王莽苛政，恢复汉朝的官吏名称。官民欢喜，争相持酒肉慰劳，刘秀一律不接受。后来更始皇帝派使节赶到河北，封刘秀为萧王，并命令刘秀停止一切军事行动，与有功的将领赶到长安去。这表明刘玄已经对刘秀不放心，要削弱他的影响，夺回他的权力。刘秀自然明了这一意图，便以"河北未平"为理由，拒绝应征去长安。刘秀与刘玄的裂痕从此开始明朗。

更始二年秋，刘秀调集各郡兵力，先后击破并收编了铜马、高湖、重连等农民起义军。刘秀知道被收编的将领对他心怀不安，就下令投降的将领各归军营整饬自己的军队。然后，他又单人骑马巡视各军。投降的将领见到刘秀对他们没有戒心，纷纷表示对他效忠。这大大加强了刘秀的军事实力。至此河北一带大致平定，而以樊崇、逄安、徐宣等人为首活动在今河南东部的赤眉军正在迅猛地向长安进兵。赤眉一旦攻下长安，刘玄败逃，就出现一个夺取关中一带的良好时机。刘秀感到争夺天下的时机已经到来。他一边派将军邓禹率精兵两万向关中一带进发，相机行事；一边选定北据太行山作为进取中原的立足点，又在孟津部署重兵，窥视洛阳。

安排妥当以后，刘秀带领一支军队回到冀中、冀北一带。一路上将领们纷纷给刘秀上尊号，要他称皇帝。刘秀一律拒绝，当人们都走开后，将军耿纯说："人们抛开亲人和家乡，跟从大王出生入死，本来就是想攀龙附凤，实现封官拜爵的愿望。现在大王迟迟拖延，违背大家的心愿。我担心人们失望了，就会产生离去的想法。人们一散，就难以再召集了。"刘秀由此相信了将领们要他当皇帝是出于真心实意，而且是出于个人利益，并非虚让。于是表示说："我会考虑这个问题。"到鄗县，刘秀把将军冯异从洛阳前线召来，向他询问天下四方的形势。冯异是当时刘秀最亲密的人，陪同和照顾刘秀度过了最艰难的时刻。他不争功名，每当论功行赏，总是蹲在大树下面一声不响，军中称他为"大树将军"。他不会对刘秀说假话，故此刘秀才召他来询问。冯异对刘秀说："更始皇帝的败局已定，考虑宗庙社稷的问题，就在大王你了。应当听从众人的主张。"于是刘秀在鄗南的千秋亭五成陌筑起坛台，于六月己未日登台祭告天地群神，当了皇帝，改这年为建武元年。

　　刘秀在鄗城即位，打算定都洛阳。他下令包围洛阳。当初刘玄去长安时留李轶、朱鲔守洛阳，这两个人都曾劝刘玄杀掉刘縯，是刘秀的仇人。李轶愿归降，刘秀把李轶的信交给太守、郡尉一级官吏传阅，还说他为人诡诈，反复无常，对这种人要引起警惕。消息很快被朱鲔知道了，于是他就派人刺杀了李轶。朱鲔刺杀李轶，引起洛阳军中的混乱，将领互相猜疑，有的出城投降。刘秀一箭双雕，既分化瓦解了敌军，又借刀除掉了仇人。当洛阳被包围以后，刘秀派廷尉岑彭劝朱鲔投降，岑彭原是朱鲔的部下。朱鲔在城上回答说："我知道自己的罪过太深，不敢投降。"刘秀说："干大事的人不计较小的怨恨。朱鲔要是现在投降，可以保住官爵，怎么会杀他的头呢？我对着面前的黄河发誓，决不食言！"岑彭又去转达刘秀的话，朱鲔不相信，从城上放下一条绳索，对岑彭说："你的话当真，就顺着绳索上来。"岑彭抓过绳子就上去了。朱鲔见无欺诈，就答应了投降。朱鲔把自己捆起来，要岑彭陪他去向刘秀请罪，刘秀亲手给他解了绳子，要岑彭连夜把他送回洛阳。第二天一早，洛阳的守军就大开城门全部投降了刘秀。刘秀任命朱鲔为平狄将军，并封他为扶沟侯。刘秀严禁军队进城后暴横抢掠，将军萧广违犯军纪，纵兵横暴，被处了死刑。洛阳很快安定下来。

刘秀是通过赤眉军打垮刘玄的，但当赤眉军进驻长安后，二者从合作者变成敌人。赤眉军没有长远战略，形同流寇，在流动过程中一路受到追击阻截，损失惨重。建武三年正月疲惫不堪的赤眉军行至宜阳，发现刘秀早已亲率大军等在那里，便投降了刘秀，把在长安得到的传国玉玺也交给了刘秀。刘秀把樊崇等赤眉军将领及其妻子安排在洛阳居住，给了他们田宅。赤眉军所拥立的小皇帝刘盆子是皇族中的人，刘秀让他在叔父刘良的赵王府中当了个郎中。平定赤眉后，刘秀又用了十几年的时间基本削平其他割据政权，取得了大致的统一。

统一全国后，刘秀总结前朝政治得失，确立了一套新的治国方略，其核心是好儒任文、以柔治国。早在征战的时候，刘秀就认识到儒学的重要。他想方设法把一些著名儒学人物拉到自己的身边，或任以官职，或冠以衔号。这样他身边很快就集中了如范升、陈元、郑兴、杜林、卫宏、刘昆、桓荣等一大批当时的著名学者。刘秀对他们以礼相待，或听取他们的策谋，或利用他们的名望和学识从心理上威服僚属，抑制他们居功自傲的情绪。

刘秀自己就是一个爱好儒学的人，经常与文武大臣一起讲论儒学经典里的道理，直到半夜才睡觉。太子刘庄劝他重视健康，保养精神，他说："我喜欢这样，不觉得疲劳。"刘秀有时亲自主持和裁决当时今文经学和古文经学的争论。统一全国以后，除非紧急时刻，刘秀从不讲军旅问题。有一次，有人上书建议乘匈奴内部分裂而又遭到严重灾荒的机会，用几年的时间一举消灭匈奴，他坚决地否定了这个建议。

刘秀知道他的目标应由取天下向守天下转变，所以如此倡导儒学以期改造他军功贵族为主的官吏队伍。随着战火的平息和儒学的活跃，刘秀逐渐改变了官吏队伍的素质和结构，用文吏取代功臣，功臣们交出手中的权力，离开官位，各自回到家中养尊处优。

刘秀少时生性温柔，缺少凌厉之气，即帝位以后，仍是如此。刘秀在征伐占领之后，注重安抚，不事屠戮。凡是投降的，只把他们的首领送到京城来，对小民百姓，遣散回家，让他们种地；拆掉他们的营垒，不让他们重新聚集。他主张征伐战争不一定攻地屠城，要点是安定秩序，召集流散的人口。刘秀还颁布了一些有利于奴婢的政令。建武十一年下诏书宣布："天地之性人为贵。其杀奴婢，不得减罪"；敢于用火烧烫奴婢的，按法律论罪；对被烧被烫的奴婢，恢复其平民身份；废除奴婢射伤人判死刑的法律。建武二年诏书宣布：被卖的妻、子愿回到父母身边去的，听其自便；敢拘留者，按法律论罪。建武十二年、十三年、十四年一再下诏宣布：自建武八年以来被迫当了奴婢的，一律恢复平民身份；自卖的，不再交还赎金；敢拘留者，按《略人法》从事。

刘秀一项更重要的柔性国政是减刑轻税，并官省职。建武七年，下令京都地区及各郡、国释放囚犯，除犯死罪的一律不再追究，现有徒刑犯一律免罪恢复平民身份；应判两年徒刑而在逃的罪犯，由地方吏发布文告公布姓名，免治其罪，使其放心回家。建武六年诏书宣布：因军队屯田，储粮状况好转，停止征收十分之一的田税制度，恢复汉景帝二年施行的征收三十分之一的田税制度。为了减少民众负担，刘秀即位后还大量合并官府，减少吏员。仅建武六年对县及相当于县的封国进行调整，就"并省四百余县，吏职减损，十置其一"。

刘秀作为明君，从不恣意放纵、豪华奢侈。他不喜饮酒，不喜听音乐，手不持珠玉。汉朝自武帝以后，后宫掖庭人数达到三千之多，除皇后以外，有爵秩品级的就分婕妤、容华、充衣等十四个等级。刘秀即位后，只有皇后、贵人有爵秩，贵人的待遇只有谷数十斛。此外有美人、宫人、彩女三等，均无爵秩和规定的待遇。刘秀在世时要预建陵墓，名曰寿陵，特意叮嘱地面不要太大，不要起高坟，低洼处只要做到不积水就可以了，将来要像汉文帝那样，不随葬金宝珠玉。

刘秀对于臣下的歌功颂德阿谀奉承，常能持一种清醒的、有时是厌恶的态度，而表扬一些刚正不阿的官吏。一次，刘秀外出打猎深夜方归，要从洛阳城的东北门进城，掌管这个门的郅恽拒不开门。刘秀让人点起火把，并告诉说皇帝回来了，郅恽说："火光闪烁，又远远的，看不清楚。"仍是不开。刘秀没法，只好转到东城门进了城。第二天，郅恽上书批评了刘秀一顿，说他游猎山林，夜以继日，将带领出一种不良风气，危害国家。刘秀赏了郅恽一百匹布，还把掌管东门的人贬为登封县尉。

刘秀对官吏要求严格，甚至以粗暴方式对待；对贪赃枉法行为惩罚严厉。他在当皇帝的初期，内外群官，多由他自己选任；如干不完他交办的事，尚书一类的近臣常被拉到面前棍打鞭抽，以至于使得"群臣莫敢正言"，尚书令申徒嘉极谏不听。他认为俸禄两千石以上的州郡官吏多不称职，稍有过失，即行罢免，结果造成州郡官吏更换频繁，疲劳于道路；官吏们心怀恐惧，争相媚上，虚报政绩，以求声誉。建武六年，执金吾朱浮上书指出这个问题，此后刘秀对州刺史、郡太守的更换采取了缓慢慎重的做法。

刘秀对贵戚的过分行为有所约束，一般能够理智对待。事例中最出名的当数"强项令"董宣之事。刘秀大姐湖阳公主的奴仆大白天行凶杀人，躲在公主家中，官吏不能捉捕。洛阳县令董宣听说公主要出夏门，就在夏门外万寿亭截住车子，当面杀了那个奴仆。公主立即回宫告到刘秀那里，刘秀要他给公主叩个头消消气。董宣坚决不叩，刘秀就让人按着董宣的脖强叩，董宣就两手撑地，最终也不低头。最后刘秀奖励了董宣，给他加了一个"强项令"的美名。后来刘秀一直记住这个县官。董宣当了五年洛阳令，七十四岁时死在任所。刘秀派专人临视，见他家中一贫如洗，只有一块布盖着尸体，刘秀为此颇为伤情。

建武中元二年二月戊戌日，刘秀在洛阳南宫前殿逝世，临终遗诏说："我无益百姓。丧葬，一切都要像孝文皇帝那样，务从约省。刺史、俸禄两千石的官吏，都不要离开城郭，也不要派官吏来吊唁。"

第二卷

魏晋南北朝

第一章　魏文帝曹丕

　　魏文帝曹丕，东汉献帝中平四年（187）出生于沛国谯郡（今安徽亳州），是著名政治家曹操次子。曹丕自幼跟随其父南征北战，而这一时期，正是曹操作为东汉丞相"挟天子以令诸侯"的时期。赤壁之战后，曹操与孙权、刘备形成了三分天下的局面。而那时候，东汉皇家政权已是名存实亡。东汉建安十八年（213）曹操被封为魏公、加九锡，之后又受封魏王，以丞相领冀州牧。事实上，曹操与皇帝已经只是名义上的差别，东汉朝内的文官、武将皆为魏王所挑选任命，而且也有不少文武官员劝曹操称帝，但是曹操一方面已有大权在握，另一方面以汉室天子之名出兵更加"名正言顺"，故此，他并没有称帝。曹操一共有二十五个儿子。长子曹昂在随曹操南征张绣时战死。曹昂死后，次子曹丕便为长兄。所以，按照嫡长子继位的传统，曹丕最具条件。

　　东汉建安二十二年（217），曹丕被立为魏王世子，时年三十一岁。建安二十五年（220），曹操在洛阳病逝。曹丕继任魏王兼丞相、领冀州牧，同时成了东汉政府的实际主宰者。曹丕上任之初，提升贾诩为太尉，华歆为相国，王朗为御史大夫，将大权牢牢掌握在自己党派手中。之后，曹丕在继位当年，便兴兵南征，为的是让臣民知晓新任魏王同样是抱负恢宏，有着相当的王者之风。当年八月，曹丕至东吴境，孙权遣使者向曹丕献宝并求和，孙权这一举动使曹丕在臣民面前树起了威信。

　　曹丕此时总揽朝政，为取汉而代做了很多准备，民间也接连传出了象征改朝换代的吉祥之兆。东汉延康元年（220）十月，汉献帝禅位于魏王曹丕，曹丕正式登基称帝，国号为魏，改年黄初。时年，曹丕三十三岁。曹丕称帝后，分遣诸兄弟回各自封地，同时，为了削弱诸弟的力量，对他们进行多种限制，处处防范。即使到了临终前，他又改封诸王为县王，诸王的封地由一郡缩小到一县。其实曹丕分封诸王主要为了防止诸弟争权，曹魏政权的确没有出现过外藩强盛欺凌中央的局面。但同时，也造成了皇室孤立无援的弊病，致使日后司马懿父子能够较为容易地篡夺曹氏的大权。

曹丕对于治国之术还是颇精通的，而且也知人善任。黄初二年（221），曹丕提升辽东（今辽宁辽阳）郡守公孙恭为车骑将军，使这一鞭长莫及的地区保持稳定。又命张既为凉州刺史，去平息当地胡人的反抗。重新开通了与西域的联系，密切了与西域少数民族的关系，巩固了魏王朝的统治。

黄初二年（221），刘备在成都称帝，并起兵几十万，沿长江东下攻打孙权。在刘备大军压境的严峻形势下，孙权向曹丕称臣，曹丕接受了孙权的降表，并封孙权为吴王，加九锡。后蜀军兵败，曹丕趁吴军疲惫起兵伐吴，而且蜀相诸葛亮又怕孙吴为魏所败，以后蜀汉独木难支，又与孙吴重新结盟，使东吴解除了后顾之忧。曹丕在孙吴的森严防守下无功而返。此时三国鼎立根基均已巩固，吴蜀势力联合起来，足以与曹魏抗衡。曹丕在位期间，虽然在军事方面没有得到扩展，但是在经济、文化方面还是有一定的建树。在经济方面，曹丕继续发展屯田制度，实行谷帛易市，稳定了社会秩序。而且到了黄初末年，魏国国库非常充实，基本上解决了由战争造成的通货膨胀问题。曹丕本人喜好文学，也非常重视文教，黄初五年其重修孔庙，在各地大兴儒学，立太学。

黄初七年（226）正月，曹丕病重，诏令陈群、曹真、曹休、司马懿受领遗诏，共同辅佐太子曹叡。五月，曹丕于洛阳病逝，终年四十岁，按其生前的文告，不树不坟，葬于首阳陵。

第二章　晋武帝司马炎

晋朝第一任皇帝司马炎，是曹魏时期晋王司马昭的长子。司马炎则完全秉承了其父祖的天性，一方面有着掌控政治局势的谋略，另一方面也有宽厚仁慈的内心，是一个天生的政治家。

265年，司马炎袭父爵称晋王，数月后便逼迫魏元帝曹奂禅让帝位给自己，改国号为晋，建都洛阳。司马炎登基后的首件大事，就是要完成吞并孙吴、统一中国的大业，这样才会巩固自己的政权。同时，为了得到朝野上下以及民间百姓的支持，其下诏许已被降封为陈留王的魏帝曹奂可继续载天子旗、行魏正朔，且上书不称臣。之后，又赐安乐公刘禅（蜀汉后主，刘备之子）子弟中一人为驸马都尉。第二年解除了对汉室的禁锢。这样的怀柔政策得到了朝野上下及百姓的支持，缓和了朝廷的内患，而且又安定了蜀汉民心，也为赢得孙吴民众的好感打下基础。

司马炎所治理的西晋王朝蒸蒸日上之时，孙吴却在吴帝孙皓专于杀戮的酷政下，变得昏天暗日，而孙皓的残暴也衬托出了司马炎的开明，一些孙吴的将领开始倒戈投奔西晋。虽然灭吴之事在朝野间纷纷议论，此呼声也日渐声高，但是司马炎深知，东吴君主虽弱，但是其国基稳固，兵力仍精良，不可轻视。故此，一直到泰始六年（270），他才开始准备灭吴的工作。

司马炎派羊祜到晋吴交界地晋国属地荆州驻守。羊祜是一个很有谋略的军事家，司马炎受禅后，羊祜即以佐命之功，进位中军将军。自羊祜上任之后首先一方面囤军粮做准备，另一方面对孙吴边境使用攻心战术，同样以怀柔政策取得孙吴人的信任，使他们在心理上产生一种对晋的亲切感与对吴的疏离感，有的举家降晋，甚至有的将领带兵降晋。于是羊祜开始抓紧灭吴的准备。没想到朝中权臣贾充等人从中阻挠，司马炎还是没能下灭吴的决心。直到咸宁四年（278），羊祜含恨而逝。羊祜临终之时推荐杜预接替了他的职务，并竭力上奏请求灭吴，司马炎准奏，并按照羊祜生前提出的方案进行，终于一举灭吴。

国家统一后，司马炎将开始着手恢复经济、发展生产，并颁布新的土地制度——占田制。司马炎于咸熙元年（264）下令罢屯田官，以均政役，并将典农中郎将、典农校尉改为太守，典农都尉改为县令或县长。按照占田制的规定，每个男子可占田70亩，女子可占田30亩。以太康元年（280）为例，西晋当时有户240余万，太康三年（282），已增长到371万户，实际增加的人口也是相当可观的。

然而，在国家逐步走向和平安乐的时候，司马炎在生活上开始奢侈起来，起初开始大规模修建祖宗陵庙，灭吴之时又收留了孙皓宫中五千多宫女。于是，西晋的朝野顿时掀起了一阵奢侈之风。据载，一次司马炎到驸马王济家参加宴会，菜肴中有一道乳猪，味道鲜美异常，王济说："此猪是以人乳喂养，又以人乳烹制的。"当时人人以夸富为荣，个个以斗富为乐。西晋王朝也开始逐渐走向衰败。

司马炎的身体状态也越来越差，这时他也开始考虑立谁继位的问题。最初，司马炎立其长子司马衷为太子，时年司马衷九岁，但他一直与正常人的智力相去甚远，司马炎也犹豫过这个问题，但是他钟爱司马衷五岁的儿子司马遹，此子聪明伶俐，颇有司马懿之风。于是司马炎将全部的赌注押在了那个尚在孩提时代的皇孙身上，但最终还是选择了司马衷做继承人。太熙元年（290）三月，司马炎驾崩，终年五十五岁，葬于峻阳陵，庙号"世祖"。

第三章　南朝宋武帝刘裕

南朝宋武帝刘裕，史书称其为汉高帝刘邦之弟楚王刘交的后人。刘裕生于晋哀帝兴宁元年（363）三月，早年家境贫寒，生活艰辛。

元兴元年（402）桓玄挥师进入建康，杀司马道子，从此总揽朝政大权，成了东晋的主宰。当时刘裕地位并不高，也非重臣重将，他知道桓玄不会杀自己，反而会起用他。桓玄任命桓修为南徐、南兖二州刺史，桓修以刘裕为中军参军。刘裕后来击破卢循，开始受桓氏重用。但是他不露声色，表面上对桓氏忠心耿耿，暗地里却笼络了一大批中下级军官。

元兴二年（403）十二月，桓玄取代君位，改国号为楚。刘裕随桓修入朝庆贺。桓玄一见刘裕，便觉他气度不凡。桓玄的皇后刘氏私下劝桓玄："刘裕此人似有干大事之才能，应该早点除掉他。"桓玄说："我现在正是用人之际，非刘裕无可用者。"刘裕也怕自己出了风头招祸上风，于是开始躲避。

元兴三年（404）正月，刘裕与何无忌密谋到分头联络各路反桓之士，以恢复晋室为名，兴兵进京，推倒桓玄。二月，刘裕与何无忌、檀凭之、弟弟刘毅等百余人在京口起兵。斩桓修，刘裕悲恸，令人厚葬之。桓玄闻知刘裕等举兵反，心神不定。三月，刘裕连胜桓玄手下吴甫之与皇甫敷两位骁将。桓玄听到两将战死的消息大惊，一面继续派扬州刺史桓谦出战，一面悄悄预备舟船，准备逃走。桓谦迎战，结果溃不成军，桓玄坐船逃遁而去。刘裕进入建康城，派刘毅、何无忌追击桓玄，自己坐镇京师。

刘裕进入建康之初，面对百废待兴的局面，应付自如，指挥若定。他以身作则，严以律己，因而政纪肃然，又发布命令纠正朝政弊病，未出十日，建康风俗顿改，民心安定。不久，桓玄败退江陵，被杀。次年三月，迎晋安帝司马德宗回朝。四月，刘裕以南徐、南青二州刺史的身份领北府兵回镇京口，后解南青州刺史，加领南兖州刺史。自此，北府兵权全掌握在刘裕一人手中。

义熙五年（409）二月，南燕主慕容超派军攻破东晋宿豫（今江苏宿迁），不久，南燕又侵扰济南。刘裕开始计划北伐南燕，尽管受到朝内大臣反对，但是刘裕仍决意亲自出征。四月，刘裕率水军自建康出发，沿淮河、泗水到达下邳（今江苏睢宁县西北），又沿陆路出发，六月，进围广固。次年二月，攻下广固，灭南燕，生擒慕容超，送至建康斩首。东晋上自朝廷、下至百姓，无不赞颂刘裕的功德。

同时，广东起兵的农民起义军卢循、徐道覆攻下长沙、巴陵、南康等城，兵锋直指建康，何无忌战死。刘裕悲愤，只带了几十人，于四月间赶回建康。朝中多人认为刘裕士兵疲惫，现在出兵难以抵御卢循，提出迁都。刘裕不肯，并开始抓紧时间加强建康城的防御。

经过近两个月的相持，因建康城防御坚固，久攻不克，卢循一无所获，兵乏粮尽，只好退回浔阳。此时，刘裕抓住时机，亲率大军出战，在破冢（今湖北江陵县东南）、大雷（今安徽望县）等地大破卢循军。刘裕得胜后回朝，再派其他将领追击围歼卢循等人。义熙七年（411）二月，徐道覆战死。四月，卢循兵败，投水自尽。刘裕镇压了卢循、徐道覆之后，威望再次提高，之后几年又平了几次内乱。

义熙十三年（417），刘裕进取潼关，攻占长安，八月后秦帝姚泓兵败出降，后秦亡。义熙十四年（418）六月，刘裕受命为相国、宋公，加九锡。加九锡是禅位之前的一种荣典，是为称帝做准备的。但因有谶语称"'昌明'之后尚有二帝"，故此刘裕计划在司马德宗之后再立一帝，以应"二帝"之语再改朝换代。十二月，刘裕派人杀害司马德宗，随后又扶琅琊王司马德文登基。

新帝元熙元年（419）正月，下令刘裕进爵为王。十二月，加殊礼，冕有十二旒，建天子旌旗，驾六马，备五十副车等。元熙二年（420）元月其心腹傅亮入京，授意朝廷召刘裕入京辅政。四月，皇帝司马德文在傅亮的授意下禅位，刘裕正式登基，改国号为宋，史称南朝宋。

登基之后，刘裕下令赦免因逃避兵役、租税而流亡的流民，在限期内回家，并可以蠲免租布两年；如有百姓拖欠政府的债务者一概不究。这些措施都受到百姓的称赞。

永初三年（422）三月，刘裕病重，群臣请求为他祈祷，刘裕一向不信鬼怪神灵之说，拒绝了大臣们的请求。

五月，刘裕病危，召太子刘义符，命司空徐羡之、中书令傅亮、领军将军谢晦、镇北将军檀道济等人为顾命大臣共同辅佐幼主。后事安排停当，刘裕去世，终年六十岁。七月，葬于建康蒋山初宁陵。庙号"高祖"，谥曰"武皇帝"。

刘裕去世后，十七岁的太子刘义符继承帝位，登基。刘义符自幼不喜读书，只喜骑马射箭，颇有勇力。而刘裕忙于建功立业、改朝换代，根本无暇顾及儿子的教育问题。领军将军谢晦曾指太子刘义符无帝王之才，刘裕虽认真思考了谢晦的意见，但仍未改立太子。

刘裕刚刚去世，新皇帝刘义符就跑到后园与随从们练武习阵。几位顾命大臣如何进谏他都听不进去，只是天天玩耍，不问国事。过了一年多，仍不见其长进，顾命大臣们开始密谋废帝另立。景平二年（424）四月，徐羡之、谢晦等开始行动。谢晦事先借口领军府房屋破旧，让家人全部外出居住，而在府内暗聚将士；又令中书舍人邢安泰和潘盛为内应，时刻准备动手。第二天一早，檀道济、谢晦引兵领先，徐羡之等继其后，自云龙门入宫，而刘义符前一天没有回宫就寝，而是玩累了直接在天渊池的龙舟上睡觉，徐羡之等人闯进龙舟时，他仍在酣睡，直到兵士杀了他身边的两个侍者，刘义符才被惊醒。之后，刘义符接到了徐羡之等以皇太后名义下达的命令：他被废为营阳王，另由他的弟弟宜都王刘义隆继承大统。接着，象征皇权的玺绶就被迫交出去了，刘义符被迁往吴郡，幽禁在金昌亭。六月，邢安泰等人冲进金昌亭刺杀刘义符，刘义符死时仅十九岁。

第四章　南朝齐高帝萧道成

齐太祖高皇帝萧道成，字绍伯，出生于晋陵武进县（今江苏常州孟河镇）。据《南齐书·高帝纪》载，齐高帝萧道成乃"汉相萧何二十四世孙"，"姿表英异，龙颡钟声，鳞文遍体"，非凡人貌相。

465年，南朝宋明帝弑前废帝刘子业后即位，南朝宋政权爆发了一场宗室内的大混战。一方是拥晋安王刘子勋为帝的孝武帝系诸王部队，另一方是拥立明帝为帝的部队。然而当时四方州郡大多举兵响应晋安王刘子勋，明帝势单力薄，形势危急。而萧道成当时是明帝政权的右军将军，他有着多年征战的锻炼，具备非常丰富的作战经验和指挥才能，这场大规模混战中，他被授以辅国将军，前去讨伐叛军，并大获全胜，为明帝的即位打下了相对稳固的基础。

泰始三年（467），萧道成任南兖州刺史。泰始六年（470），回京任黄门侍郎、越骑校尉。当时正值明帝晚年，肃清"有害"队伍的时期，萧道成担心被诛，故不敢回京，后采纳参军荀伯玉之计，在边境诱北魏军来犯，再以边境紧张为由继续留任，因此保住了性命。后明帝对其几番试探，萧道成都逢凶化吉，直至明帝去世，他不但安然无事，而且在太子刘昱即位后，还参与辅政。之后再率军平定江州刺史、桂阳王刘休范之乱，整军凯旋归建康，百姓沿道聚观，纷纷称赞："保全国家全仗此公！"由于在平定刘休范之乱中立下大功，萧道成威望大增，被任为中领军、南兖州刺史，留卫建康，又与袁粲、褚渊、刘秉一起，轮流入值决事，当时号为"四贵"。从此，萧道成以中领军的身份逐渐掌握了朝政。

但是后废帝刘昱凶狠残暴，以杀人为乐，萧道成也几次险遭杀害，故起废立之心。而那些不满刘昱之人也纷纷投靠萧道成。萧道成本已密谋杀帝，但是未等动手，刘昱便被侍卫所杀。萧道成大喜，连夜以太后令召袁粲、褚渊、刘秉入宫商量大事，不管几人是否同意，便架刀相逼，将大权完全掌握到自己手上。

第二天，萧道成便以太后名义下令，历数刘昱罪行，并诏立安成王刘準为帝。萧道成出镇东府，任司空、录尚书事、骠骑大将军，又在朝廷内安插亲信，控制大小军政部门。

但是萧道成好友荆州刺史沈攸之并不服气，他认为以自己当年的名望和地位都不应屈居现在的官职，理应由自己入朝掌权。昇明元年（477）十二月，沈攸之派兵东下，写信指责萧道成不与诸公密议，不请示太后，而是交结少帝左右，亲行逆弑；又在朝内移易旧臣，布置亲党，专擅朝政，有亡宋之心。萧道成得知沈攸之举兵反叛，马上调兵遣将，布置讨伐事宜。此时袁粲、刘秉皆响应沈攸之，准备里应外合，共谋起事。但是袁粲、刘秉等人均非萧道成之对手，不久，被杀。

沈攸之率大军从江陵出发，在郢城与萧道成部将柳世隆激烈开战，三十余日未能攻克，沈部士卒离心，逃跑者日日增多，只好放弃郢城，率众过江，到达鲁山，军队便已溃散，诸将争相逃走。待沈攸之率残部赶回江陵时，江陵已被雍州刺史张敬儿攻占，沈攸之走投无路，与其子沈文和自杀。

平定沈攸之之乱后，萧道成基本肃清了代宋称帝的障碍，但是他知道要建立自己的政权，还需要大量网罗能人贤仕。当时他选拔了一系列人才，如王僧绰之子王俭，好学博闻，志向远大，当时被舆论所推重。萧道成以他为太尉右长史，太尉府中大小事均由其办理，并将他当作重要助手来培养。另有出身名门的王僧虔与王延之等人，也为萧氏所重用。此外，除琅琊王氏之外，萧道成还非常看重在江南影响甚重的高门谢氏，谢氏门人谢朏在当世有较大影响，所以萧道成想取得他对自己的支持以便日后称帝。谁知谢朏自始至终只是一言不发。

昇明三年（479）三月，萧道成又进为相国，封为齐公，加九锡。封地齐国的官爵礼仪全模仿朝廷而设。四月，萧道成为齐王。不久，刘準便下诏禅位于齐。司空兼太保褚渊等奉玺绶，率百官至齐王宫劝进，萧道成辞让不受。百官又再三恳请，有人进符命说，"六"是亢位，东汉历196年禅于魏，魏历46年而禅于晋，晋历156年而禅于宋，宋自永初元年至昇明三年，共计60年。历代皆以六终六受，此应为天命。于是萧道成假装顺天时，受玺称帝，择日举行了即位大典，回宫后宣布大赦，改元"建元"，正式建齐朝。

登基后，为了稳固其基业，萧道成广开言路，要群臣议政。群臣有的建议废除南朝宋时苛政细制，有的建议减免南朝宋时的苛捐杂税，有的建议停止讨伐交州，并且限制贵族富民封略山湖侵渔百姓。百官热烈上言，萧道成皆加以褒赏，并下诏："二宫诸王，悉不得营立屯邸，封略山湖。"又下令减免百姓逋租宿债，减轻市税。

针对南朝宋时的奢靡之风，萧道成则强调节俭。在宫中，一旦发现有助长奢侈风气的物件，全部销毁。萧道成常说："我治天下十年，当使黄金与土同价。"萧道成一共有19个儿子，其中6个早夭，余下的13个儿子，有的勇猛过人，有的谋略出众，其中几个年长的儿子还为他创业立下了功劳。时太子萧赜的亲信张景真骄侈不羁，为自己置办了非常多的奢侈玩物，影响非常不好。荀伯玉秘密向萧道成报告太子及其属下的行为不轨。

萧道成很恼火，马上命人检校东宫。第二天，萧道成派两个孙子萧长懋、萧子良宣敕责备太子萧赜，并列出张景真的罪证，要萧赜以太子令杀张景真。之后萧赜对父亲又忧又惧，甚至开始装病不朝。长期的不沟通使萧道成越想越怒，竟筹划废太子另立次子萧嶷之事。但是某次在宴席上，长沙王萧晃为其执华盖，临川王萧映为其执雉尾扇，次孙萧子良持酒杯，长孙萧长懋行酒，太子萧赜、豫章王萧嶷和王敬则自捧酒馔敬他，一时间萧道成感受到亲情如此温暖。而且他知道儿孙们是真心调解他与太子之间的矛盾，况且次子萧嶷也毫无取代太子之位的意思，萧道成见众子孙和睦，也知这其实是最宝贵的事，于是再不想废太子之事。

建元四年（482），萧道成病重，嘱咐太子道："宋氏若不骨肉相图，他族岂得乘其衰弊而取代之！汝深戒之。"三月，萧道成去世，终年五十六岁，庙号"太祖"，谥曰"高皇帝"，葬于武进县泰安陵。

第五章　南朝齐明帝萧鸾

　　永明十一年（493），萧赜逝世。萧赜刚刚咽气，中书郎王融欲强行拥立萧子良为帝，萧昭业与手下人束手无策，焦急万分，萧道成的侄子西昌侯萧鸾硬闯入宫，扶萧昭业登上皇位。萧昭业才得以顺利继位，萧鸾也因此威望大增。但是萧昭业为人善于矫饰，在萧赜灵前灵后判若两人，在灵前经常失声痛哭，久跪不起，群臣无不暗赞他孝顺。一旦离开灵堂，他便恢复玩乐，据传其奢侈无度、行为狂纵不可救药，唯有身边宫人对他的状态十分了解。

　　即位十余日，萧昭业便下令逮捕曾建议萧赜立萧子良为继位人的中书郎王融。王融被捕后，萧昭业又令中丞孔稚珪奏王融招纳不逞之徒，诽谤朝廷，欲治其罪。萧子良听说王融因曾举荐自己而获罪，十分难过，但是他当时受到萧昭业的怀疑而被监视，处境也十分困难，对王融爱莫能助。不久，王融被赐死。

　　当时萧鸾一直以尚书令的身份处理国家事务，同时暗中培养一己势力。慢慢地，萧昭业发现自己的统治大权越来越薄弱，开始对萧鸾产生忌恨，欲除之。于是召鄱阳王萧锵商议，萧锵是萧道成第七子，宽容大度，深得人心。他认为萧鸾在宗亲中年龄最长，而且受寄于先帝，目前皇上所能依靠的只有萧鸾一人，还是要以笼络为主，萧昭业只得暂时作罢。但是萧鸾野心很大，笼络萧昭业身边的萧谌、萧坦之两人为自己的耳目。之后，萧鸾开始暗中清除萧昭业的心腹之人，包括周奉叔、綦毋珍之和杜文谦等人。

隆昌元年（494）四月，萧子良病逝。萧昭业曾一直担心萧子良有夺位之心，故此听到其死讯后，竟异常兴奋，还为萧子良举行了盛大的葬礼。萧子良死后，萧昭业开始谋划诛杀萧鸾，但是萧鸾势力太大，一时间无从下手。萧昭业只好一步步削弱萧鸾的势力，打算让萧鸾寓居西州，中敕用事。他认为只要萧鸾离京，国家大事就可以由自己做主。萧鸾自然知道萧昭业的想法，于是抓紧了废帝夺权的行动。七月的一天，萧鸾在宫中兵变，萧昭业未及抵抗便被抓，受死。萧昭业在位一年便被诛杀，时年二十一岁，萧鸾以太后令废其为郁林王，葬以王礼。

萧昭业死后，萧鸾立萧昭业的弟弟新安王萧昭文为新帝。当时年仅十五岁的萧昭文被迎立入宫中，举行即位仪式，当上了萧鸾的傀儡皇帝。萧鸾知道，若自己想要顺利称帝，必须除掉萧氏其他宗室，于是在接下来的几个月内，他杀害了鄱阳王萧锵与随王萧子隆，以及其他藩王。

武帝萧赜第七子江州刺史、晋安王萧子懋听到叔叔萧锵和弟弟萧子隆的死讯，非常愤怒，决意举兵攻打京师。萧鸾闻报立即派中护军王玄邈讨伐萧子懋，又遣裴叔业和于瑶之先袭江州府驻地浔阳。萧子懋兵败被杀。萧子懋死后，萧鸾更加展开了对诸王的杀戮。他首先派平西将军王广之率队袭击并杀害南兖州刺史、安陆王萧子敬。接着，又派徐玄庆前往江陵，准备杀害文惠太子第三子——仅十二岁的荆州刺史、临海王萧昭秀，未果，降封其为巴陵王。同时，派裴叔业称奉旨杀害高帝萧道成第十五子湘州刺史、南平王萧锐。之后，萧道成第十八子、郢州刺史、晋熙王萧銶和南豫州刺史、宜都王萧铿也被裴叔业杀死。

萧道成第八子桂阳王萧铄、第十二子江夏王萧锋虽受萧鸾礼遇有加，但是萧鸾最终也狠下心来将他们杀害。在杀害宗室这件事上，萧鸾做得十分决绝，之后相继杀害萧赜第九子萧子真、第十三子萧子伦。

当年十月，萧鸾以皇太后名义下令，废掉了仅当了三个月皇帝的萧昭文，自己堂而皇之地登上了皇帝的宝座，改元建武。萧昭文则被降封为海陵王，不久，被害。萧昭文死后，萧鸾为他以帝王之礼举行了葬礼，谥曰"恭王"。

为了让自己称帝更加名正言顺，萧鸾宣布自己为高帝萧道成第三子，又追尊去世的父亲萧道生为景皇帝，母亲为懿后。

萧鸾原本不喜奢，称帝后亦崇尚节俭。他下诏将武帝萧赜所建新林苑还给百姓耕种，以及文惠太子萧长懋所起太子东田，也斥卖于民间，就连其寿辰，席上凡有银酒杯，萧鸾也要人马上将其击碎。

萧鸾即位后，政事不分大小巨细，事必躬亲，纲目亦过分细密。一来是他从初时就颇具吏才，二来是他以吏事权诈得国，唯恐臣下也步其后尘。但是像萧颖胄那种敢于直言的大臣，萧鸾知其忠心，所以不但不加罪，反而委以重用。另有治书侍御史薛聪，为人耿直、不避强权，萧鸾很欣赏他，任其为直阁将军等职，亲卫禁兵全交给他管领。但是他也不免会枉杀自己不喜欢的人，比如领军将军、南徐州刺史萧谌，又如重要功臣王晏及北中郎司马萧毅等人。

498年，萧鸾改元永泰。时年，大司马、会稽太守王敬则因萧鸾诛杀旧臣而举兵起事。萧鸾得报，立即派人杀死了王敬则的儿子们，又调兵遣将前往镇压。时年，王敬则已年过六旬，还亲率甲兵万人过钱塘江，百姓也踊跃响应，追随者竟达到十余万众，声势浩大。萧鸾闻知王敬则大军向建康突进，病情加重，朝廷百官也无不震惊。但是不久，齐军大败王敬则军，王敬则死于战场。萧鸾下令不究叛民之罪，于是所有跟随王敬则造反的晋陵民众全部得到赦免，避免了一场血腥大屠杀的同时，萧鸾也收得了人心。

永泰元年（498）七月，萧鸾病逝，终年四十七岁。谥曰"明皇帝"，庙号"高宗"，葬于曲阿兴安陵。

第六章 南朝梁武帝萧衍

梁武帝名萧衍，字叔达，南朝宋大明八年（464），生于南兰陵中都里（今江苏武进西北）。萧衍出身于贵族之家，其父萧顺之是齐高帝族弟，因功封临乡县侯，历官侍中、卫尉、领军将军等。萧衍自幼酷爱读书，天资聪颖，当时与之交往甚密的有沈约、谢朓、王融、范云等人，他们经常出入于竟陵王萧子良的西邸，被世人称为"八友"。仕齐至雍州刺史，后因南朝齐统治阶级的内乱而起兵，于齐中兴二年（502）禅代称帝，建立梁朝，在位达四十八年之久，是南朝在位时间最长的一个皇帝。

萧衍登基之初，勤于政务，孜孜不倦。即令寒冬腊月，也是五更即起，批改公文。此外，萧衍还提倡勤俭。"一冠三载，一被二年"，其所用衣物，均已洗濯数次，平常吃饭只以菜蔬豆羹粝食为主，上行下效，全国吏治也有了很大的改观。

但是不可免俗的是，萧衍亦对开国元勋有所顾忌，并大加猜疑。梁朝开国功臣首推张弘策、范云和沈约。张、范二人开国之初便相继去世，只剩沈约是萧衍好友，又助萧衍受禅登基。本应好好重用，但是非但没有重用，反而经常对其苛责，不久沈约也忧郁病死。

萧衍对开国元勋很刻薄，对皇室权贵却是格外照顾，特别是对其弟萧宏和其子萧综。临川王萧宏是萧衍六弟，萧衍尽管知其藏匿杀人凶犯，甚至派人刺杀自己，也不予追究。萧宏后竟与萧衍之长女永兴公主通奸，又密谋篡逆，派人行刺萧衍，未果。永兴公主自觉无颜再见父亲，自尽。临川王萧宏在事败后，亦忧惧成疾，不久病死。

豫章王萧综是萧衍次子，其生母吴淑媛是南齐东昏侯萧宝卷妃，跟了萧衍后受宠，仅七月便生萧综。天监三年（504）封为豫章郡王，至普通二年（521），镇右将军。吴淑媛失宠后，心有怨念，将七个月便生子之事告知萧综，萧综由此认定自己是萧宝卷之子。普通六年（525），北魏元法僧降梁，陈庆之等为之接应，结果被魏所败。萧衍乃命萧综出镇彭城，都督诸军。不久魏调临淮王为东道行台，率兵进逼彭城。萧衍恐怕萧综失利，即召综还朝，综却于此时投奔魏军。魏朝见萧衍次子来降，非常高兴，当即授萧综为侍中、太尉、高平公、丹阳王，邑七千户。萧综这时改名为缵，特地为东昏侯举哀，服斩衰三年。萧衍闻次子投魏，大为惊愕，遂削其爵撤除属籍，改其子孙为悖氏，并废吴淑媛为庶人。后来陈庆之随元颢伐魏，萧衍听说萧综有南归之意，令吴淑媛找出综儿时衣服让庆之捎去，综却坚决不回。未几吴淑媛病故，萧衍又生怜惜之心，诏赐复综爵，谥吴淑媛为"敬"，又封综子萧直为永新侯。

萧衍为梁帝，初雅重儒术，设国子监，增广生员，立五馆，设五经博士。萧衍本人虽日理万机，犹手不释卷，燃烛侧光，一看就是半夜。亲撰《春秋答问》《尚书大义》《中庸讲疏》《孔子正言》等计二百余卷，王侯朝臣质疑，萧衍皆亲为解释。于是四方郡国，趋学向儒，云集于京师者不可胜数。但当萧衍进入暮年，思想有所变化，尤经萧宏、萧综两次事件打击，竟逐渐看破红尘，转入佛门，成为中国古代皇帝中唯一的在位和尚皇帝。为便于祭拜佛祖，萧衍令于宫城附近修筑同泰寺，寺中供奉莲座，宝相巍峨，殿宇弘敞。为来往便当，又令于宫城中开大通门直对寺门，萧衍早晚即可由此门入寺拜佛参禅。

普通八年（527）三月，萧衍亲临同泰寺，为表忠心事佛，竟舍身入寺，做了三天的住持和尚，然后才返回宫中，并下令改元为大通。萧衍信佛之后，不仅自己断绝女色，不食荤腥，而且下诏全国，今后祭祀宗庙神灵不许再用牛羊猪等，只能用蔬菜水果。此令一下，朝野为之震动。人们都认为，连祭祀尚不可杀生，那么肉也不可再吃了，无法接受。如此群情汹汹，竟引动朝廷商议，拟用大脯代牛。报与萧衍，萧衍坚决拒绝用牲。最后经再三请求，才许用面粉捏成牲像祭祀。

当时有南印度僧菩提达摩闻听梁朝重佛，不远万里，由海路乘船至广州。萧衍听有远方高僧到来，立即命令地方官吏马上将其护送入都，亲自于内殿召见，谈论佛理。然而没过多久，达摩见话不投机即告辞而去，后来渡江至嵩山少林寺传经授徒，竟成为中国禅宗第一世祖。

萧衍礼遇高僧不成，于是转尊俗僧慧约为师，亲自受戒，并令太子王公以下，皆以慧约为师。此令一下，朝官权贵受戒者竟达五万人之多。萧衍又把佛经弄来精心研读，这样一来遂使朝纲废弛，宵小弄权。此时贤相周舍、徐勉已相继逝世。只有尚书令何敬容与寒士出身的侍中朱异表里用事。何敬容久处台阁，详悉旧闻且聪明识治，虽然趋势信佛，但也未妨碍政务。朱异则善窥人主旨意，能阿谀以承上旨，任官三十年，广纳货贿，蒙蔽朝廷，萧衍偏独信用，以致朝政更加昏暗。

大通三年（529）九月，萧衍再幸同泰寺。他脱去御衣衮服，于寺中沐浴完毕即换上法衣袈裟，宛如一位入寺多年的老僧，当晚即在寺中僧房居住，素床瓦器私人执役，与寺中住持相似。次日天明，设四部无遮大会，萧衍着法衣亲自开讲堂法座，为四部大众（僧、尼）讲经。讲毕即再次将肉身舍入寺中，自号三宝奴。如此过了十天，王公大臣聚钱一亿万，请求赎回皇帝菩萨。众僧两头不能得罪，实在不好说什么，只有木然无语，算是做了答复。又过了一天，文武百官集于同泰寺东门，奉表请皇帝还宫。萧衍答书语意恳切，竟对群臣用"顿首"之辞，声称既已舍身入寺就无返俗之意。群臣连上三表，萧衍才好不情愿地回到宫中。

大同三年（537），萧衍令修长干寺阿育王塔，发现佛爪、发舍利，萧衍以为佛家盛事，亲赴该寺再作法事，并诏令大赦天下。中大同元年（546）春天，萧衍再至同泰寺设四部无遮大会，开讲《金字三慧经》，又舍身寺中，并许以所王境土供养三宝。过了一月，王室公卿以钱两亿万奉赎。萧衍又推辞一番才停讲经义，下诏改元并大赦天下。萧衍回宫当晚，同泰寺发生火灾，浮屠被毁。萧衍闻报说："这是妖魔所为，应广做法事祈禳。"乃下诏："道高魔盛，行善郡生，应大兴土木，重建浮图倍盛往日！"遂兴造十二级浮屠，后因侯景之乱而止。

距上次舍身同泰寺仅一年，萧衍因西魏大将侯景来降，认为是佛祖保佑，于是又演出一场历时三十七天的舍身闹剧。不仅如此，年逾古稀的萧衍还变得刚愎自用，不知纳谏。当时有散骑常侍贺琛上谏书一篇，陈述当时士风奢靡而君不察的流弊。竟致萧衍大怒，责其空作漫语，徒沽直名，其实他只是恨贺琛说出了他无法改变的现实。就在萧衍称帝后的第四十七个年头，发生了著名的侯景之乱。

侯景本是已经同化于鲜卑的羯族人，曾做过怀朔镇的外兵史，和北齐开国皇帝高欢极为友好。怀朔六镇起义失败后，侯景降于契胡部落的酋长尔朱荣。后在镇压葛荣时为先锋，因功至定州刺史。及高欢灭尔朱氏后，侯景又依附于高欢，并深得赏识，历任尚书左仆射、吏部尚书、司空、司徒等职。

侯景因功自傲，常轻视高欢之子高澄。高欢死后，高澄想将侯景调回夺其兵权。侯景自思索与高澄不睦，心不自安，于是以河南十三州之地降于西魏。西魏对侯景之降态度非常谨慎，明面上给侯景以太傅、上谷公、河南行道台等高官厚爵，暗地里则分派大军陆续接收侯景所辖州县，私下接连召景入朝长安，想趁机夺其兵权。侯景看到这种形势，于是决计上表萧衍，请降梁朝。

萧衍接到侯景上表，立即召群臣廷议后，并诏授侯景为大将军，封河南王，都督河南北诸军事。并派司州刺史羊鸦仁等率兵三万，分赴悬瓠，接应侯景。时有平西将军谘议周弘正素知侯景性情，听说朝廷受侯景之降，不禁叹道："乱事就在眼前了！"

太清二年（548）八月，侯景果以朱异等人乱政，兴师除奸为名，在寿阳举兵造反。萧衍闻报，并不惊慌，传旨授台州刺史鄱阳王萧范等人为东西南北四道都督，由侍中、邵陵王萧纶为统帅，持节督军合讨侯景。侯景闻大军将至，即率军东进，连下谯州、历阳，兵锋不日即达江边。侯景率部众渡过秦淮河后即将台城团团围住，擂鼓鸣角，全力攻城。都官尚书羊侃诈称得邵陵王书，说援兵即刻就到，守城将士内心少安，于是奋力守城。两下相持数日，侯景为号召天下，把萧宏之子萧正德扶为皇帝，自任大丞相。

邵陵王萧纶军至钟离，得知侯景已经渡江，便昼夜兼程，回军入援。过江时风起，人马淹死十分之一二。乃率步骑精锐三万，自京口西上。但因迷路迂回二十多里，至次日拂晓始至钟山立营。侯景见萧纶突然到来，不禁大为惊骇，急忙分兵三路攻击萧纶。萧纶击败侯军，进至爱敬寺。侯景也收兵驻于覆舟山北。到了傍晚，侯景收兵徐退，萧纶部将安南侯萧骏以为侯景怯阵，即带兵追赶，侯景回军反攻，击败萧骏。骏逃入纶营，侯景趁势杀来，竟将萧纶战败。萧纶仅收余部不足千人逃往朱方（今江苏武进县）。

侯景打败萧纶之后，再次向台城发起攻势。此时羊侃已经病死，城中将士更加恐慌。正当危急之时，右卫将军柳津从容镇定，率众抵抗，城防赖此复安。又过几日，诸路援军已到，公推柳津之子、同州刺史柳仲礼为大都督，指挥全局。柳仲礼分诸将择地扎营，又专令衡州刺史韦粲驻守青塘，并亲入韦粲大营对他说："青塘正当石头中路，向来是兵家必争之地。如此重任，非兄不能承当。你要是觉得兵力不足，我可以派人相助。"语毕即传令直阁将军刘叔胤助战。

太清三年（549）正月，韦粲遵令出发，恰遇大雪，迷失道路，等到了青塘，夜已过半。寨栅尚未建好，就被侯景发现。侯景率兵来攻，刘叔胤不战而逃，韦粲等力战阵亡。柳仲礼这时已迁营大桁，闻韦粲败讯，当即投箸披甲，率手下百骑往救，大败景军。仲礼正追杀侯景，不防侯景部将支伯仁从后面猛砍一刀，正中仲礼左肩，部将急救回营。从此侯景不敢南渡，仲礼却也气馁，再不谈论战事，整日以饮酒嫖妓为乐。到了三月，侯景见各路援军已无斗志，遂尽力昼夜攻城。城中宋将董勋和熊昙朗见大势已去，暗中接应侯景入城。

不久，侯景派王伟来见萧衍，表示想亲自拜于宫门前"谢罪"，萧衍应允，令侯景在太极东堂陛见。侯景来时带五百甲士自卫，萧衍神色安详，问话说："你在军中时间很久了，一定很辛苦吧？"侯景不敢仰视，汗流满面。萧衍见了不觉好笑，继续问道："你是哪一州人，怎么敢兴兵犯阙？妻子儿女还在北方吗？"侯景惶恐不知所对，其部将任约在旁边代答说："臣景妻子儿女全被高氏屠杀，今天唯以一身归服陛下。"萧衍又问："刚渡江时有多少人马？"侯景稍缓过劲来，亲自答道："千人。""围台城时呢？""十万。"萧衍再问："现在已有多少人呢？"侯景回答："率土之内，莫非己有。"萧衍用抚慰的口气说道："你既然有忠事我朝之心，就应约束军士，不得骚扰百姓。"侯景诺诺而去。

侯景退出后对亲信王僧贵说："我常常跨鞍马征战，矢刃交加，从无怯心。今见萧衍却有惧怕之意，难道果真是天威难犯吗？我不能再见他了。"于是撤去宫中守卫，派军士入值省中，或驱驴牵马，或佩剑带刀，出入宫廷，无所顾忌。萧衍见而怪之，左右说是侯丞相的甲士。萧衍大怒说："不就是侯景吗？怎么说是丞相！"此话传到侯景耳中，大怒，立即派私党监视萧衍行动，即使平常饮食，也都加以克扣。萧衍许多日常要求无法得到满足，忧愤成疾，竟至不能起床。不久，逝世。享年八十六岁。庙号"高祖"，谥号"武帝"，葬于修陵。

第七章　南朝陈武帝陈霸先

　　南朝陈武帝陈霸先，字兴国，小字法生。生于梁武帝天监二年（503），少年时期就胸怀大志，长于谋略，饱读史书和兵书。陈霸先身材高大魁梧，练就一身好武艺，再加处事明达果断，故深为时人所推重。陈霸先先在乡中里做小官，后来又到梁都建康做油库史，因其识文断字，不久迁为新喻侯萧暎传教，并深受萧暎赏识。梁大同年间，萧暎被朝廷任命为吴兴太守，即指名带陈霸先赴任，后来萧暎转任广州刺史，又举荐陈霸先为中直兵参军，监理宋隆郡，并令招兵买马，所部达千人。

　　大同八年（542），陈霸先率三千精兵赶到广州城平乱，经过几次激战，杀死杜天合，生俘杜僧明。霸先见僧明骁勇过人，义而释之。僧明感其德，由此成为陈霸先手下一员骁将。捷报传至朝廷，梁武帝萧衍非常高兴，下诏授陈霸先为直阁将军，封新安子、邑三百户，并遣画工描绘霸先容貌以随时观看。

　　第二年春天，交州当地豪族李贲自称越帝。朝廷诏令陈霸先为交州司马、领武平太守，与交州刺史共同征伐叛逆。陈霸先领旨即广招勇兵悍卒，整修冶炼军用器械。大同十一年（545）六月，大军抵达交州，李贲以三万人马于苏历江口立城栅相拒。陈霸先一马当先，冲锋陷阵，连连获胜。李贲畏惧逃至嘉宁县屈獠地区。此地为崇山峻岭，形势险要，众军搜捕不得，只好驻守周围。次年秋天，李贲率三万人马由屈獠出屯典彻湖，大造船舰，充塞湖中，征讨诸军望其阵势，均心怀怯意，驻守湖口而不敢进逼。陈霸先觉得不能一味停留等待，于是对诸将说，我们只要同心协力誓死攻取，就一定能够获胜。于是陈霸先率领本部兵马，顺流先进，众将见状，亦鼓噪向前。李贲叛军措手不及，死伤无数，不得已窜入屈獠地区。至太清二年（548）三月，李贲势穷力竭，被獠人斩杀送至交州。陈霸先将李贲头颅传送建康，梁武帝授霸先振远将军、西江督护、高要太守，督七郡诸军事。由是陈霸先威震南方，闻名京师。

太清二年（548）冬天，侯景乱起，陈霸先率部数年征讨。其间，他身先士卒，屡建奇功；善察民情，屡得义士；整军有方，退敌有谋，最终打败了不可一世的侯景。侯景平后，其部将郭元建在广陵求降，王僧辩遣使安抚，并派陈霸先率军受降。陈霸先至欧阳，齐将辛术已占据广陵，霸先收降元建部曲三千人后，返回建康。萧绎以陈霸先为征北大将军，开府仪同三司、南徐州刺史，进封长城县令。不久，萧绎即帝位于江陵，陈霸先因平侯景之功进位司空，镇守京口，其余称号不变。

承圣三年（554）十二月，梁元帝萧绎死于西魏之手。陈霸先与王僧辩等商议，决定迎立晋安王萧方智。次年二月，年仅十三岁的萧方智由浔阳来到建康，登上帝位，给陈霸先加了个征西大将军的头衔。

陈霸先因在平定侯景之乱时与王僧辩配合默契，故与王僧辩关系密切，这时北齐把贞阳侯萧渊明送了回来，王僧辩又决定立萧渊明为帝，陈霸先派使者往返数次苦争保留萧方智帝位，王僧辩坚决不同意。陈霸先由此开始与王僧辩发生矛盾，于是密作战备器械以谋后事。不久侯安都率水军至石头城北，弃船登岸，攻入城内，直达王僧辩卧室；陈霸先也用计赚开南面城门进入城内。当时王僧辩正在处理政务，外面报告发生变故，忙从厅内跑出，与儿子同至门外，随从约数十人，与侯安都展开激战。不一会儿陈霸先率军赶到，王僧辩寡不敌众，夺路逃窜，登上城南门楼，陈霸先令将士聚柴放火，王僧辩被迫下楼就擒。陈霸先害怕夜长梦多，当晚即将王僧辩父子绞杀狱中。

十月，陈霸先扶持萧方智复位，改元绍泰。以萧渊明为司徒，封建安郡公；陈霸先仍官司空，加尚书令，都督中外诸军事，兼扬、徐二州刺史。

这时，由王僧辩一手提拔起来的吴兴刺史杜龛见王僧辩被杀，立即起兵反抗，义兴太守韦载和王僧辩之弟、吴郡太守王僧智也以本郡响应，据城抗拒陈霸先。陈霸先派部将周文育进攻义兴，义兴所属县中多有陈霸先过去的士兵，他们善用弓箭，远近闻名。周文育进攻不利，只好率军退却，韦载便在城外据水立栅，两下相持，不觉几十天过去。陈霸先得悉周文育出师受挫，心中焦躁，即令侯安都与杜棱防卫建康，自己亲率大军前往接应。

陈霸先军至义兴，两日即拔去韦载水栅。然后，陈霸先派韦载族弟，带书信入城给韦载，招他投降。韦载因势穷力拙，无法坚持，于是出城投降。霸先对韦载好言安抚，引置左右，谋议军国大事，留其弟监守郡事，以周文育兵攻吴兴杜龛，以宁远将军裴忌赴吴郡讨王僧志。这时建康告急，陈霸先只得卷甲返回京师。

原来谯、秦二州刺史徐嗣徽，有一从弟名叫徐嗣先，乃是王僧辩的外甥。僧辩被杀后，徐嗣先逃至徐嗣徽处，怂恿嗣徽举州降齐。及至陈霸先东讨韦载时，徐嗣徽密结南豫州刺史任约，举兵响应杜龛、韦载。北齐也以兵马粮草相助。徐嗣徽见京师空虚，即率精兵五千直奔建康，攻克石头城。

陈霸先回师建康后，即拟攻取石头城。尚未出战，又闻齐已遣安州刺史翟子崇、楚州刺史刘士荣、淮州刺史柳达摩率兵万人来援徐嗣徽，并于湖墅运粮三万石、马千匹入石头城。霸先忧心忡忡，问计于韦载，韦载说："如果齐军分兵先据三吴之路，略地东境，则大事去矣。现在应速至淮南沿侯景旧垒筑城，保护东方粮道，然后分兵断绝敌人运输道路，使他们无粮草器械接济，如此不过十天，齐将脑袋就可送来了。"霸先点头称是，派仁威将军周铁虎断敌运输，擒获齐北徐州刺史张领州，械送建康，再使韦载至淮南筑起城垒，遣人驻守。齐军亦在仓门、水南设栅据守，过了几天，徐嗣徽被陈霸先亲率精兵打败，留下柳达摩等人守石头城，自己去采石迎接齐军。

这年十二月，陈霸先遣侯安都率水军攻打秦郡，破徐嗣徽栅栏，俘获数百人。陈霸先又在治城架起浮桥，渡河攻齐仓门、水南二栅。齐兵大败，溺死者千数，号哭声震动天地。这时，徐嗣徽与任约引齐水陆兵马万余人还据石头城，霸先派兵赴江宁，据住险要地势。嗣徽等不敢再进，驻于江宁浦口，被陈霸先派侯安都率水军袭破，嗣徽等逃走，只剩下柳达摩孤军守石头城。霸先召集水陆各军，四面围攻石头城。城困无水，一升水竟可换绢一匹。达摩无计可施，遣使请和，要求霸先送子为质。霸先召诸将会议，都认为建康虚弱，粮运不继，应该允许求和。霸先只得答应，并令从子昙朗与永嘉王萧庄出质齐营，与达摩会盟城外。盟后达摩引兵自去，徐嗣徽、任约皆随之入齐。

宁远将军裴忌奉陈霸先之命，去吴郡讨伐王僧智，赶到城下正值黑夜。裴忌令将士鼓噪攻城，王僧智由睡梦中惊醒，疑是大军到来，忙起身从后门逃出，乘小船投奔吴兴杜龛。这时，周文育正与霸先侄子陈蒨合攻杜龛，文育暗中交结杜龛部将杜泰，让他作为内应，怂恿杜龛投降。一天，杜龛与杜泰出城与文育交战，杜泰故意按兵不动，杜龛战败回城，杜泰借机劝杜龛投降，龛不识其诈，答应出降。回去告知妻子王氏，王氏说："陈霸先杀我父亲，如此深仇大恨，怎么可以求和！"即取自己私房所存金银首饰、布帛，悉数赏与军士，令与文育决一死战。杜龛军士得了赏赐，无不奋力死战，竟将文育军杀退十里。杜龛平常即好饮酒，此次得了胜仗，开怀大饮，醉得不省人事。杜泰趁机开城门迎文育军入城。王氏急呼杜龛，杜龛不醒。王氏无奈，自剪头发，扮作尼姑，混出城外逃命去了。文育军士搜至府中，杜龛仍醉卧床上，即令军士把他背出，至项王寺前一刀斩杀。王僧智见吴兴已经无法存身，趁乱与其弟由后门出逃投奔了北齐。

此后，陈霸先又相继讨灭了东扬州刺史张彪、江宁令陈嗣和黄门侍郎曹郎等反叛势力。至此，石头、采石以南，已全部平定。不料北线的战火又点燃了起来。

太平元年（556）三月，北齐派萧轨为征南大都督，与徐嗣徽、任约合兵十万入寇。由栅口直向梁山。遭到陈霸先帐内荡主黄丛的阻击，齐军战败，退保芜湖。霸先又遣定州刺史沈泰等前往梁山协助侯安都守城御敌。不久，霸先也亲往梁山巡视。齐军心怯，不敢进逼，安都却趁此机会率骑袭击齐行台司司马恭，获得大胜，俘虏以万计。齐军由此气馁，当下致书霸先，说是奉齐主命来召建安公萧渊明，并非与南朝争胜。陈霸先接书，答应送渊明回齐，却不料此时渊明背上生疽，病不能行，几天即死。齐军待渊明不出，不好言退，索性鼓军再战，其兵发自芜湖，经丹阳至秣陵故治。

陈霸先令诸将屯守方山、马牧、大航南边，共同抵御齐军。为严肃军令，陈霸先率宗室王侯及朝臣将帅，于大司马门外百兽阙下刑牲告天，责齐人背约，语言慷慨，涕泗交流，同盟者皆不能仰视，台下将士观此无不感奋，摩拳擦掌，要与齐决一死战。

过了两天，齐军于秣陵跨淮筑桥，进兵方山，将侯安都、周文育等军逼回建康。然后齐军又自方山进至倪塘，游骑达于台城之下，建康此时内外戒严，陈霸先亲自督禁兵出屯长乐寺，与周文育兵合于一处，与齐军对垒列阵。

转眼进入六月，齐军由钟山转至幕府山，又转至玄武湖西北，打算占据北郊坛，霸先亦麾军移驻北郊坛北，与齐人相峙。适逢连日大雨，平地水深丈余，齐军日夜坐于泥淖之中，手足皆烂。而梁军居于高地，又经常调换，所以无虞，只是因四方壅隔，粮运不继，发生了粮荒，将士们面有菜色。正好陈蒨运来三千斛米、一千只鸭。霸先即令炊米煮鸭，用荷叶裹饭及鸭肉，分发军士。众人饱餐一顿，即于次日黎明，由霸先亲自率领出幕府山进击齐军，大败敌军。

陈霸先率军凯旋，将所俘齐帅萧轨等尽行斩首。陈霸先获此胜仗，威震京师，被任为中书监、司徒、扬州刺史，进爵为长城公。不久，又进位丞相、录尚书事、镇卫大将军，改刺史为牧，封义兴郡公。陈霸先大权在握，踌躇满志，自然生起当皇帝的念头，于是开始紧锣密鼓地准备起来。

太平二年（557）八月，进位太傅，加黄钺，剑履上殿，入朝不趋，赞拜不名，并给羽葆鼓吹一部；九月，进位相国，总百揆，封十郡为陈公，备九锡之礼，位在诸侯之上；十月，进爵为王，以会稽、晋陵、豫章等十郡，并前为二十郡，益封陈国。

当月，梁敬帝萧方智禅位，陈霸先即位称帝，改元永定，建立了新的政权——陈朝。

陈霸先称帝后，战乱再次开始出现。曾为梁湘州刺史的王琳，广招精兵、大造船舰，准备进攻陈霸先。陈霸先命周文育、侯安都率舟师至武昌，进击王琳，结果安都、文育等将领悉数被擒。王琳把安都、文育等人用一条长链锁住，置于后舱，令亲信宦官王子晋看守，自己领兵驻于溢城白水浦。安都、文育甜言蜜语，许以重赂收买王子晋。子晋为利所诱，假装用小船垂钓，靠近后舵，将安都等三人移入小船，连夜载渡上岸，从荒野草丛中偷偷逃回陈军驻地。陈霸先得知安都军败，非常惊慌，后见安都等逃回建康，不禁转忧为喜，当即下诏赦免败军之罪，各还其官如故。

永定二年（558）正月，王琳兵据湓城，有众十万。为东进建康，特授北江州刺史鲁悉达为镇北将军。悉达两边官爵都接受，其实迁延观望，皆不应征。王琳欲引兵东下，却被悉达截住中流，琳派人诱说，悉达始终不从。王琳无计可施，只得派记室求援于齐，并请以梁元帝萧绎的孙子永嘉王萧庄主梁。齐从其请，发兵送萧庄于江南，继承梁祀，册拜王琳为梁丞相、都督中外诸军、录尚书事，王琳奉庄即位称帝，改元天启。

陈霸先命司空侯瑱、领军将军徐度率舟师为前军讨伐王琳，亲自至石头城送行。这时，江州刺史周迪打了一个胜仗，捉住王琳战将李孝钦、余孝顷等，霸先见是个好机会，便派吏部尚书谢哲去劝王琳归顺，王琳大约因为战事不利，周文育、侯安都等人又都逃走，便答应西还湘州。八月，谢哲还报，霸先即令众军还师。

刚过一个月，因为余孝顷之弟余考劢及子仍顽抗不降，陈霸先又命周文育统率将士前往讨伐。王琳派曹庆率兵两千来救，曹庆令部将常众爱与文育相拒，自领将士攻打周迪与吴明彻，周迪等战败，文育闻报退屯金口。

熊昙朗见周文育军事失利，便设计帐内伏兵将其杀害于座位之上。昙朗吞并了周文育的部众后，又去袭击宁州刺史周敷，后被周敷所败。昙朗单骑逃奔巴山，不久被村民所杀。陈霸先在周文育被害之前，又派了侯安都率兵去接应。安都半途得知周文育已死，即引师退还，恰好遇上王琳部将周灵、周协，略一交手，便将他们捉住。这时孝劢弟孝猷率所部四千人也来归降，安都又乘胜进军至左里，击败了曹庆和常众爱，活捉王琳从弟王袭、主帅羊日东等三十余人，常众爱逃入庐山，不久也被当地百姓所杀。同年六月，安都凯旋建康。然而，不断的忧患和战争，使陈霸先精疲力竭，不久便病倒，不到半月便去世，时年五十七岁。是年八月，葬于万安陵，谥号"武皇帝"，庙号"高祖"。

第八章　北朝北魏道武帝拓跋珪

　　拓跋珪，又名拓跋开、拓跋什翼圭、拓跋翼圭，字涉圭，鲜卑人，南北朝时期北魏开国皇帝。幼年早慧，得其祖父代王什翼犍的喜爱。公元376年，什翼犍即因部落内乱被害身亡，拓跋珪被其母亲贺兰氏携走出逃，投奔其舅舅贺讷。贺讷见拓跋珪少年老成，智识不凡，又惊又喜，对他大力扶持，希望他能再兴家国，光复故土。385年，十五岁的拓跋珪趁乱重兴代国，在盛乐即位为王。又在次年即公元386年定国号"魏"，是为北魏，改元"登国"。

　　初建的北魏政权四周强邻如虎，南边有独孤部，北边有贺兰部，东边有库莫奚部，西边河套一带有铁弗部，阴山以北有柔然部和高车部，太行山以东和以西还有慕容垂的后燕和慕容永的西燕。拓跋珪利用后燕和西燕的矛盾，与后燕结好，牵制西燕的侵犯；其后又与西燕联盟，遏制了后燕的扩张，从而保持了南部的安全。

　　拓跋珪登基不久，又发生了内乱。拓跋珪的叔父、什翼犍的小儿子窟咄为了争位，与刘显部勾结，企图取拓跋珪而代之，引起诸部大骚动。拓跋珪因恐内难未绝，不得已再逾阴山，往依贺兰部，又派人向后燕求援。由后燕支持的拓跋珪和由西燕支持的拓跋窟咄分别进入了河套以东的草原地区。这一地区战略地位非常重要，同时也是战马的主要供应地。因此，为了自身的利益，后燕国主慕容垂马上派儿子率兵救援。但在拓跋珪向后燕求援的同时，窟咄也已联络了贺兰部帅贺染干夹击拓跋珪。这时拓跋部前有窟咄，后有染干，两面受敌，形势十分危急，部众也都惊恐万分，失去斗志，连北部大人叔孙普洛都逃往铁弗部避难去了。年轻的拓跋珪临危不乱，为了摆脱腹背受敌的险境，避开染干，他急行军数百里，到达桑干河支流上游地区，一面等待有利时机，一面又派人与慕容垂之子取得联系，相约夹击窟咄。晋孝武帝太元十一年（386）十月，拓跋珪与慕容垂之子两军会合，在高柳（今山西阳高县西北）大败窟咄。窟咄带领残兵败将西逃，依附于匈奴铁弗部，后来被铁弗部杀死。

高柳战役的胜利使拓跋族转危为安，拓跋部落联盟得到巩固和发展，王权也得到强化。第二年，拓跋珪又乘胜出击，打败了占据马邑（今山西朔县西北）的独孤部刘库仁之子刘显和刘卫辰两个部落，占领了从五原到固阳塞一带（黄河河套）的产粮地区。太元十五年（390），征服了占据阴山北麓的贺兰部。太元十六年（391），又征服了占据河套以西的匈奴铁弗部。这样，在五年中，拓跋珪消灭了蒙古南部和山西北部草原上几支最强的对手，势力日盛。随后，拓跋珪又兼并库莫奚、高车、纥突邻等弱小部落，不仅得到了大量的土地，而且俘虏了大批人口，获得了数以十万、百万计的马、牛、羊等牲畜，大大充实了自己的实力。

太元十九年（394）六月，慕容垂出兵灭了西燕，占有了今山西中部与南部的大部分地区。这样，华北地区能与后燕争强斗胜的就只剩下了北魏了。被胜利冲昏了头脑的后燕统治者，满以为可以像灭西燕一样一举而消灭北魏。于是，便在太元二十年（395）七月，由太子慕容宝统率精骑八万，直趋河套，进攻北魏。这时的拓跋部还过着游牧生活，听到慕容宝来攻，拓跋珪徙部落畜产远避到河南（今内蒙古鄂尔多斯）。慕容宝军至五原，却找不到拓跋珪军队的主力。这时传来慕容垂病死的谣言，后燕军心动荡。慕容宝急于回去继承帝位，于是下令撤兵。拓跋珪趁此机会率精骑渡河急进至参合陂，连夜包围了燕军的营寨。燕军毫无准备，又急于东归，士无斗志，在拓跋珪大军的突然袭击下全军覆没，除慕容宝单骑逃脱外，燕军的四五万人几乎全部被就地坑杀，粮货兵械也全部落入拓跋珪的手中。这一仗的结果，改变了北魏和后燕的力量对比。太元二十一年（396），慕容垂亲率大军前来报仇，直扑云中，拓跋珪依然避其锋头，率众北退阴山，保存实力。慕容垂虽然一度攻下平城（今山西省大同市），但却始终找不到与拓跋珪决战的机会，最后因病重不得不引兵而还，后死于途中。从此，后燕在军事方面的颓势再也未能挽回。这时的拓跋珪年方25岁。在慕容垂死后不久，拓跋珪遂挟其优越的骑兵，长驱进入中原。

太元二十一年（396）七月，拓跋珪在盛乐称帝，改元"皇始"。八月，又乘慕容垂新死、后燕内部混乱之机，亲率大军四十余万进攻后燕。九月，魏军攻下后燕并州（今山西太原西南）。十月，率军出井陉关（今河北井陉县附近）。北魏军队一路势如破竹，后燕守宰或弃城逃跑，或望风而降，只有邺城与信都及燕都中山三城闭城固守，拓跋珪亲自督兵围攻中山，数日不下。拓跋珪自思急攻则伤士卒，缓攻则费粮糒，于是便派兵先平信都、邺城，然后还取中山。慕容宝仍凭城顽拒，双方在中山城僵持了近一年，到晋安帝隆安元年（397）九月，中山城内粮尽，拓跋珪又令抚军大将军拓跋遵袭取中山周围，割取禾稻，致中山饥荒更甚。很快，中山城破陷落，后燕灭亡。

拓跋珪平中山之后，又分兵略地，将黄河中下游的后燕故地全部占领。慕容族的残余势力只得远避，一支由慕容宝率领，退到龙城（今辽宁朝阳市），建立了北燕政权，另一支以慕容德为首，在滑台（今河南滑县附近）建立了南燕政权。这样，拓跋珪自386年即代王位，到397年平中山灭后燕，在短短的十年间，将北魏发展成北方一个最强大的政权。

北魏道武帝天兴元年（398）十二月，拓跋珪迁都平城，正式称皇帝。他采纳汉族士人崔宏的建议，宣称黄帝最小的儿子昌意受封于北土，是拓跋部的祖先，因此自称为黄帝的后裔。拓跋珪十分向往汉族的文明，因而在他建设平城时，仿照长安、洛阳、邺城等中原各大名城设计蓝图。他多次召见负责监造的大臣，亲自询问营建的各个具体项目。最后建成的平城，使用了数百万根木料，有十二座城门，在城内及近郊有宽敞的宫殿、幽静的鱼池和美丽的亭台，都被冠以富丽堂皇的名称，如紫极殿、云母堂、金华室等。

拓跋珪复国之时，进入中原的各少数民族都已走上封建化和汉化的道路。拓跋部要想生存和发展，必须追随中原各族，向汉族学习。经历过灭国之苦的拓跋珪是清楚地看到这一点的。于是，他便采取了许多措施，促使拓跋部的奴隶制迅速向封建制过渡。

首先，他重视农业发展。登国元年（386），拓跋珪就在盛乐一带"息众课农"，发展农业，并把这些经验推广到河套以北。登国九年（394）三月，又命堂兄拓跋仪在五原至固阳一带的河套平原屯田。拓跋珪对屯田控制得很严，特设督屯官。督屯官和屯田民都无土地所有权。屯田的收益除一部分归国家外，其余按一定比例分给屯田民。由于屯田的百姓并非全是无偿劳动，可以获得一定的报酬，所以这一措施很得民心，因而收获量也很大，为促使拓跋部畜牧经济逐渐转向农业经济、由奴隶制向封建制过渡创造了有利的经济条件。

拓跋珪加速汉化的第二个有力措施就是"离散诸部，分土定居"。从登国元年（386）到天兴元年（398），拓跋珪多次下令，强制解散血缘关系的各部落组织，使各部牧民与原来的部落大人脱离关系，重新按居住地组织编制，由政府分给他们土地，让他们从事农耕或定居放牧。这样，拓跋部的成员除极小部分作为皇帝的亲近侍从而上升为官僚贵族外，绝大部分就随着分土定居而成为负担赋税和兵役的农民，拓跋部的封建化程度也就随之加深了。

拓跋珪的第三个措施就是计口授田，发展生产。北魏初期，由于军事上的巨大胜利，俘获了大量的人口。拓跋珪在把被征服地区的居民带走后，除了一小部分战俘作为国君的战利品赏赐给贵族、大臣和将领，使他们沦为奴隶以及牧子、隶户、杂户外，其余的大多数人则是被作为"新民"随其内徙。政府发给这些"新民"耕牛和农器，按照人口授给他们田亩，让他们在划定的范围内耕种田地，并设置专门的部帅对他们进行管辖。

但是，当拓跋珪的政权逐渐稳定之时，他便开始盲目自信，刚愎自用，变得十分多疑。他常常担心别人觊觎他的皇位。天兴三年（400），他下了两道诏书，一道说："人们认为汉高帝以平民而有天下，这是不对的。汉高帝做皇帝，是由于天命。没有天命，而妄图非分，是要遭殃的。"另一道诏书则反复说明：名利和爵位是末，道义才是根本，本末是不可以倒置的。诫谕群臣要讲道义，不要贪名争利。道武帝把天命和道义的神学教条作为精神药石，但这服药石也并不能使他得到完全安宁。他不断猜疑臣下对他不忠，担心他们谋图不轨。那些功高名重的大臣、将帅和拓跋王族更成了他的猜忌对象，一旦被怀疑，轻则流放，重则杀头。

拓跋珪的堂兄拓跋仪，本是北魏最著名的将领，在参合陂之役和灭燕战争中功盖诸将，不论是在拓跋贵族还是汉族大臣中，他都享有崇高的威望，因而也就日益为拓跋珪所猜忌。天赐六年（409）掌占卜的官员对道武帝说："今年天文有异常的变化，可能会有大臣叛乱。"拓跋珪更加疑虑，一时间弄得朝廷人心惶惶，大将重臣均有朝不保夕之感。拓跋仪担心祸将及己，惶恐不安，于是单骑出逃，但最后还是被道武帝派人追获赐死。

当初，在窟咄与拓跋珪争夺王位时，高邑公莫题曾用箭射信给窟咄说："拓跋珪还是个三岁娃娃，岂能任重载之车！"表示愿意支持窟咄。这封信被拓跋珪截获，对此一直怀恨在心。天赐五年（408），有人告发莫题住宅豪华，蔑视皇上，有反叛之心。拓跋珪就派人将莫题当年用过的箭给他送去，并责问他道："你看我这个三岁娃娃现在到底如何呢？"莫题父子不久便被处斩。

越到后来，拓跋珪的疑心越重，往往因为一点小事，就以莫须有的罪名将大臣处死。北部大人贺狄干被后秦囚禁于长安多年，回到平城后，拓跋珪见他穿的是秦人的衣服，说话有秦人的口音，便认为他仰慕后秦，将贺狄干连同他的弟弟一起杀了。大臣司空庚岳被人告发衣服华丽，行为举止仿效帝王，也马上就被处斩。在朝廷议事时，拓跋珪也动辄杀人。只要他忽然想起某位大臣的过失，就将其推出处死，甚至见人脸色失常，气息不顺，或听人言辞逆耳，声音高昂，便认为是心怀恶意，下令当场处死，并将死者全部陈列在天安殿前。他的暴行导致朝廷上下人不自保，大臣百官均自虑祸患，不理朝政，里巷之间，盗贼公行。

拓跋珪在位后期性情狂躁，喜怒无常，往往几日不吃饭，几夜不睡觉，独自对着墙壁自言自语，甚至亲手将人毒打致死。他好乘人力辇车，乘车时手执宝剑，从后敲击拉车人头部，死一个换一个，有时每天死者有几十人。他越是杀人，就越担心别人谋害他，因此经常换寝宫，连他的心腹之人都不知他住在何处，唯其宠姬万人知晓。而万人与其二子拓跋绍私通。拓跋绍生性凶狠残暴，其生母是贺太后的妹妹贺夫人。天赐六年（409）十月，贺夫人被拓跋珪囚禁，她托人密告拓跋绍，让他设法营救自己。当天夜里，拓跋绍便以万人为内应，寻得拓跋珪的住处，并将其刺死。这一年，拓跋珪三十九岁。

永兴二年（410）九月，拓跋珪谥为"宣武帝"，葬于盛乐金陵，庙号"烈祖"。泰常五年（420），改谥为"道武皇帝"。太和十五年（491），又改庙号为"太祖"。

第三卷

隋唐

第一章　隋文帝杨坚

　　杨坚是东汉太尉杨震的后代。"弘农杨氏"世任高官，是汉、曹魏、北朝至隋唐时期最著名的门阀世族之一。西魏大统三年（537），杨坚的父亲杨忠追随独孤信投靠在西魏专权的宇文泰。因在宇文泰执政和宇文觉建立北周过程中功勋卓著，杨忠被赐姓普六茹氏，位至柱国、大司空，封随国公。

　　西魏大统七年（541）六月，杨坚出生在冯翊般若寺。依靠家庭背景，杨坚曾在王公贵族子弟的专门学校里念过书。至于学习成绩，后世多讥讽他不学无术，他也自称"不晓书语"，大概当时不是好学生。杨坚从十四岁就开始了做官生涯。十五岁依靠父亲的功勋被授予散骑常侍、车骑大将军、仪同三司的荣誉职衔。北周取代西魏后，杨忠为开国功臣，杨坚又升骠骑大将军、加开府。同年，周明帝继位，又封杨坚为大兴郡公。560年，周武帝继位，十九岁的杨坚被任命为随州刺史。566年，鲜卑大贵族、柱国大将军独孤信认识到杨坚前途无量，便把自己十四岁的七女儿嫁给了杨坚，这更提高了杨坚的地位。568年，杨忠死，杨坚继承了随国公的爵号。577年，北周灭北齐，杨坚立下战功，又进封柱国。第二年，出任定州总管，不久转亳州总管。

　　杨坚并无突出的功绩，地位却扶摇直上，逐渐引起一些朝臣和贵族的忌恨。北周初年，宇文护专权，多次想除掉杨坚，都因别人的阻拦而没有得逞。周武帝亲政后，宇文宪曾劝他尽早把杨坚除掉，内史王轨也认为杨坚有反相，但都没引起周武帝的重视，且又以杨坚的长女作为皇太子王妃，进一步巩固了杨坚的地位。杨坚也积极利用已有的社会影响，广泛拉拢群臣，以扩大自己的势力。杨坚在做随州刺史时已与骠骑将军庞晃结为莫逆之交。后来，杨坚做定州总管，庞晃任常山太守，二人交往更密。

北周武帝宣政元年（578）六月，武帝死，宣帝继位，以杨坚女为皇后，任杨坚为上柱国、大司马。第二年初，杨坚又转大后丞、右司武，旋升大前疑（宰国）。在宣帝外出时，由杨坚主持日常政务。周宣帝虽年少，但昏庸荒淫，又修建洛阳宫耗尽民财，致使上下怨愤。杨坚便暗中开始做取代周室的准备工作，但也引起周宣帝的警觉。为了消除周宣帝的猜疑，也为了将来在北周动乱时握有实力，杨坚决定暂时离开朝廷，到地方上去掌实权。他把这种想法告诉了自己的好友内史上大夫郑译。大象二年（580）五月，周宣帝决定南伐，郑译乘机推荐杨坚。周宣帝对郑译言无不从，遂任命杨坚为扬州总管。

大军未出，周宣帝病重，召见小御正刘昉、御正中大夫颜之仪，准备托以后事。二人到时，周宣帝已不会说话。这时，宣帝的长子宇文阐年方八岁，根本不能真正做皇帝。刘昉为以后飞黄腾达，便与郑译商议，共同拟定一个假诏书，声称周宣帝遗嘱，让杨坚以皇太后父亲的身份总揽朝政，辅佐幼主。宣帝死，刘、郑等人暂不公开，首先宣布由杨坚总管中外军事大权。杨坚又以诏书的名义控制了京师卫戍军队，基本控制了朝廷。三天后，杨坚等人才正式宣布宣帝已死的消息，八岁的周静帝即位，以杨坚为假黄钺、左大丞相，掌握军事、政治全权。但杨坚深知自己的地位还不巩固，于是采取一系列措施增加自己的权威。

首先是建立自己的统治核心。杨坚自任丞相，设丞相府，以郑译为相府长史兼内史上大夫，刘昉为相府司马，李德林为府属兼仪同大将军，又拉拢真正具备政治才能的高颎等一帮人作为自己的亲信，相府实际上已代替朝廷成为真正的决策机构。同时杨坚利用掌握军权的司武上士卢贲，用军队的力量暂时压服了尚未完全清醒过来的朝廷百官。

接着是除掉宗室宇文氏的势力。杨坚初执政时，周宣帝的弟弟宇文赞仍以皇叔身份居上柱国、右大丞相职，在朝廷中与杨坚平起平坐。杨坚支使刘昉把他劝回家中，不要过问朝政，答应以后由他做皇帝，只须在家里等待。宇文赞信以为真，便高高兴兴回家去了。杨坚排除了近在身边的干扰，但这时真正的威胁是已经成年并各居藩国的宇文泰的五个儿子。在还没有公开宣帝的死讯时，杨坚便借口召他们回到长安，收缴了他们的兵权印符。五王与雍州牧毕王宇文贤联系，请他起兵，但宇文贤很快就被杨坚击败。五王看到外面指望不上，便寻找直接刺杀杨坚的机会。有一天，赵王宇文招借口请杨坚吃饭，安排亲信卫士手持兵器守护左右，并暗伏兵士于后。杨坚到后，随行的元胄看出势头不对，强行拉杨坚离开座位，赶快出门，护送杨坚回到相府。杨坚赏赐给元胄大笔财富，并以谋反罪杀死宇文招、宇文道，其他三王也很快被除掉。至此宇文氏的势力基本被消灭。

然后，杨坚宣布废除周宣帝时的严刑峻法，停止洛阳宫的营建，以此取得广泛支持。这样，杨坚在京师的统治已基本稳固。杨坚以外戚专权，引起北周一些地方势力的不满。杨坚本想寻找种种借口，逐步用自己的亲信去控制地方，把原来的将领召回京师，或杀或用，就可兵不血刃地控制全国局势，但都没有成功。杨坚执政刚一个月，尉迟迥便在相州发难，王谦在益州起兵，司马消难在郧州起兵，局势异常严峻。杨坚一方面利用自己已经取得的政治优势拉拢地方将领，对反对者进行分化瓦解；另一方面，投入自己所能控制的全部军队，经过半年的战争，三方武装反抗被全部平定，杨坚控制了北周政局。

在平定三方武装反抗的过程中，杨坚为铺平做皇帝的道路又采取了下列措施：宣布自己由左丞相改任大丞相，废左、右丞相设置，不久改称相国；让自己的长子杨勇出任洛阳总管、东京小冢宰，监督东部地方势力；杨坚由随国公改称随王，以二十州为随国，随王位在诸侯王之上；为进一步宣扬自己的家世，追封曾祖杨烈、祖父杨祯、父亲杨忠；为进一步削弱宇文氏的影响，废除所有对汉人的赐姓，令其各复本姓，这一措施得到汉人的普遍拥护。

581年，杨坚正式称帝。杨坚由继承父亲的随国公起家，进称随王，故把自己新王朝的国号定为随。他又感到随字有"辶"，与走同义，似乎不太吉利，便改"随"为"隋"，改元开皇，仍以长安为首都。

杨坚做了皇帝，以正妻独孤氏为皇后，长子杨勇为皇太子。为吸取宇文氏没有强根固本的教训，杨坚封杨氏诸弟和众子为王，并各掌一州，兼管周围各州军事，又都配备亲信重臣辅佐，以此加强对地方的控制。杨坚是在刘昉、郑译等人拥戴下控制朝政并取周自代的，但他们无才又自傲，还贪心不足。所以他们逐步被疏远、罢免或杀头。杨坚以高颎为尚书左仆射兼纳言，虞庆则为内史监兼吏部尚书，李德林为内史令，韦世康为礼部尚书，元晖为都官尚书，元岩为兵部尚书，长孙毗为工部尚书，杨尚希为度支尚书，杨惠为左卫大将军。后来又提拔了具有军事才能的杨素和有经济头脑的苏威等人，组成了自己的领导核心。

杨坚在杨氏天下基本稳定、政治机构大致完善后，接受高颎等人的建议，采取了一系列改革措施。首先设五省六部，其中内侍省和秘书省只起辅助作用，在政权中不占重要位置。门下省和内史省都是协助皇帝执政的决策机构，并负责审查皇帝发布的诏书，签署大臣的奏章。尚书省是主持日常政务的机构。尚书省下设吏部、礼部、兵部、民部、刑部、工部这六部，分管朝廷人事、文教外交、军政、土地财税、司法、营建等主要职能。六部尚书分掌全国政务，加强了中央集权，后世遂相沿成例。

隋建国以前，地方官制极为混乱。北周仍实行州、郡、县三级制，"民少官多，十羊九牧"，造成极大的财政浪费。开皇三年（583），杨坚下令废郡，实行州、县两级制，又合并了一些州县，裁汰了一大批冗官。两级制也成为后世定式。为了削平割据势力、有效地控制地方，杨坚规定九品以上官员全部由吏部统一考察和任免，后来又规定刺史、县令三年一换地方，县佐也不能任用本郡人，以免豪强地主把持地方行政。这些改革巩固了中央集权。

杨坚还制定《开皇律》，废除了枭首、车裂等残酷刑律，只保留律令五百条。并规定只要不是图谋推翻杨氏政权者，不得株连九族。为了打击逃避税役的行为，杨坚采取了"大索貌阅"和"输籍定样"两项措施。严格核对户口，同时根据各家资产情况确定纳税标准，使百姓不能逃税，地方官吏也难以随意增减克扣。这两项措施使国家掌握的人口剧增，增加了财政收入。

隋朝沿用北魏以来的均田制，每个成年男子可以分配露田八十亩、永业田二十亩，成年女子分配露田四十亩，奴婢与一般农民分田数量相同。均田法又规定：京官一品至九品都可得到一顷至五顷的职分田，收入作为俸禄，免官则交出土地；各级行政机构都可耕种一定的土地，称公廨田，其收入作为办公费用。这种办法节省了大笔财政支出，也就变相增加了国家的实际收入。整个隋朝，国家的仓库都堆满着粮食和绢帛，呈现经济繁荣的景象。

为便于把潼关以东地区的粮食、布帛运到首都，开皇四年（584），杨坚命当时的"巧匠"宇文恺率领民工开凿广通渠。广通渠的开凿，也为两岸的土地提供了灌溉条件。杨坚还下令改铸五铢钱，废除其他古币和私人铸币，只准五铢钱流通，又统一了度量衡，促进了工商业的发展。

突厥大举南侵，攻略今甘肃和陕北一带，被杨坚派杨弘、高颎等在开皇二年（582）率兵击败。为阻止突厥的南下骚扰，杨坚三次征发民夫修筑长城，加强防御。不久，突厥分裂为东突厥和西突厥，西突厥向西发展，东突厥逐渐南附，接受隋朝的控制，北部边防渐趋巩固。

杨坚建立隋朝后就开始为统一全国做准备。开皇七年（587）八月，杨坚征召西梁帝萧琮到长安，将其软禁，并派兵灭掉西梁。在巩固了内部、缓和了与突厥的矛盾和灭西梁之后，开皇八年（588）秋，杨坚共发兵五十余万，在整个长江沿线水陆并进，向陈发动大举进攻。这时，陈总有兵力不过十万，君臣醉生梦死。后主陈叔宝及文武百官很快全部做了俘虏。二百多年的分裂局面被杨坚终结了。

隋初仍沿用西魏、北周以来的府兵制，战士和家室、土地自成一个系统，不受地方州县辖制。灭陈之后，战争已基本结束。为把府兵变成国家的纳租对象，开皇十年（590），杨坚对府兵制进行了改革，将所有军人，户籍全部划入当地州县。这种兵归于农、兵农合一的措施既增加了国家的财政收入，又加强了政府对军人的控制，这一制度到唐代仍然沿用。

杨坚是一个很有作为的皇帝，但又有非常平庸鄙陋的一面。杨坚在建国初期成功地排除了曾对他做皇帝立下汗马功劳，但实际没有治国能力的刘昉、郑译等人，使用了高颎、苏威、李德林等一批真正能帮他治理国家的人才，给予他们高官厚爵，但他们又引起了杨坚的猜疑。至杨坚晚年，开国功臣、平定三方武装反抗的地方将领、南平北抚的文武大将、帮他在中央主持一系列改革的重臣已所剩无几，或遭杀戮，或被废弃，他们大部分都没有明显的恶迹，只是充当了杨坚猜疑的牺牲品。杨坚对一般官吏也非常严苛，经常使人四处查访，凡稍有过失者，都要加以重惩，还派人私下四处行贿，一旦有人接受，便马上处死。

杨坚非常迷信，佛道、符瑞、阴阳五行及各种鬼怪，都在杨坚的崇信之列。北周武帝灭佛之后佛学在北方衰微，却又在杨坚的支持下复兴。隋唐佛教的繁荣与杨坚的大力提倡是分不开的。杨坚还被后世讥为不学无术，这一点他自己也承认，并且看不起那些咬文嚼字的读书人。杨坚认为文化无用，便认为不需要建立学校。仁寿元年（601），杨坚下令全国只保留供王公贵族子弟读书的国子监，废除天下郡县的所有学校。

杨坚的猜疑和严刑使他失去了大批可用的臣僚，崇尚迷信又招来许多佞幸，大兴土木开奢侈之风，刻意"节俭"则苦了老百姓。杨坚的晚年仍是隋朝盛世，但潜在的危机已露出端倪。

私生活方面，杨坚对妻子独孤氏一直存在着畏惧的心理。杨坚专权称帝，独孤氏家族的地位和影响起了很大作用，而且独孤氏也是很有才能的奇女子。杨坚称帝后，独孤氏直接参与政事，实际成为能控制皇帝的皇后，故宫中把二人合称"二圣"。独孤氏嫉妒心很强，不许杨坚和其他女人接近。虽然当时后宫也有嫔妃数十名，但杨坚根本不能与她们亲近。一次杨坚在后宫发现尉迟迥的孙女很有姿色，一时心血来潮与其亲热一番，独孤氏便暗中派人杀掉了那个姑娘，气得杨坚一度离宫出走。杨坚做皇帝二十余年，却没有荒淫纵欲，在某种意义上应归功于独孤氏。

杨勇是杨坚的长子，杨坚在做隋王时他便被立为世子，后来确立为太子。开皇初年，杨坚凡有军国大事，都要杨勇参与处理。然而随着年龄的增长，杨勇越来越迷恋女色，东宫嫔妃多被宠幸。杨勇死时不过三十来岁，生的女儿不算，儿子就有十个，且出自五六个母亲。皇后独孤氏最讨厌贪花好色的男人，当然对杨勇也厌恶起来。尤其杨勇的第一个儿子还是私生子，杨坚对此也大为不满。但杨勇依然我行我素，因此逐渐失宠。杨勇在父母面前失宠后，善于察言观色的杨广便开始策划取而代之。

开皇十八年（598）冬至日，朝廷百官都到东宫朝见杨勇，杨勇也大张旗鼓地接受朝贺，实际上是对杨坚的示威。杨坚当然不能容忍，废除杨勇的意图此时已形成。为防备杨勇，杨坚把东宫警卫的强壮者全部挑走，并与皇宫警卫经常轮换，侍卫以上的官吏全由皇宫卫队统一指挥，不受东宫调遣。杨勇本来就没有雄才大略，依附于他的朝臣在皇帝的再三警告下也不敢妄动。开皇二十年（600），杨坚正式废杨勇为庶民，并杀掉和罢免一大批亲近他的臣僚，彻底消灭了太子党。

杨坚的次子杨广极有心机，善于讨好杨坚夫妇。他知道独孤氏喜欢情感专一的男人，便在表面上只宠正妃。又值杨勇和杨坚夫妇的矛盾逐日加深，终于乘机谋得了太子位。

仁寿四年正月，杨坚又要到仁寿宫游玩，便把朝廷日常工作全部交给了杨广。杨坚四月得病，七月病重逝世，享年六十四岁。庙号"高祖"，谥号"文皇帝"。

第二章　唐高祖李渊

　　唐高祖李渊，是唐王朝的建立者。618年在长安称帝，626年传位次子李世民，在位九年，是中国历史上有名的皇帝。

　　李渊祖籍陇西成纪，祖父李虎，为后魏左仆射，封陇西郡公，官至太尉，成为著名的八柱国之一，位极荣贵，死后追封唐国公。父李昞，袭封唐公，北周时任安州总管、柱国大将军。北周天和元年，李渊出生于长安，七岁袭唐国公。

　　李渊青年时，倜傥豁达，任性真率，宽仁容众，有很高的威望。李渊的妻子窦氏是隋朝贵族窦毅之女，隋文帝独孤皇后又是李渊的姨母，因此，李渊在朝廷上十分受宠，历任谯州、陇州、岐州刺史。李氏在关陇地区显贵一时。

　　隋大业初年，李渊为荥阳、楼烦二郡太守，不久又任命为殿内少监。大业九年（613），升为卫尉少卿。这一年，隋炀帝发动了征服高句丽的战争，李渊受命在怀远镇负责督运粮草。恰逢杨玄感利用人民的不满情绪起兵反隋。李渊飞书奏闻，隋炀帝命李渊镇守弘化郡，兼知关右诸军事，以备御杨玄感。玄感兵败，李渊留守如故。在这期间，他广树恩德，结纳豪杰，因此隋炀帝对他有所猜忌。大业十一年（615），李渊调任山西、河东黜陟讨捕，携家眷至河东，行至龙门，率军击溃了阻击的母端儿农民起义军，收降万余人，声威大震。次年，李渊升为右骁卫将军，奉诏为太原道安抚大使，又赶上隋炀帝自楼烦巡游雁门时被突厥始毕可汗包围，形势十分危急，靠李渊的太原兵马才得以解围。不久，炀帝派李渊与马邑太守王仁恭北备突厥。当时，两军兵马不足五千，李渊选能骑善射者两千余驰骋射猎，以耀威武。后来李渊率军与突厥军相逢，纵兵出击，大败突厥，此后突厥收其所部北移，不敢南下骚扰。

大业十三年（617），李渊迁为太原留守。李渊初到太原时，有历山飞农民起义军结营于太原之南。这支起义军有十几万人，多次打败隋军。李渊为树立自己的威信，决定讨伐历山飞军。两军相遇于河西雀鼠谷口。起义军有两万余人，布阵齐严，李渊所部步骑仅五六千人。李渊以弱兵居中虚张声势诱主力，然后以麾下精兵数百骑分置战场左右两翼。起义军主力与虚张声势的中路军接战时，李渊率两翼骑兵突然杀出，起义军猝不及防，遭遇惨败。

李渊击败义军后，他在太原的统治地位得到巩固。晋阳一带的官僚、地主、豪商也纷纷投靠李渊，李渊又命儿子们在晋阳和河东暗中交结英俊，发展势力，而此时的隋炀帝又远在江都，沉湎声色，鞭长莫及，李渊实际上成为太原的最高统治者。

隋炀帝的残暴统治已经使天下大乱。在农民起义蜂起的同时，统治阶级内部也分崩离析。李渊目睹动荡不安的天下局势，逐渐酝酿了叛隋思想。特别是农民起义的大发展，直接促使了他将叛隋思想付诸行动，意欲以太原为基地进取天下。他掌握的太原是军事重镇，兵源充足，饷粮丰沛，储粮可供十年之用，条件十分优厚。

大业十三年（617）二月，马邑人刘武周起兵，杀太守王仁恭，自称天子，国号定阳。李渊遂以讨伐刘武周为名，自行募兵。由于李渊以维护隋朝统治的面目出现，所以远近的地主武装纷纷赴集，不几天就有近万人成为李渊直接控制的军队。李渊的行动引起忠于隋炀帝的副留守王威和高君雅的怀疑。李渊则设计诬陷他们两人潜通突厥，将其杀掉，宣布自己大举义兵，是为了安定天下，维护正统，还宣布与突厥和亲，避免战争。在得到突厥的支持后，李渊便公开打出了反隋的旗子，于大业十三年（617）六月，传檄诸郡，自称"义兵"。

李渊晋阳起兵后决定直取长安以号令天下。李渊先遣长子建成、次子世民率军攻取西河。西河告捷后，李渊建置大将军府，称大将军。以长子李建成为陇西公、左领军大都督，统率左三军；以次子李世民为敦煌公、右将领大都督，统率右三军。以裴寂、刘文静为大将军府长史司马；殷开山、刘政会、温大雅、唐俭、权弘寿等为掾属、记室参左等官；以鹰扬王长阶、姜宝谊、杨毛，京兆长孙顺德、窦琮、刘弘基等分为左右统军、副统军，初步建立了军事、政治机构。

大业十三年（617）秋七月，李渊率兵西图关中，在霍邑击败隋武牙郎将宋老生。平定霍邑后，李渊又连取临汾和绛郡。九月，李渊率军进击河东，被隋骁骑大将军屈突通所阻。李渊决定分兵两路，一路由李世民率军渡河入关，直取长安，另一路以相当的兵力对付屈突通。李渊的女儿平阳公主也率军前来，与李世民、李建成、李渊一同形成了对长安的包围之势。京师留守刑部尚书卫文升，右诩卫将军阴世师，京兆郡丞骨仪，挟代王杨侑守城以拒李渊。李渊遣使招降被拒绝，下令攻城。十一月，隋都长安被李渊攻陷。

李渊进入长安后，下令封府库，收图籍，禁掳掠，秩序井然。大业十三年十一月，李渊先立隋代王杨侑为皇帝，即隋恭帝，改元义宁，遥尊炀帝为太上皇，李渊晋为大都督、大丞相，进封唐王，位在王公上，以武德殿为丞相府，设官治事，独揽军国大权。隋恭帝实际上成为李渊的傀儡。李渊为了进一步巩固自己的势力集团，又大封功臣。义宁二年（618）春正月，封丞相长史裴寂为魏国公，司马刘文静为鲁国公，其余诸将，加封有差。

大业十四年（618）五月，炀帝的右屯卫将军宇文化及在江都发动兵变，杀死炀帝，拥立秦王杨浩，自为大丞相。旋即率十多万禁卫军北上，扬言要返回关中。在童山被李密击败。宇文化及率余众走魏县，毒杀杨浩，自立为帝，国号许，年号天寿。次年在聊城被窦建德擒杀。

既然隋炀帝被杀，隋朝灭亡，李渊便不再需要隋恭帝这个傀儡了，于是在武德元年（618）逼隋恭帝禅位，然后即皇位于太极殿，国号唐，改元武德，大赦天下，都长安。六月，他令李世民为尚书令，相国府长史裴寂为尚书仆射，相国府司马刘文静为纳言，隋民部尚书萧瑀、相国府司录窦威为内史令。不久，又立李建成为皇太子，李世民为秦王，李元吉为齐王。以李渊为首的李氏王朝得以建立起来。

李渊称帝长安时，群雄未靖，全国处在四分五裂状态。李渊既已称帝，自然不愿偏安关中，便储粮积粟、厉兵秣马，剿抚兼施，开始了统一全国的战争。武德元年（618），李渊命秦王李世民为元帅，首先平灭了天水的薛仁杲军。次年李渊密遣入凉的安兴贵与安修仁兄弟擒凉王李轨，凉亡，陇西与河西五郡都并入唐境。同年刘武周勾结突厥南侵并州，并州总管齐王李元吉抵挡不住，太原危急。李渊派右仆射裴寂督军抗击，大败，几乎全军覆没。关中震骇。李渊准备放弃黄河以东的地区，退保关中。关键时刻，李世民请命亲自率军出发讨伐刘武周。唐军渡河后坚壁不战，待敌军粮草不给，气势衰落，一鼓作气，速战速决，刘武周全军溃败，部将尉迟恭投降。刘武周势穷，率残部北遁突厥，后被突厥杀死。并州归入唐的版图。

薛仁杲、李轨、刘武周被消灭后，关中形势得以稳定。李渊便集中力量争取中原。他们首先要击败的是在东都洛阳立杨侗为帝并打败了瓦岗军的王世充。武德二年（619），王世充废掉杨侗，自称皇帝，年号开明，国号郑，成为河南最大的割据势力。武德三年（620）七月，李渊派李世民率军直驱河南，攻打洛阳。王世充困坐洛阳，遣使向窦建德求援。窦建德欲与王世充合力败唐，因而接受了王世充的请求，引兵十万进军成皋。李世民率唐军抢占武牢（虎牢）重镇，阻击窦建德，用与打败刘武周相同的战术取得大胜，窦建德本人也受伤被俘。王世充见大势已去，率群臣两千余人降唐，李渊的势力基本上控制了黄河流域。

与此同时，李渊还派李靖至夔州，进攻占据长江中游地区的萧铣。武德四年（621），唐将李靖、李孝恭围江陵，萧铣投降唐朝，长江中下游地区亦为唐所有。同年窦建德部将刘黑闼在漳南起兵反唐，不到半年时间，就完全恢复了窦建德故地。李渊命李世民、李元吉率军东征刘黑闼，双方最初未分胜负，后来唐军在洺水上游筑坝截水，决水灌敌，刘黑闼兵败，逃奔突厥。两个月后，刘黑闼卷土重来，重新恢复故地。武德五年（622），李渊又派皇太子李建成亲征，终于在次年最终打败刘黑闼，唐军就此控制了河北、山东地区。

武德六年（623）秋，辅公祏率领江淮义军在丹阳反唐。李渊又派大将军李孝恭、李靖、李世勣等分路进攻。次年，辅公祏率军自丹阳出走，被地主武装捕获，送唐营处斩，江南、淮南从此也成为唐朝的辖区。至此，李渊只剩下梁师都一个对手。这个最后的对手在唐贞观二年（628）才为唐军消灭。李唐王朝总算统一了全国。

李渊称帝后，百废待举。他首先建立各级统治机构，最初一切政权组织皆因隋制，直到武德七年（624）才为适应全国统一后的历史形势确定了唐代的政权组织系统。在隋朝五省六部制的基础上，唐朝确立了三省六部制。将五省并为三省，即中书省、尚书省、门下省，分别负责决策、执行与审核。三省的长官都是宰相，共同对皇帝负责，各司其职。六部随隋制，仍为吏、民、礼、兵、刑、工六部。唐代的监察机关为御史台，长官是御史大夫，负责纠察百官，权力极大。

唐代的地方统治机构，则基本上是州、县两级制，州设刺史，县设县令。刺史每年一巡属县，考课官吏，访询治安，催督赋役，保举人才。县令主一县之事，县以下有乡，乡以下有里，里是最基层的政权单位，置里正一人，辖百户左右，其职责是检查户口、劝课农桑、检查非违、催驱赋役，进行直接统治。

财政赋役方面，唐朝继承了北魏、隋朝的均田制和租庸调制，并稍加损益，颁布全国。虽然在地主土地私有制的情况下，要实现真正的"均田"是不可能的，但均田令的颁布，还是对唐初农业生产的恢复和发展起了积极的推动作用。

唐初在均田制的基础上，还实行了租庸调制。它初定于武德二年二月，修订于武德七年（624）四月。租庸调制规定：凡是受田的农民，每丁每年向国家纳粟两石，叫作租。又随乡土所产，每年交纳绢两丈、绵三两，或交纳布二丈半、麻三斤，叫作调。还规定每丁每年要服役二十天，如不亲自服役，可每天折绢三尺或布三又四分之三尺，叫作庸。如果政府额外加役，加役十五天，免调；加役三十天，租调全免。每年的额外加役最多不得超过三十天。唐代的租庸调和隋朝相比，以庸代役的条件放宽了，从而使农民有更多的时间从事农业生产。

关于府兵制，李渊完全因袭隋制。府兵制建立在均田制之上，是一种兵农合一的制度。兵士平时在家生产，农闲时由兵府加以训练，若遇到战争发生，则出征打仗。府兵在服役期间，可免除本身租调，但出战时的兵器、衣服、粮食均需自备。这种"寓兵于农"的兵制，保证了兵源，减少了国家的军费开支。同时，练兵权与将兵权分离，防止了将帅拥兵跋扈，对于加强中央集权起了一定的作用。

　　唐朝还继续实行科举制，并使其更为完备。李渊初登基，就设立京师和地方学校，收揽人士。但同时也恢复了隋朝废除的中正官，以本州高门士人充任。这是对士族的让步，不过大中正只是名誉职务，用人权仍在吏部，而吏部用人的主要途径就是科举。士人仕进不再专凭门第高低，而是主要依据学才德识，从而使唐代的用人比以前有所改进。科举制有着重要意义，一般的中小地主也可以通过应试入仕，打破了士族门阀垄断仕途的局面，从而扩大了统治基础。但是因为受教育程度的不平等，士族在科举制下的唐朝还是保持了一段时间的优势地位。

　　李渊还令裴寂、刘文静等依隋《开皇律》重新修订法律。在"务在宽简，取便于时"的原则指导下，制定了新律五十三条。到武德七年（624），正式颁布新律，即《武德律》。从内容上看，《武德律》较隋律用刑有所减轻，但对劳动人民的反抗制裁更严酷了。

　　李渊在武德后期妃嫔成群，他宠妃怠政，导致了一系列的不良后果。武德二年（619），李渊听信裴寂的谗言，错杀大将刘文静。后来他对武德后期的皇位之争问题更是没有处理好。太子李建成和秦王李世民为了争夺皇位展开了殊死斗争。武德九年（626）夏，突厥犯边，李建成向李渊推荐齐王李元吉为出征元帅，想借为李元吉饯行之机，秘设伏兵除掉秦王。不料这一密谋被李世民得知。李世民与自己的僚属房玄龄、长孙无忌、尉迟恭等经过密谋，决定先发制人。他先是向李渊奏告太子、齐王淫乱后宫，李渊答应次日诘问。次日，李世民在玄武门设下伏兵，当太子、齐王途经玄武门时，李世民及部下将其杀死，并让心腹尉迟恭带甲入宫报告李渊。李渊见到全副武装的尉迟恭，十分惊骇。尉迟恭说，太子和齐王造反，秦王已把他们处死，特派我前来保驾。李渊听后惊得目瞪口呆，只能下诏命令所有军队悉听秦王处置，并于六月一日下诏立世民为皇太子。全国局势基本上被李世民所控制，李渊无奈，表示愿早些退位。八月，李世民正式即皇帝位，从此李渊徙居太安宫，过着太上皇的生活。

　　李渊当了太上皇后心灰意懒，也就不再干预政事，李世民对李渊表面上也隆礼相敬，对李渊的享乐需要尽量满足。李渊也明白李世民的用意，颇为知趣。直到其去世，父子二人一直相安无事。

贞观九年五月，李渊病死，时年七十一岁。谥号"神尧大圣大光孝皇帝"，庙号"高祖"。

第三章　唐太宗李世民

　　唐太宗李世民是唐高祖李渊的次子，唐王朝的第二代皇帝。李世民是中国古代杰出的军事家和政治家，是中国帝王中少有的明主贤君。

　　李世民自幼聪明敏捷，胆识过人，所接受的教育也是骑射征战和文韬武略。所以李世民喜爱骑射，还喜欢浏览兵书战策，少时就熟读了《孙子兵法》，显示出不俗的军事天赋，深得父亲的喜爱。青少年时代，李世民和全家随着父亲职务的调动不断迁徙，了解了大量的社会现实情况，开阔了眼界。

　　李世民很年轻的时候就经常随父出征，大业十一年（615），隋炀帝杨广巡视北方边塞，遭到突厥数十万骑兵的袭击，被围困于雁门孤城。十八岁的李世民奉父命应征从军，提出了虚张声势、多设旗动为疑兵的退敌策略，深得云定兴将军的赞赏。第二年，李世民又随父亲到山西镇压历山飞、甄翟儿的农民军。这两次戎马生涯，使李世民受到了初步的军事锻炼。

　　隋王朝当时气数已尽，早就有取代隋朝之心的李渊见时机成熟，也开始准备起兵。李世民作为父亲李渊的得力助手参与了起兵的全部密谋和决策活动，做了大量工作。大业十三年（617）五月，在各方面准备成熟后，李世民协助父亲李渊除掉了隋炀帝派来监视他们的亲信，在晋阳宣布起兵，正式打出了反隋的旗号。

　　晋阳起兵以后，李渊确定了西入关中夺取长安的战略目标，以建成和世民为领军都督，分别统率左右两路大军直取长安。占领长安以后，李渊于大业十四年（618）在长安称皇帝，改国号为唐，定年号为武德，正式建立了中国历史上著名的唐王朝。唐朝建立后，李世民被封为秦王，他的哥哥建成以嫡长子身份被立为皇太子。

唐王朝建立后必须削平群雄统一全国。李渊称帝后不便再亲自出征，李建成也需要协助处理各项政务。指挥和领导统一战争的重任就自然地落在了秦王李世民的身上。他也不负众望，连战连捷，将割据势力逐个扫平，终使李唐王朝统一了全国。

李世民统一全国的卓著功绩，使他的威望日益增加，政治地位和军事地位都在迅速增长。经过统一战争，他手中的权力、人才和硬实力都飞速增长。李世民逐渐产生了觊觎帝位的野心，同时李世民实力的增加也让皇太子李建成十分忌惮。李世民与李建成的争权活动也逐渐由暗斗转向明争，最后终于导致了流血政变的发生。

武德九年（626）六月初四，李世民在武将尉迟恭、侯君集和谋臣长孙无忌、杜如晦、房玄龄等人的协助下，在宫城北门玄武门设下伏兵，乘太子建成和齐王元吉入朝无备发动政变，杀死了建成和元吉，取得了皇位继承权。两个月以后，李渊被迫退位，八月，李世民即位，史称唐太宗，成为唐王朝的第二代皇帝，时年二十九岁，次年正月，改年号为贞观。

唐太宗即位以后，所面临的首要问题是稳定局势。他接受了尉迟恭的建议，采取了宽大安抚和任用东宫僚属的政策，缓和了统治集团内部的矛盾。在稳定局势的同时，唐太宗又着手整顿父亲在位时的宰相班子，逐步建立起了以自己为核心，以温彦博、王珪、魏徵、戴胄、侯君集等人为宰相的最高决策集团。在这个班子中，既有李世民的旧属，也有原东宫集团的成员，汇集了当时最杰出的人才，在政治上也呈现出明显的进取精神。

贞观初年的形势并不乐观。统一战争刚结束不久，民心尚不安定，而且全国各地不断发生自然灾害，社会经济仍然凋敝不堪。经历了隋朝盛世、隋末动乱和灭亡的唐太宗对此间教训认识深刻。他对此引以为戒，把任贤和纳谏作为保证政治的两条主要措施。

唐初居于高位的多是军功贵族，他们精于行伍战阵，却缺乏处理政务的能力。唐太宗必须选拔大批行政人才充实各级政权机构，他处处留心和访求有才之士，一旦发现即破格重用提拔。唐太宗虽然求贤若渴，但仍遵循着严格的原则，即任人唯贤。凡是有才之士，无论其资历地位还是亲疏恩怨，都能够兼收并用，充分发挥他们的才能。唐太宗有一句话，叫作内举不避亲、外举不避仇。东宫集团的重要谋臣魏徵、王珪、韦挺等人，都是被唐太宗不计前嫌大胆重用而成为贞观名臣的。对于自己的旧属和亲信，唐太宗也不滥加任用，而是量才授予官职。

唐太宗用人注重才能，也十分重视德行。特别是地方官的选拔，唐太宗认为这些人是亲民之官，掌握着百姓的安乐，尤其重视德才兼备。唐朝的刺史由唐太宗亲自选任，他为此把全国各州刺史的姓名写在卧室内的屏风上，随时记下他们的善恶，以备升迁和赏罚。为了扩大选拔人才的渠道，唐太宗还发展了隋朝的科举制度，通过科举考试来选拔人才。一般知识分子和官吏都可以参加考试，考中以后，原来是官吏的可以升迁，不是官吏的由吏部给以官职。

唐太宗求贤纳才、知人善任的用人政策使贞观一代人才辈出。贞观十七年（643）二月，唐太宗命图画家画于凌烟阁的二十四位功臣，就是其中最佼佼者。他们是长孙无忌、房玄龄、杜如晦、魏徵、尉迟敬德、李孝恭、高士廉、李靖、萧瑀、段志玄、刘弘基、屈突通、殷开山、柴绍、长孙顺德、张亮、侯君集、张公瑾、程咬金、虞世南、刘政会、唐俭、李勣、秦叔宝等。此外还有著名的文学之士姚思廉、陆得明、孔颖达、颜师古等；卓越的书法家和画家欧阳询、褚遂良、阎立德、阎立本等；杰出的少数民族将领阿史那吐乐、执失思力等。这些谋臣猛将、文人学士都在贞观朝中贡献了自己的才干和智勇。

唐太宗尤其注意虚怀纳谏。为了达到兼听博采的目的，他诏令五品以上的京官，轮流在中书省值班，以便自己随时召见。军国大事和五品以上官员的任免，都要先由宰相讨论议决，然后由皇帝批准颁行，还要求中书省和门下省的官员要充分发挥互相督察的作用。凡军国大事，负责起草文告的中书舍人要各述己见，诏旨写成后，要经多方审定，凡有不合适的地方都要据理力争，不得苟且雷同，马虎从事。唐太宗还诏令宰相入阁商议军国大事时必须让谏官和史官列席，并且重赏敢于进谏的官吏。

唐太宗虚心纳谏的开明作风和广开言路的各种措施使朝廷中出现了一大批敢于直谏的大臣，贞观前期著名的有魏徵、王珪、杜如晦、房玄龄等，后期著名的有马周、刘洎、褚遂良等。这些人对当时的政治形势起了良好的作用和影响。

唐太宗也没有忘记法制的改革和建设，采取了慎刑宽法和严格加强法制的措施。为了明确赏罚的标准，唐太宗任命房玄龄、长孙无忌修改《武德律》，制定《贞观律》。《贞观律》的刑罚比《隋律》减轻了一些。后来长孙无忌组织十九名法学家，专门为《唐律》作注，到唐高宗永徽年间才完成，即《唐律疏议》。这是中国帝制社会最完备的法典，五代以后各朝法律大都以此为本酌加增改。

为了保证《贞观律》的贯彻执行，唐太宗亲自选拔了一批正直无私、断狱公平的人担任法官，并亲自检查法官对案件的处理情况。他一再告诫大臣们说："死者不可复生，用法务在宽简。"为了避免出现重大冤案，唐太宗将死刑的终审权收归中央，规定判处死刑要三次上报中央，被批准后方可执行。

法律贯彻得好坏，关键在于皇帝的态度。贞观时期，唐太宗不但能够以身作则，遵守法律的约束，对自己的亲属和部属要求也非常严格，从不徇私枉法。唐太宗以身作则，使贞观初期逐渐形成了执法严肃、令行天下的好风气。社会环境安定，政府官吏都能够做到清正廉明。由于法制严明，不但被判死刑的很少，犯法的也很少。

除了建立起王朝的上述秩序之外，唐太宗主要致力于社会经济的恢复和发展。唐太宗一方面以身作则大力提倡戒奢崇简，节省开支；另一方面又积极地推行轻徭薄赋、与民休养生息的政策，使农民得以逐步恢复生产，重建家园。为了增强抵抗自然灾害的能力，唐太宗还大力倡导兴修水利。贞观初期，关中、河南等地原有的渠道都相继修复，并兴修了大量的排水和引水工程，对防旱排涝、尽快地恢复和发展农业生产起了重要的作用。

贞观初年，全国劳动力普遍缺乏，为了增加人口，唐太宗下诏规定：民间男二十岁、女十五岁结婚，以繁殖人口，并把婚姻和户口的增加列为考核地方官员政绩的一个标准。到贞观二十三年（649），全国户数增加到三百八十万户，比唐高祖时代增加了一百八十万户。

由于唐太宗采取的一系列得力措施，社会经济很快得到恢复。从贞观三年（629）开始，全国连续大丰收，粮价暴跌十倍。社会秩序迅速安定，人民安居乐业。贞观中期则出现了牛马遍野、丰衣足食、夜不闭户、路不拾遗的升平景象，成为被历代所称道的太平盛世。

经过贞观初期经济的迅速恢复，在国力逐渐增强的条件下，唐太宗又开始了统一边疆地区的战争，并且妥善地处理了与各民族之间的关系，为建立强盛的多民族的大唐帝国奠定了基础。当时唐朝最大的外部威胁就是东突厥。唐太宗刚即位时，东突厥首领颉利可汗认为唐太宗统治还不稳固，便亲率二十万骑兵进逼长安，并派大将执失思力进入长安，对唐太宗进行威胁和讹诈。唐太宗正确地分析了突厥入侵的目的，在渭水故布疑阵，又大胆地以身犯险亲自与颉利接触并说服他北归。这次唐太宗凭借着自己的机智和勇敢，没折一兵一卒便退去了二十万突厥大军。此后，唐太宗一方面抓紧备战，另一方面在外交上采取远交近攻的方针，与曾经臣服于东突厥的强大势力薛延陀部落建立联盟，造成了南北夹击东突厥的有利形势，还利用东突厥贵族的内部矛盾，拉拢和颉利可汗有矛盾的突利可汗。经过万全的准备，贞观三年（629）十一月，唐太宗任命李靖为统帅，统兵十余万人进攻东突厥，连续击溃东突厥骑兵。同年十二月，突利可汗率部归唐。在唐军的沉重打击下，颉利可汗伪装求和。唐太宗将计就计，李靖率精骑一万人，展开突然袭击，颉利可汗战败被俘，东突厥被灭。唐朝统一了北部边境，收复了阴山至大漠的广大地区，解除了长期以来东突厥对中原地区的侵扰和威胁，使西北各少数民族与汉族的联系进一步加强。周围各部落、部族的首领纷纷前来降服，尊称唐太宗为天可汗。

北部边境统一之后，唐太宗又相继派兵收复了吐谷浑、高昌、焉耆、龟兹等地区，并在龟兹设立了安西都护府，重新恢复了对西域地区的统治。唐朝的西部和北部边境重新得到了巩固和扩大，也使闻名于世的丝绸之路重新得到了畅通，加强了中原地区与西域和中亚地区的经济文化交流。

另一方面，唐太宗又实行开明的民族政策，改善民族之间的关系，使唐王朝得到了归服的少数民族的衷心拥护。不管是对被征服还是主动归附的少数民族部落，唐太宗都不强行改变他们原来的生活方式和风俗习惯，并且任命他们原来的首领担任各级官职，管理本地区或本部的人民，同时还送给他们农具耕牛等物品，帮助他们发展农牧生产。此外，唐太宗还通过和亲政策，加强少数民族同唐朝的联系和团结。

贞观时期，边境地区的统一和安定对社会经济文化的发展产生了巨大的影响。同时，唐朝和世界其他国家的政治、经济和文化交往也越来越频繁。亚洲、非洲地区许多国家的使者、商贾、学者、艺术家、僧侣等，不断来唐朝访问，京都长安不仅是国内各民族的大都会，也成了世界性的大都会。唐太宗对中外交往采取了积极友好的态度，专门设立鸿胪寺接待各国使者，设立商馆以招待外商，那时和唐朝交往的国家达到七十多个。大批外国商人从陆路或海路来到长安、洛阳、扬州、广州等大城市，唐政府允许他们长期居住，还可以和中国人通婚。通过广泛的交流，许多植物品种如胡椒、菠菜、郁金香、天竺干姜等相继从波斯和印度传入中国。此外，佛教经典也大量传到中国，并被译成汉文。景教、回教、摩尼教也在贞观时期传入中国。由于唐太宗对外来文化采取了兼收并蓄的方针，这些宗教得以在中国传播。

贞观时期高度繁荣和开明的文化也对世界其他地区产生了重要影响。中国的丝绸、茶叶、瓷器、纸张等商品大量销往波斯等亚洲国家，又通过他们销往西方。中国四大发明之一的造纸术，就是在贞观时期传到阿拉伯和印度，又通过阿拉伯传到欧洲和非洲的，对西方文化事业的发展产生了巨大的推动作用，朝鲜、日本受到的影响则更大。贞观五年（631），日本派遣了第一批遣唐使，到中国来学习。以后各种遣唐使和留学僧人不断到来，人数也越来越多。贞观十九年（645），日本开始了废除氏族制度的"大化改新"。在这场具有革命性的变革中，他们吸收了唐代的均田制、租庸调制、官制、府兵制以及刑律等，建立起了完备的国家机构和制度，大大加快了封建化进程。贞观时期，强盛的唐王朝在当时的国际上获得了很高的声望。中国使者、僧侣和商人的足迹，遍布亚洲各国。"唐家子"就是外国人对中国人的统称。直至今天，西方国家的语言中，还留有以"唐人"称呼中国人的习惯。

唐太宗共在位二十三年，使唐王朝迅速地达到了天下大治的局面。唐太宗也因此成为中国帝王中最为杰出的代表人物之一。但是，在贞观盛世的成功面前，唐太宗也渐渐产生了骄傲自满的情绪，其晚年统治的质量有明显的下降。唐太宗很多在贞观初年的优点到了晚年都消失了，他还连续发动了两次讨伐高句丽的失败战争，险些走了隋炀帝的老路。但唐太宗终究是杰出的政治家，在关键时刻还是能够认识到并且坦率承认自己的错误，所以唐王朝没有重蹈隋亡覆辙。

作为皇帝，唐太宗宫闱生活和历代帝王是一样的，妃嫔成群。唐太宗曾多次举行挑选美女和才女的活动，也称得上是一个好色之君。但唐太宗有一代贤后长孙氏的辅佐，后宫祥和安定，对外朝政治也基本没有产生过消极影响。长孙皇后以自己的贤德和才干影响了唐太宗的家庭生活和政治行为，为开创贞观之治的大好局面做出了重要的贡献。

唐太宗是少见的以文武全才而著称的皇帝。他对弓马特别精通，即使登基为帝弓马技术也不曾稍减。唐太宗还擅长诗文和书法，一生写了不少诗文，后来被清朝人编入《全唐文》和《全唐诗》中的就有文七卷、赋五篇、诗一卷六十九首。唐太宗的这些文章大多是用骈文写成，注重辞藻和排列，讲求对偶与用典，政治色彩比较浓厚，开创了富有时代特色的贞观之风。由于唐太宗的倡导与实践，贞观文坛出现了一派兴盛的局面。唐太宗不重文名。他说："君主要以德政治天下，只靠文章是没有用的。"在贞观时期，唐太宗一直没有答应刊刻自己的诗文集。

唐太宗虽为一代英主，但在晚年由于疾病缠身久治不愈，也产生了乞求长生不老的迷信思想，迷恋上了方士炼制的金石丹药。贞观二十三年（649）五月，唐太宗因服用金石丹药过多，中毒暴亡，享年五十二岁。

第四章　唐高宗李治

　　李治，字为善，小名雉奴，唐太宗李世民的第九个儿子，唐朝第三代皇帝，在位三十四年，年号有永徽、显庆、龙朔、麟德、乾封、总章、咸亨、上元、仪凤、调露、永隆、开耀、永淳、弘道，死后谥号"天皇大帝"，庙号"高宗"。天宝十三载（754），改谥为"天皇大弘孝皇帝"。

　　唐太宗李世民共生有十四个儿子。其中，长子承乾、四子泰、九子治为长孙皇后所生。李承乾自幼腿有残疾，不甚受父亲喜爱，只是作为嫡长子才取得太子资格，又喜与伶童厮混，使得李世民很恼火。起初李承乾对父亲还有所顾忌，但逐渐变得恣意妄为。李世民对李承乾越来越不满意，便生了废太子之心。

　　而四皇子李泰以文笔见长，颇被父亲宠爱。李泰知道哥哥失宠，便想取而代之。他让手下广泛结交朝中大臣，又为自己做太子造舆论，形成颠覆太子的一大势力。李承乾本就不被父亲所喜，又被弟弟盯上，极为不安。他别无选择，只能设法除掉弟弟，但几次图谋都没有成功。承乾眼看大势已去，便暗中招募刺客死士，密谋发动武装政变。终因事泄，阴谋流产，承乾被废为庶人。

　　承乾被废，李泰开始更加积极地活动。太宗本来就喜欢他，有立他为太子的打算。但这时大臣们的意见却有两派：岑文本、刘洎等主张立李泰，在朝中地位显赫的长孙无忌和褚遂良等人却主张立九子晋王李治。太宗拿不定主意。没想到急不可耐的李泰居然表示在自己临死前会杀掉自己的儿子，把皇位传给九弟李治，令太宗大为惊骇。他还胁迫软弱的九弟退出这场竞争，这让太宗心里很不高兴。他又回想起承乾的政变动机，就决定不立李泰，让李治继承皇位。为稳固下一任皇帝的统治，太宗召集长孙无忌、房玄龄、褚遂良、李勣几个重要臣属，统一他们的步调。太宗还把李泰囚禁起来。就这样承乾和李泰相争，两败俱伤，李治坐收渔翁之利。

贞观二十三年（649）四月，唐太宗病重，对过于懦弱的太子仍放心不下，要为他做好人事安排。太宗对李治说："李勣才智过人，但你对他未曾有丝毫恩惠，恐怕日后难以真正为你效力。为此，我现在把他贬到外地，等你做了皇帝，再把他召回来做丞相，这样，他或能对你感恩。"太宗在临死前，把积极支持李治做太子的长孙无忌和褚遂良叫到床前托以后事。太宗死后，李治即位，是年二十二岁。此即唐高宗。

李世民的女儿高阳公主嫁给房玄龄的儿子房遗爱，她对高宗做皇帝有不满情绪；李渊女儿丹阳公主的丈夫薛万彻、太宗的女儿巴陵公主的丈夫柴令武、李渊的六子荆王元景等人也各有牢骚，他们便联合起来，形成一派势力，阴谋发动政变，推翻高宗的统治。但此事很快被高宗发觉，他立即命长孙无忌负责调查，并做了果断处理。

高宗李治即位后，严格按照父亲的遗训，重用长孙无忌和褚遂良，把李勣调回来做了右仆射，对他们非常信任。高宗虽然不太精明，但比较谨慎，又有贤能重臣辅佐。他勤于政事，也鼓励大臣们多进谏，并能接受正确意见。所以高宗执政期间政治局面基本稳定，经济仍保持持续繁荣的势头，人口也不断增加。即使在武则天参与政事以后，高宗经常生病，又贪于声色，但在对政事的处理中仍遵循着太宗的遗训。高宗也继承了贞观时期相对疏阔的法律，对监狱里囚犯少、死罪率低的情况表示满意。

由于国力持续强盛，高宗时期有多次战争。这些战争扩大了疆域版图，基本消除了突厥对北方的威胁，促进了中外的经济交往与文化交流，扩大了中国在当时世界上的影响。

高宗即位，立王氏为皇后。王皇后不生育，渐失宠于李治，另有萧淑妃受宠。武则天原是太宗妃，高宗还是太子时，对她颇有好感。太宗死后，武则天随众嫔妃削发为尼。高宗在一次进香时，二人相见，旧情复萌。出于对萧淑妃的嫉妒，王皇后鼓动高宗让武则天蓄起头发，重新纳入宫来。随着武则天的受宠日加，王皇后虽然达到了排挤萧淑妃的目的，但自己并未因此受宠，地位反而更趋低下，便又把攻击矛头指向武则天。不久，王皇后与母亲魏国夫人施厌胜之法诅咒武则天的事情暴露，高宗大怒，下令魏国夫人以后不许出入宫廷，王皇后的舅舅中书令柳奭也因此被罢免，高宗始有废立皇后之意。

不久，武则天生了个女孩，王皇后不生孩子却喜欢孩子，常来逗着小姑娘玩。武则天为达到自己做皇后的目的，等王皇后与小姑娘玩过走后，自己掐死亲生的孩子，又把她蒙在被子里。等高宗来到，武则天装着看孩子，共同发现了小姑娘的尸体，武则天号啕大哭，借此诬陷王皇后。这次事件坚定了高宗废掉皇后的决心。

为得到顾命大臣们的支持，高宗亲带武则天去登门拜访舅舅长孙无忌。但刚一提废除皇后，便遭到长孙无忌的拒绝。高宗便在朝见百官时突然宣布封武则天为宸妃，以示特宠，借此提高武则天的地位。皇帝要废立皇后的意图已为百官共知。善于察言观色的中书舍人李义府因与长孙无忌作对，正式奏请高宗废掉皇后王氏，立武则天为皇后。这个奏本深得高宗之心，同时，许敬宗、袁公瑜、崔义玄等人也都成为高宗废立皇后的支持者。在朝廷内部，围绕皇后废立，明确分为两大阵营。

在争取到一批人的支持之后，高宗召开大臣会议，专门讨论皇后废立问题，只有李勣不愿卷入这场纷争，称病没有参加。高宗废立的理由基本是成立的：王皇后既然不能生育，不能为皇家传宗接代，理应被废；武则天已生了儿子，立为皇后亦无可非议。但长孙无忌、褚遂良、韩瑗、来洛等元老重臣曾受太宗临终嘱托"朕佳儿佳妇，今以付卿"，对于高宗想废掉太宗为他娶的妻子表示激烈反对。

长孙无忌、褚遂良等自恃对高宗有策立之功，希望高宗能听命于他们，但高宗这时已近而立之年，不想再完全被他们左右。永徽六年（655）冬，高宗正式宣布废掉王皇后和萧淑妃，罪名是她们要用毒药害人，同时宣布立武则天为皇后。经过皇后废立事件，贞观时代留下来的元老派大臣除李勣外大部分被罢免或疏远。由支持武则天做皇后的李义府、许敬宗等人组成新的统治中心。

显庆五年（660）冬，高宗开始生病，难以视事，故往往委托武则天代为处理。武则天生性聪慧，颇有政治才干，对朝政的处理往往使高宗感到满意。武则天本来对李治百依百顺，当皇后地位巩固、政治上也拥有势力后，武则天便开始控制高宗。高宗对自己的处境渐生不满。麟德元年（664），高宗与上官仪商议，准备废掉武则天的皇后地位，并立即由上官仪草拟了诏书。但这次密谋武则天很快得知，找高宗质问，高宗把责任推给上官仪，结果上官仪与儿子被杀。高宗对武则天的反抗宣告失败。从此，高宗每次上朝，都由武则天垂帘听政，朝野内外都恭称"二圣"。实权已转移到武则天手中。

高宗是一个平庸的皇帝，在他完全信任长孙无忌等人并尽量恪守父亲遗训时，虽无所建树，尚能使国泰民安。当他想摆脱元老大臣的束缚，自己独掌朝政时，大权又很快被武则天和一帮新的大臣所控制。他没有驾驭群臣独执权柄的本领，只能被他人所左右。

高宗共生八个儿子：忠、孝、上金、素节、弘、贤、显、旦。王皇后未生育，前四子均为后宫嫔妃所生，后四子出于武则天。武则天做皇后以后，她的儿子应是法定的皇位继承人。显庆元年（656），四岁的李弘被立为太子。

龙朔三年，十一岁的李弘开始接受做皇帝的培训。随着年龄的增长，李弘对各种事情逐渐有了自己的见解。武则天正逐步独揽朝政，儿子的成熟使她感到不安。一次偶然的机会，李弘突然发现萧淑妃的两个女儿被囚禁在宫中，非常同情，请求父亲释放她们。李弘的建议当然不合母亲的胃口。不久，二十四岁的李弘突然病死，当时和后世都有人怀疑是受武则天毒害。

李弘死，其弟李贤被立为太子。李贤自幼聪明，读书极多，深得父亲喜爱。这时的李贤也已二十余岁，又自负才高，武则天更怕难以驾驭，管教甚严，后来，终于以李贤好声色为借口而废其太子，武则天的三子李显被确定为高宗的接班人。

永淳二年（683）十二月，高宗病危，令太子在灵前即位，让宰相裴炎辅政，凡军国大事有疑难处，可听从武则天处置，随后驾崩，死时五十六岁。第二年，高宗的灵柩从洛阳运到长安，埋葬在今陕西乾县，墓曰乾陵。

第五章　武周圣神皇帝武则天

武则天，名武曌。父亲武士彟贞观年间官拜工部尚书、荆州都督，封应国公。母亲杨氏为隋朝宗室宰相杨达之女。李唐王朝二百八十九年的历史，近半个世纪是由武则天这位女性皇帝执掌的。

贞观九年（635），武士彟死在荆州都督任上，前妻相里氏生下的两个儿子武元庆、武元爽和他们的堂兄弟武惟良、武怀运等待杨氏母女刻薄无礼，武则天孤女寡母四人在长安过了一段很不舒心的生活。贞观十年（636），唐太宗的长孙皇后去世。次年，太宗听说十四岁的武则天貌美色丽，遂召入宫立为才人。入宫以后，太宗赐她号武媚，人称媚娘。媚娘的确妩媚动人，但性格却阴狠刚烈。武则天进宫十二年没有生育，十几年的半幽禁生活尽管使她虚度了最好的一段青春，但正是这期间，武则天与太子李治发生了恋爱关系。

贞观二十三年（649）五月，唐太宗驾崩，武则天被迫削发为尼，送进感业寺。永徽元年（650）太宗周年忌日，唐高宗李治来到感业寺进香，与武则天重逢，昔日的爱恋之情复萌，于是高宗摈弃佛规礼教，把她接入宫中。武则天这次入宫还得力于王皇后。当时王皇后与萧淑妃争宠，为离间皇帝与淑妃的关系，王皇后积极主张接纳武则天入宫，并自作主张让武则天蓄发等待。入宫后，武则天对王皇后毕恭毕敬，尽心侍奉，得到皇帝和王皇后的喜欢，很快晋升为昭仪，位于九嫔之首，仅次于皇后和四妃。

唐高宗总共有十二个子女，后面六个全是武则天所生，武则天对高宗的独占欲可见一斑。她地位已经稳固，当然不甘屈居于人，于是在后宫大肆活动。武则天先利用王皇后与萧淑妃的争宠，联合王皇后攻击萧淑妃，使之被废为庶民。接着便把矛头指向了王皇后。

永徽五年（654）初，武则天第二胎生下位公主，很讨人喜欢。王皇后也不禁前去看望，逗弄一番，知道皇帝要来就先走了。武则天趁机残忍地掐死亲生女儿，然后栽赃给王皇后。王皇后有口难辩，再加上她久未生育，高宗就此下定废王皇后改立武则天为皇后的决心。

围绕皇后废立问题，朝野之间展开了惊心动魄的斗争。王皇后的娘舅中书令柳奭首先被贬谪流放。太尉长孙无忌和宰相褚遂良等顾命元老们迅速组成反对势力，企图阻止武则天入主后宫。朝臣也发生了分化，中书舍人李义府、卫尉卿许敬宗、御史大夫崔义玄、中丞袁公瑜等人借机争当武则天的心腹，企图给自己挣取政治资本。武则天得到这些朝臣的拥戴，决意与长孙无忌集团争个高低。

元老重臣异议，高宗举棋未定。这时开国功臣李勣对皇帝说，皇后废立是皇上的家事，不必征求外人意见。许敬宗也在朝廷大造舆论。高宗于永徽六年（655）十月下诏废皇后王氏、淑妃萧氏为庶人，诏立武则天为皇后。

皇后按理说对女性而言已经是最高目标了，然而高宗懦弱庸碌，身体又不好，使她有机会参与朝政，这逐渐滋生了她的政治野心。长孙无忌集团是武则天首先要清除的对象。显庆四年（659）春，武则天授意许敬宗编造朋党案，把长孙无忌牵扯了进去。长孙无忌被削官流放，许敬宗等遣同党逼令长孙无忌自杀。同案株连的长孙无忌集团成员或杀或流或贬，这一政治势力被彻底摧毁。与此同时，李义府、许敬宗被擢为宰相，逐渐成为武则天的亲信。

麟德元年（664），高宗因不满武则天的专横牵制，乃与宰相上官仪密谋废后，上官仪极力附和，并受命起草废后诏书。武则天闻讯慌忙向高宗哭诉，竟把皇帝说软了，高宗把责任都推给了上官仪。武则天立即指使许敬宗诬构上官仪与废太子李忠图谋不轨，将上官仪及其子上官庭芝下狱处死，家属籍没。

上官仪被杀后，百官畏服。武则天的政治权力迅速膨胀起来，几乎取代了皇帝，形成"天下大权悉归中宫，天子拱手而已"的局面，朝廷内外

中国皇帝传 ◎ 第五章　武周圣神皇帝武则天

117

称帝、后为"二圣"。武则天所做的第一件事即是修订《姓氏录》，以此打击门阀士族，同时确定自己家族的尊贵地位。她为了实现政治抱负，还用各种手段扩大自己对官僚的影响，她将太宗时留下的科举制度进一步发展，大批庶族知识分子蜂拥入官场，成为武则天的助力。

上元元年（674），武则天进号天后，发布所谓"建言十二事"，包括了劝农桑、薄赋徭、息兵、广言路等内容，涉及了国家政治、经济、军事、社会等各个方面，作为她执政的政治纲领，都由皇帝诏令实行。武则天亲生的有四个儿子，长子李弘和次子李贤都因为与武则天有分歧而且可能威胁到她的权力而被她杀死，最后选了昏庸软弱的三子李显继为皇太子。弘道元年（683）十二月，五十六岁的唐高宗死去，遗嘱命军国大事听从天后处理。李显继帝位，号中宗，尊武则天为皇太后，以裴炎为中书令。

嗣圣元年（684）二月，武则天借故将继位不到两个月的唐中宗废为庐陵王，幽禁于深宫。再立四子李旦继皇位，是为唐睿宗。武则天虽让李旦继承皇位，但不准他参与政事处理，自己临朝专政，圣衷独断，由此开始了改朝换代的准备。

然而武则天改朝换代的行动却惹恼了一伙政治失意分子。文明元年（684）九月，先前被武则天贬黜的柳州司马徐敬业等人起兵扬州，公开打出反武旗号，旬日间聚集起十余万人的队伍。"初唐四杰"之一的诗人骆宾王作《讨武氏檄》，为叛乱大造舆论。武则天紧急调动三十万大军，任命李孝逸为扬州道大总管，又任命著名将帅、左鹰扬大将军黑齿常之为江南道大总管，协同作战。在强大军事攻势下，徐敬业等接连败退，最终为部将所杀。仅四十余天，十万叛军便烟消云散。武则天安然度过了这场最大危机。

还在扬州平叛战争最紧张之际，宰相裴炎不但没有积极组织平叛，反而乘机要挟武则天还政于睿宗，结果被武则天杀掉。裴炎死后，武则天开始对控制外廷的宰相班子进行调整。光宅元年和垂拱元年这两年内，宰相的任免剧烈变化。

随后，她又为登基大造舆论，竭力渲染秉承天意的神秘气氛。垂拱四年，武则天的侄子武承嗣派雍州人康同泰献给武则天一块白石头，上刻有

"圣母临人，永昌帝业"的字样，诡称得自洛水。武则天大喜。翌年，改年号永昌。这表明她为了称帝，大肆渲染自己君权神授。而且在武则天之前，古代帝王都是死后才上庙号、谥号，除了太上皇，没有生前上尊号的先例。武则天开创先例，而且尊号花样不断翻新，为后世帝王纷纷效尤。

武则天名正言顺地戴上皇冠统御天下迫在眉睫之时，唐高祖第十一子韩王李元嘉首谋起兵，打出了"举兵唱天下，迎还中宗"的旗号。越王李贞、琅琊王李冲父子分别在豫州、博州先行发难。武则天有上次平叛的经验和这时地位的巩固，因而显得十分镇静。她派出清平道大总管丘神绩和中军大总管麹崇裕率两路兵马，没费多大气力就镇压了这次宗室起兵。至此可以与武则天抗衡的力量基本被消除了。

天授元年（690）的重阳节，六十七岁高龄的武则天正式登基，实现了她的女皇梦，自号"圣神皇帝"，以十一月为岁首，改旗帜尚赤，改元天授，建立了大周王朝。皇帝睿宗李旦降为皇嗣，皇太子李成器也降为皇太孙。武则天封异母兄武元爽之子武承嗣、武元庆之子武三思为王，堂侄武懿宗等十余人封郡王。

武则天要在男尊女卑的传统社会巩固自己的女皇地位，阻力是很强的。公开叛乱虽然被镇压下去了，潜在的政治势力却威胁着她的生存。朝廷内外反武言行极为普遍，这令武则天如坐针毡。侍御史鱼承晔的儿子鱼保家奉献"良策"：在朝堂上设置铜匦，收受天下告密文书。这项措施目的虽然在于加强政治控制，但对广开言路、通达下情也不无作用。

武则天通过这个告密制度，很快物色到一批酷吏。这些人大都出身无赖，性情残忍，创造了名目繁多的审讯酷法，专以告密陷害为事。来俊臣和万国俊等还专门编写了一部告密专著《罗织经》，作为培养新酷吏的教材。

这样，执行恐怖政策的制度和特务机构就被建立起来了。在恐怖政策下，被杀和遭流放者动辄几十、几百甚至上千人。李唐宗室是酷吏们打击的主要对象。李氏皇族子孙极端仇视武则天，反抗越烈，打击越重。宗室子孙除李显、李旦及其子女尚能保全，千金公主因百般献媚得以安宁外，其余的或被杀、或自杀、或流放。

酷吏们打击的另一对象便是元老大臣。这些人每每以唐家老臣自居，以匡救社稷为己任，对武则天的"倒行逆施"深恶痛绝。因此，武则天对他们防范甚严，只要稍露形迹，甚至只凭诬告，就对他们下手。据统计，武则天临朝称制期间，做宰相的共二十四人，在六年零七个月中，被杀或罢相贬流的就有十七人。

但武则天毕竟是一位成熟的政治家，不会任由酷吏胡来。她只让酷吏执法而不执政。在司法机构中又保留了狄仁杰、徐有功、杜景佺、李日知等一批执法平允的良吏。尽管这批能干优秀的大臣被酷吏们视为眼中钉，一再受到诬陷，但总是受到武则天的亲自保护，这对整个政局的稳定起了重要作用。武则天达到自己的目的后，又能为了缓和政局毫不犹豫地将这些酷吏当作替罪羊抛弃，一一杀之以平民愤。

武则天实行了十余年的酷吏政治，杀人虽多，却没有动摇她的统治基础，相反得到了更广泛的庶族势力的支持，这是由于武则天所杀的反对派，大都是那些不赞成她称后称帝的李唐宗室和掌大权享高位的关陇士族，在客观上抑制了士族势力，扶持了庶族势力。这也是武则天政权得以巩固的重要原因。

但是另一方面，武则天虽然巩固了帝位，政治气氛也随之得以改善，然而，武则天在皇位继承人的选择上变得进退两难。她本想传位给武氏子孙，但狄仁杰、李昭德等重臣坚决反对。武则天伤透了脑筋：立本家子侄为皇储，可以保全她的武周政权，但继位的人是不会把她作为先祖供奉太庙的。而立儿子为储君，可以同夫君共享子孙的祭祀，得到名正言顺的皇后位置，但这又必然使自己重新回到她亲手打破的传统中去。

这时，宰相吉顼为武则天的男宠张易之、张昌宗兄弟出主意：你们兄弟俩专横跋扈，深为群臣忌恨，要想保全自己，现在唯一可做的是参与立储的大政，借枕席之便，劝说武皇复立庐陵王为皇太子。二张听其言，屡次吹枕边风，促使武则天做出最后决断，不再考虑立武氏储君。

圣历元年（698）初，武则天派人把庐陵王李显秘密接回洛阳，皇嗣李旦知趣地请求退位，李显被立为太子。复立李显，不仅阻止了武氏诸王图谋太子位的活动，适时压抑了诸武的气焰，使他们在武则天在世时没能严重地危害政治，而且对缓和当时的民族关系也起到了良好的作用。复立李显是这位女政治家晚年的又一英明决策。

为防止诸武与太子再度纷争残杀，武则天便召集起太子李显、相王李旦、太平公主与诸武，宣誓明堂，祭告天地，立下铁券，藏于史馆，让他们和平共处。由此，武则天赢得了最后一段比较安定轻松的日子。

武则天晚年得到男宠张易之、张昌宗兄弟的悉心侍奉，她便授之高官，委以国政，二张成为她晚年最亲信的人。二张恃宠而骄，不仅在后宫独断专行，而且开始干预朝政。武则天也有意把政务委托给他们处理，二张的势力迅速膨胀起来。文武大臣对此惶恐，朝廷上下议论纷纷。长安四年（704）末，武则天病卧床上，累月不见宰相，身边只有二张侍奉，"居中用事"，使朝臣们心神不安，促使政变提上日程。神龙元年（705）正月，经过一段时间的周密筹备后，宰相张柬之等人领导发动了军事政变，杀二张于宫内。病榻上的武则天被迫逊位，唐中宗复位，李唐政权再度重建。

正月二十五日，武则天被迫离开她做了十五年天子的皇宫，迁居到洛阳宫城西南的上阳宫。中宗为其上尊号"则天大圣皇帝"，以示慰藉。武则天无法忍受失去皇位的痛苦，心境极坏，精神涣散，已是风烛残年的身体随之彻底垮了下来。神龙元年（705）十一月初二，虚岁八十二岁的武则天凄冷地死在上阳宫的仙居殿。临终遗嘱：去帝号，称则天大圣皇后，归葬乾陵；赦免遭她迫害的王皇后、萧淑妃二族及褚遂良、韩瑗、柳奭的亲属；被酷吏构陷的人在她临下台时已予赦免。

神龙二年（706）正月，武则天的灵柩在唐中宗李显的护送下运回长安，与唐高宗合葬在乾陵。她临终曾留遗嘱，让儿子李显为她树碑但无须立传，从而留下了"无字碑"。

第六章　唐玄宗李隆基

唐玄宗，亦称唐明皇，名李隆基，女皇武则天嫡孙，睿宗李旦第三子。712年至756年在位。当政期间，唐朝达到了鼎盛时期，出现了历史上有名的开元盛世，又酿成了天宝末年的安史之乱，使唐王朝从此由盛转衰。

李隆基生于垂拱元年（685），其时正是武周天下。他作为李唐皇子幼年就经历了宫廷斗争风风雨雨的磨炼。七岁那年，他例行至朝堂举行祭祀仪式，金吾将军武懿宗对其随从大声喝斥，隆基立刻声色俱厉斥之曰："吾家朝堂，干汝何事？敢迫我骑从？"据说武则天知道了这件事后，便对他另眼相看了。第二年，隆基被封为临淄郡王。神龙元年，张柬之逼迫武则天退位，拥立中宗李显。这时隆基曾一度兼任潞州别驾。

武则天死后，唐中宗昏庸懦弱，大权操于妻子韦后、女儿安乐公主之手。张柬之等功臣均遭贬逐，太子李崇俊等被杀，武三思等沉渣余孽迅速泛起，韦后又援用其从兄韦温等掌握大权，纵容安乐公主卖官鬻爵，又大肆建筑寺院道观，奴役人民，可谓朝政日非。景龙四年（710），中宗被妻女鸩杀，韦后准备效法她的婆婆武则天做历史上的第二个女皇。这时，武则天的第四子李旦还有相当的势力，李旦的第三子隆基也在悄悄积蓄力量，他们是韦后夺位的主要障碍，韦后决意将其置于死地。但李隆基先发制人，与姑母太平公主合谋发动政变，率羽林军万骑抢先攻入皇宫，将韦后及其党羽一网打尽。后由太平公主出面，恢复了睿宗李旦的帝位。隆基也因功被立为太子。

睿宗也是一个昏懦的帝王，甘心听任太平公主的摆布，太平公主恃拥戴睿宗有功，大树私人势力，左右朝政。她开始认为隆基年轻，所以对他不以为意，后来，看到隆基十分明断果决，对自己专权不利，于是便把攻击的目标对准了隆基，阴谋废之。隆基地位并不稳定。先天元年（712），睿宗让位给太子，隆基即帝位，但三品以上官员的任免及重大军国行政却仍然由睿宗决定。隆基与太平公主的关系剑拔弩张，双方的决斗势不可免。先天二年（713）七月，玄宗抢先下手，率厩牧兵马镇压了太平公主及党羽数十人，依附太平公主的官吏尽被黜逐。至此，动荡的局势才稳定下来，李隆基获得了全部权力。是年，改元开元。

玄宗李隆基的皇位来之不易，亲政后面临的形势也十分严峻。武则天以来多次的宫廷政变使中央陷于混乱，削弱了中央政权的力量，吏治腐败，官吏冗滥。玄宗在开元三年（715）明确宣布："官不滥升，才不虚受。"倡导任人唯贤，他所用的宰相如姚崇、宋璟、张九龄等，大都成了有名的政治家。

玄宗不仅注意任用贤相，还非常重视吏治，整顿官僚队伍。他裁汰冗员，精简机构，恢复谏官、史官参加宰相议事的制度。他还重视县令的选择，有时对县官亲自出题考试，了解应考者是否有治理能力，凡是考试成绩优秀者即被任用，拙劣者即被罢免。唐玄宗还实行严格的考核制度，来检查地方官的政绩，作为黜陟的根据，并且严明赏罚。

玄宗在位的前半期，不仅文治取得了很大成就，而且武功也赫然可纪。在玄宗即位以前，边防危机十分严重。到玄宗即位时，西域的碎叶、庭州，北方的云州以北以及辽西十二州，都已被突厥、契丹奴隶主贵族占领，陇右及河北人民经常惨遭劫掠和屠杀。

首先府兵制在均田制崩溃的形势下已经形同虚设，农民不断逃亡，兵源困难。高、武以后，尚武风气逐渐消失，府兵操练废弛。开元十一年（723），宰相张说遂建议采用募兵，玄宗即下令实行。这是当时军制由兵役到雇佣的重大改革。从此，各地民丁再无番上、戍边之苦，可以专事生产。雇佣兵既可吸收社会上的失业丁口，缓和社会矛盾，又可常驻各地，加强训练，对改善军队素质、提高战斗力是有积极作用的。但是后来这种制度致使兵为将有的弊端也暴露出来，并直接导致了唐后长期的藩镇割据、间接导致了从宋朝开始的重文轻武的国策。

玄宗还通过各种措施整顿军旅。他颁布《练兵诏》，加强军事训练，大行马政，还扩大屯田区，使唐军的面貌焕然一新。

经过整军经武，到开元五年（717），唐军把沦陷的十三州全部收复，玄宗派宋庆礼任都督，重建营州防务。长城以北的拔也古、同罗、回纥等地也宣布取消割据称号，与唐政府合作，唐政府重新恢复了安北都护府，统一了长城以北地区。

西域问题的解决则分两个阶段进行，第一阶段从开元二十七年（739）开始，玄宗派碛西节度使盖嘉运打败了突厥，而使沦陷了三十七年的碎叶镇又归唐政府管辖。第二阶段是击败吐蕃、小勃律，重新打通"丝绸之路"的门户。这使唐国威大振，不仅维护了国家的统一，也有利于对外经济文化的交流。

唐玄宗在开元年间，尤其注重发展社会经济，采取了一系列措施，经济出现了前所未有的繁荣景象。首先是打击豪强大户，夺回他们强取豪夺的土地和劳动力。玄宗发起检田括户运动，在全国各地检查黑地和豪强荫庇的客户，把检查出来的黑地全部没收，按均田制分给无地的农民使用。"账外"人口一律登记注册，就地入籍。检田括户的结果，中央政府增户八十八万，田亦大增。岁终征得客户钱数百万。

武周、中宗以来，佛教恶性发展，造寺不止，枉费财者数百亿；度人不休，免租庸者数十万。使国家所出加数倍，所入减数倍。玄宗于开元二年（714）下诏裁汰天下僧尼，当时全国各地还俗者一万两千多人。玄宗又下令，严禁新造佛寺，禁铸佛像，禁抄佛经。同时又禁止贵族官员和僧尼交往，使佛教势力受到很大打击。

开元年间，玄宗君臣的文治武功带来了比较清明的政治局面，开元盛世成为唐帝国的巅峰。唐玄宗渐渐陶醉于歌舞升平的太平景象中，锐意进取的治国精神丧失殆尽。到天宝期间玄宗变得穷奢极欲，纵情声色，怠于政事，已不如开元时期那样励精图治了。"尚直"的韩休、张九龄相继罢相，奸佞便嬖的李林甫任中书令独秉大权。天宝十一载（752），李林甫病死，杨国忠做宰相，政治更加黑暗，国家形势也自此由盛而衰。

开元二十四年（736），玄宗因所宠爱的武惠妃死去，整日郁郁寡欢。

这时有人说寿王妃杨氏体态丰艳，绝世无双，他即令太监将其接进宫来侍酒。玄宗对其一见钟情，如获至宝，愁怀顿开，遂寻欢作乐，无所顾忌。寿王李瑁是玄宗的儿子，武惠妃的亲生子。五十六岁的皇帝同二十二岁的儿媳的这种私情，显然是一大丑闻。玄宗遂让寿王妃自请为女道士，入居南宫，赐号太真，南宫改名为太真宫。玄宗夺了儿媳，又给儿子娶了个韦姓的姑娘做妃子，以示慰藉。

杨太真入得宫来，恩宠与日俱增，不到一年，盛势已过于皇后。玄宗有美人相伴，从此无心于政事。天宝四载（745），杨太真被册封为贵妃，此时后宫并没有皇后，杨贵妃就是实际上的皇后了。贵妃善治装，专为她服务的织绣之工就达七百人之多。贵妃乘马，权宦高力士亲为之执辔授鞍。贵妃生长在南国，喜食鲜荔枝。荔枝易败，离枝四五日则色味俱变。为了快速贡奉新鲜荔枝，玄宗下令特开辟了从岭南通往长安的数千里贡道，沿途设有驿站，备有快马，荔枝运至长安，色味不变。

一人得道，鸡犬升天。杨氏家族因一女得宠而飞黄腾达、沐猴而冠。贵妃的大姐封韩国夫人，二姐封虢国夫人，三姐封秦国夫人，从兄杨铦被封为位当四品的朝中高官，杨锜娶了公主，杨国忠官至宰相，领四十余职，权倾天下。

李林甫死后，杨国忠得以独揽大权。他实无才具，只会欺上瞒下和顺着玄宗的心思行事。除做宰相外，杨国忠还兼领四十余使，又专判度支、吏部，整天发号施令，胡乱处理政事，选任官吏都在私第暗定，结党营私，贿赂公行。政治愈加腐败，繁荣背后的危机也就加剧了。首先是均田制瓦解，负担租赋的民户在缩减，而朝廷的费用却在加大，财政赤字日甚一日。朝廷就派员横征暴敛，农户破产无数，唐王朝赖以生存的社会基础动摇了。募兵制也愈加腐败，中原承平已久，社会风尚耻于当兵，京师所募之兵多是无赖子弟、市井小贩，毫无战斗力。

唐玄宗施行募兵制后，边镇兵力扩大，京城周围兵力减缩，唐初内重外轻的局面转变为外重内轻，地方边镇势力强大。这种情况终于在天宝年间酿成恶果，导致了使唐朝一蹶不振的"安史之乱"。

安禄山是混血胡人，从军于幽州节度使张守珪帐下，由于英勇善战，逐渐做到高级将领。天宝元年，任平卢节度使，到天宝十载（751）兼领平卢、范阳、河东三镇。安禄山本想在边关取得足够功勋后入朝为相，成就出将入相的功业。他善于媚上，取得了玄宗的信任，又有确实的战功，所以杨国忠觉得他可能威胁到自己在朝中的地位，对他回朝入相百般阻挠。安禄山见回朝为相的道路走不通，便生了反心。

安禄山在范阳积极扩充势力，用失意的汉人文痞严庆、高尚做谋士，对投降或俘虏的兄弟民族战士进行抚慰，使他们愿为其效死力。安禄山又挑选精锐八千人，作为其军队的主力。天宝十三载（754），他为了收买人心，培植心腹，提拔奚、契丹、九姓、同罗等族升将军者五百人，中郎将两千余人。第二年，又以胡将三十二人代替汉将，这样一来，其军队的将领基本上都是胡人了。他还积屯粮草，养战马数万匹，所统领的军队在数量上已超过了驻防长安的军队。

天宝十四载（755）十一月九日，安禄山在范阳起兵，发动叛乱，兵指唐的都城长安。唐中原武备久弛，精兵猛将都放在东北、西北各镇。叛军兵锋所至，中原郡县无力抵抗。安禄山一路势不可当。十二月初二，叛军已在灵昌渡过了黄河。玄宗和杨国忠等毫无应变的准备，满朝文武无不惊慌失措。当时安西节度使封常清正在长安，玄宗便派他赶往洛阳，募兵抵御。接着又在长安招了一些兵，连同原来的禁军，凑了五万人马，交给高仙芝带领，屯驻陕州。同时派使者到朔方、河西、陇右各镇调兵。

然而封常清和高仙芝虽然都是能征善战的名将，然而他们麾下兵卒要么是匆忙募来的，要么久疏操练，都是些乌合之众，根本不是叛军的对手。不久，唐军即被迫退出洛阳。封常清退至陕州，高仙芝退守潼关，以防叛军突入关中。由于他们败于叛军，加上监军边令挟私陷诬告他们动摇军心，盗减粮草，玄宗下令将二人斩首。

玄宗冤杀了封常清和高仙芝，在朝将领中只剩下原河西陇右节度使哥舒翰素有威名，于是便派他去守潼关。哥舒翰熟悉军事，有勇有谋，又和安禄山有仇，在当时是最适当的人选。西北各镇的军队也相继开到潼关。河南前线出现了相持的局面。叛军长驱直入的势头停止了，安禄山的日子也不好过起来。常山太守颜杲卿和堂弟平原太守颜真卿起兵，联络河北十七郡，切断了叛军前线和范阳老巢的联系。朔方军大将郭子仪、李光弼率军出太行山，收复了常山，屡败史思明。河南民间自行集结的武装群起响应郭、李大军。河南南阳太守鲁炅、睢阳太守许远、真源令张巡等，也起兵抗击叛兵，扼住了叛军南下的道路。安禄山进退两难。

形势对唐政府有利，但唐玄宗不仅不能发展有利形势，反而自毁长城，听信了杨国忠的谗言，认为哥舒翰按兵不动，坐失良机，因而连续不断地逼哥舒翰出兵。至德元载（756）六月，哥舒翰被迫出兵，与叛军会战，结果大败。部将火拔归仁等活捉了哥舒翰，投降了叛军。潼关失陷，唐玄宗带着后宫、宗室及朝中几个大臣由禁军护从仓皇逃往蜀郡避难。当走到马嵬驿时，将士鼓噪不前，要求消灭祸国殃民的杨家豪门。杨国忠被将士杀死。将士又请玄宗杀贵妃以息天下怨，"三千宠爱在一身"的杨贵妃，就此被缢杀于逃亡途中。

长安在十几天之后陷落了。玄宗准备从马嵬坡继续向西逃命，乡民父老遮道请留，玄宗不听，百姓无法，又转请皇太子留下。皇太子李亨于是北上到了灵武，李亨接受群臣表请，于危险之中即位称帝，重新集聚力量，开始对安禄山进行反攻。

安禄山自天宝十四载（755）叛乱，先后攻陷两京，第三年，被他的儿子安庆绪杀死。安庆绪在至德二载（757）称帝。不久长安、洛阳为唐军收复。第三年，他又被安禄山的副将史思明杀死。史思明在乾元二年（759）先称燕王，后称皇帝。第三年，他也被儿子史朝义杀死。史朝义在上元二年（761）称帝，两年后，兵败势穷，上吊自杀了。安史之乱总算被平定了。

至德二年（757）末，唐军收复了两京，玄宗由成都返回长安。到达长安后，玄宗就住在兴庆宫里。肃宗李亨不时来问候他，他有时也到大明宫去看望肃宗。玄宗过了一阵悠闲的生活。然而玄宗常安排酒食招待客人，并宴请统兵大将郭子仪和王铣等人，还送给他们好多东西。玄宗并没有东山再起的用意，但这却引起了肃宗的猜忌。父子间的矛盾便尖锐起来了。

肃宗想采取相应的对策，又怕有人说他不孝，心里非常着急。正在此时，李辅国向他献计调走玄宗的亲信并将玄宗移往太极宫。肃宗依计而行，在上元元年（760）七月将玄宗从兴庆宫移到了太极宫甘露殿，又把高力士流放到巫州，还命令陈玄礼退休，只给玄宗留下几十名卫士，而且都是老弱病残。

处在这样的境遇中，玄宗更觉寂寞、凄凉，郁郁寡欢。宝应元年（762）四月五日，玄宗死在太极宫神龙殿，时年七十七岁。死后葬泰陵，谥为"大圣大明孝皇帝"，庙号"玄宗"。

第四卷

宋元

第一章　宋太祖赵匡胤

　　宋太祖是北宋的建立者。姓赵，名匡胤。匡者，匡扶、保佑也，胤者，胤嗣、后代也。涿州人。父赵弘殷，母杜氏。后唐明宗天成二年（927）生于洛阳夹马营，宋开宝九年（976）卒。终年五十岁。

　　少年时代的赵匡胤就表现出文武双全的特质。不过，赵家在赵匡胤长大成人的这十几年中却很不景气。赵弘殷本是后唐庄宗李存勖所宠爱的战将，自李存勖在兵变中被杀后，他也就开始受到冷落，十几年里，朝代已是两度更迭，天子也换了五六位，但他的官职却一直没有得到提升。这期间，赵家又添了二男二女，家境也日益艰难。后晋开运二年（945），十九岁的赵匡胤结婚成家，成家应当立业。但家中窘迫潦倒的现状告诉匡胤，依靠家庭的帮助干一番事业的路子是走不通的。二十一岁那年，他毅然离家出走，决心在外面闯荡一番。

　　他先是去投奔几位父亲从前的好友，结果受了不少的白眼和冷遇，但赵匡胤并没有被压倒，他的意志和性格却磨炼得更为坚强，眼界也变得开阔了。后汉乾祐二年（949），赵匡胤来到河北邺都，投靠在后汉枢密使郭威的手下，做了一名士兵。次年，郭威发动兵变，灭亡了后汉，建立起后周王朝。赵匡胤因战功被提拔为禁军东西班行首，负责宫廷禁卫。

　　后周广顺四年（954），周太祖郭威病逝，柴荣即位称帝，是为周世宗。赵匡胤是周世宗称帝前的亲信将领，自然会受到重用。周世宗是一个顺应历史趋势的英明君主，他后来所积极从事的统一中国的事业，为赵匡胤一类有才华的文武大臣提供了用武之地。

周世宗即位后，赵匡胤就随之被调到中央禁军任职。同年二月，北汉对后周发动进攻，赵匡胤随周世宗前往迎敌。双方部队在高平相遇，展开激战。战斗开始不久，北汉军队就占了上风，后周大将樊爱能、何徽畏敌如虎，一见阵势不好，竟临阵逃脱，一时间后周军队阵脚大乱，情形十分危急。此时的赵匡胤却很冷静，在他的建议下，周世宗将身边的禁军分为二部，一部由张永德指挥，抢占制高点，居高临下，以密集的箭矢压住敌人的进攻；另一支由赵匡胤率领，从左翼直扑敌阵。赵匡胤对部下高喊："主危臣死，拼死效忠的时候到了！"带领两千骑兵发起决死冲锋，冲垮了猝不及防的北汉军，后周军队终于转败为胜。

赵匡胤以高平之战的出色表现受到了周世宗的进一步赏识。战后，他不但被破格提拔为殿前都虞候，成为后周禁军的高级将领，而且还被委以整顿禁军的重任。也正是在整顿禁军的过程中，赵匡胤开始在军队中形成了自己的势力。他利用主持整顿的机会，将罗彦环、郭延斌、田重进、潘美、米信、张琼、王彦升等自己麾下的"委心"之人安排在殿前司诸军任中基层将领，同时又以自己高级将领的身份，主动与其他中高级将领交结，并同其中的石守信、王审琦、韩重斌、李继勋、刘庆义、刘守忠、刘廷让、王政忠、杨光义结拜为义社十兄弟，形成一个以赵匡胤为核心的势力圈子。

从显德三年（956）到显德五年，周世宗对南唐前后发起过三次进攻，逼迫南唐将江北十五州的土地割让给后周。在整个战役中，赵匡胤表现得最为突出，被提升为忠武军节度使兼殿前都指挥使。南唐战役以后，赵匡胤处世待物上与以前也大不相同了，以前，他只注重在军队中交结武将，现在对文人也比较重视了。赵普、王仁瞻、楚昭辅、李处耘等人都是在这前后被他罗致在麾下，成为心腹幕僚的。除此之外，他自己也开始留意经史，一改从前那种不喜诗书的草莽作风。

显德六年（959）六月，周世宗去世。周世宗死后，其七岁的儿子柴宗训继位。后周王朝随即出现"主少国疑"的局面，一时间人心惶惶，谣言四起，"时人成谓天下无主"。所有可能阻挡赵匡胤称帝做天子的障碍都已消失。形势变化之快，机遇得来之易，连赵匡胤自己也没有料到。忠于后周的官吏马上就有人主张先发制人，及早将赵匡胤干掉。

　　赵匡胤及其幕下心腹文武也在加紧活动。一个很明显的事实是，在周世宗去世后的半年里，禁军高级将领的人事变动对赵匡胤绝对有利。京城中只剩下副都指挥使韩通不是赵的心腹之人，但他势孤力单，自然无法同赵匡胤相抗衡了。经过近半年的部署准备，赵匡胤觉得可以选择一个适当的场合动手了。显德七年（960）正月初一，后周君臣正在朝贺新年，突然接到辽和北汉联兵入侵的战报。小皇帝柴宗训征求了宰相范质、王溥的同意后，令赵匡胤率领禁军前往迎敌。

　　正月初二，赵匡胤按计划率兵出城。当天下午，到达了离开封几十里的陈桥驿。当晚，赵匡胤亲信郭廷斌秘密返回京城，通知石守信和王审琦掌管好京城内外大门。次日天刚亮，忙得一夜未眠的赵普和弟弟赵匡义在门外将校的阵阵呼喊声中将赵匡胤拥出寝室。只见将校们手握刀剑，挤在院子里，齐声高喊"诸军无主，愿策太尉为天子"。赵匡胤未来得及回答，一件象征着天子黄袍的黄色上衣就披在了他身上，众将校统统跪拜，高呼"万岁"。

　　事不宜迟。赵匡胤当即接受拥戴，宣布军纪，随之火速回师开封，在早已等候多时的石守信等人的配合下迅速控制了局势。事已至此，柴宗训再也无计可施了，只得召集百官，宣读了别人几天前就准备好的"禅位诏书"，"应天顺人"，将帝位让给了赵匡胤。

　　第二天，赵匡胤宣布定国号为"宋"，改元"建隆"。这样他也就成了宋王朝的第一位皇帝。历史上则按他死后的庙号称其为太祖皇帝或宋太祖。宋太祖的捷足先登，只不过使后周旧臣失去了一次实现野心的机会，却没有打消他们的野心，他们有的在等待观望，希冀再起，有的则"日夜缮甲治兵"，准备与新王朝再来一番角逐。

　　面对这种局势，宋太祖和赵普等人认为应采取以稳定京城、笼络后周旧臣为主的方针，以静制动。依据这一方针，宋太祖对后周旧臣实行了官位依旧、全部录用的政策。甚至连宰相也仍由王溥、范质、魏仁浦三位旧相继任，乾德二年（964）二月才将三人罢相。为了保证对后周旧臣笼络和收买的成功，对于那些恃势欺凌旧臣的新贵，宋太祖则毫不留情地严加处理。例如京城巡检王彦升，自恃拥立有功，横行不法，被宋太祖贬为唐州刺史。

但对于那些不服从宋太祖的周旧臣，宋太祖就无法避免用武力来解决了。建隆元年（960）四月，昭义军节度使李筠举兵反宋，又有北汉出兵声援。同时又传来了扬州李重进准备起兵响应李筠的消息。宋太祖果断地采取了以颁赐"铁券"拉拢李重进分化对方阵营，同时对另两路敌军全力击灭的策略。五月，宋太祖亲自率军由东京出发，渡黄河，进太行山。太行山区路陡坡险，乱石嵯峨，宋太祖亲自带头搬石开路，将校士兵自然更是人人争先，行军速度大大加快。不久宋军就越过太行，大败李筠于长平。六月，攻占了泽州。李筠走投无路，自焚而死。经过短暂的休整，同年十月，赵匡胤又亲率大军征服了扬州李重进，宋初的"二李之乱"就这样被平息了，至此，宋王朝与后周旧臣之间的矛盾可以说基本上得到了解决。

解决了与后周旧臣的矛盾，建隆二年（961）六月又发生了一件大事，宋太祖的母亲皇太后杜氏因病去世。临终时，她告诉宋太祖能做皇帝是因为周世宗死后继位的国君年幼的缘故，所以希望将来他传位给弟弟赵光义。宋太祖哭着答应。于是由赵普当场记下太后遗嘱，藏于金匮之中，这就是历史上提到的所谓"金匮之盟"。但也有史家认为"金匮之盟"是宋太宗授意下的杜撰之说。

在太后逝世后的次月，皇弟赵光义就以泰宁军节度使、大内都部署的身份被任命为开封府尹、同平章事。这是一个非同小可的任命，五代时期，凡皇位的继承人都要封王、任开封府尹，赵光义此时虽未封王，但任开封府尹已隐然有让他继位的含义了。宋太祖希望通过此举向臣僚们表明，在未来的皇位交接中，不会再出现那种"主少国疑"的局面。

五代十国末期，人们要求结束分裂战乱、实现安定统一的呼声越来越高，统一的历史趋势已经形成。宋太祖巩固了自己的统治之后，自然就把完成中国统一的任务提到议事日程上来了。当时宋王朝的敌人包括北汉、南唐、吴越、后蜀、荆南、湖南、南汉、南平、漳泉等九个割据政权。赵匡胤有两种选择，一个是先北后南，先收复燕云十六州，再灭北汉，然后统一南方诸国；另一个则是先南后北，在完全征服了南方八个割据势力以后，再来亡北汉，攻取燕云十六州，将契丹辽国赶回长城以北。经过君臣之间的反复论证，宋太祖集思广益，最后终于在建隆三年（962）确立了"先南后北"的统一方针，并付诸实施。

北宋自建隆三年（962）九月首次对外用兵起，至乾德三年（965）正月，不足三年的时间，就平定了南平高氏、湖南周氏、后蜀孟氏三个割据政权。但可惜的是，自平蜀后，几乎完全是由于宋太祖个人的举措失当，导致了一系列意外的变故，先是蜀中动荡不已，紧接着又是两次北征太原，损失惨重，"先南后北"的统一大业因此而停滞逆转。自太原班师后，经过一年多的休整，开宝三年（970）九月，宋太祖又出兵攻取南汉，继续实施"先南后北"的统一方略。

开宝七年（974）十月，宋太祖令曹彬为统帅，潘美为都监，率水、步、骑兵在采石一线强行渡江。十一月中旬，宋军大败南唐水陆兵十余万于秦淮，直逼金陵城下。与此同时，钱俶率兵攻克了常州、江阴、润州，形成了对金陵的外线包围，金陵成了一座孤城。十一月二十七日，金陵城破，李煜做了俘虏。南唐灭亡。

宋太祖为统一全国而行动的同时，还采取了一系列巩固中央集权的措施。宋太祖深知，五代时期之所以会出现那种朝代更替、不暇稍息的现象，主要是因为那些领兵大帅倚仗手中的兵权，或篡位弑主，或藩镇割据。为了确保统治的稳固，宋太祖决心收夺将帅的兵权。比起很多对开国功臣兔死狗烹的帝王来，宋太祖采用了"杯酒释兵权"这种相对温和了许多的做法，既达成了稳固皇权的目的，又保全了君臣之间的情义。"杯酒释兵权"堪称宋太祖一生中最为漂亮的政治举措之一。之后宋太祖又采取了更戍法，使将领定期调任其他部队，从而杜绝了兵为将有的可能性。但这种做法造成了兵不知将、将不知兵的消极影响，这也是宋朝后来军事上表现疲软的一个重大原因。

除了削除将领的兵权，宋太祖还改革地方行政制度，从根本上根除藩镇割据的土壤。在官职设置和人事制度上，宋太祖废罢支郡，"以文臣知州事"，使位尊权重、声势煊赫的节度使的权力受到极大削弱，有时甚至徒具空名，仅是一种荣誉称号。同年，宋太祖又定立了两项限制州郡长官的措施："知州""知县"在一地任职以三年为限，不得久任。另一项措施是在州郡设立通判。由于通判负有监督州郡长官的特殊使命，所以宋朝州郡长官与通判不和的问题一直存在。

其次是"制其钱谷"，即收夺地方上的财权。乾德二年（964），他发布诏令要求各州除留有必要的经费外，其余财赋中属于货币的部分应全部辇送到京城，不得无故占留。唐代以来节度使蓄积大量钱财的税赋"留州"制度被废止。随着钱币的集中，对其余财物的控制也逐步加紧了。在废除"留州"制度的同时，对藩镇以"留使"的名义肆意征税的弊政宋太祖也小心审慎地进行了革除。他以支付大藩镇"公使钱"为代价，废除了留使制度，收回了为地方藩镇所控制的部分财权。自此以后，地方藩镇失去了对抗中央王朝的经济能力。

宋太祖的第三步就是"收其精兵"。宋太祖将地方军中精壮者统统收入禁军，其他则归为厢军。兵分禁、厢的制度，也为其后代一直沿袭下来，成为两宋兵制中的一大特色。

在调整和确立了中央和地方的关系的同时，宋太祖对君臣关系也进行了调整，在百官中推行"官、职分离，互相牵制"的任官政策。宋代官制中，"官"是品级，只有据此受俸禄的作用；"职"是殿阁、馆阁学士一类的荣誉称号，亦没有实际权力；只有由皇帝或中书省"差遣"的临时职务才是实职，即执行实际权力的职务。这种职、权分离，名、实混淆的任官体制，使任何官员都无法集中权力、荣誉、威望于一身，权大者并不一定职高，望重者并不一定位显，这样也就很难形成对皇权的威胁了。

皇帝临时"差遣"的实职，也是依照"分权而相互牵制"的原则进行安排的。尤其敏感的军事方面由兵部和"三衙"统领，兵部仅有奉旨调兵之权，而"三衙"仅有带兵之权。这种调兵权和带兵权分离的军政模式时至今日依然发挥着作用。

宋太祖还发展了隋唐以来的科举考试制度。宋初放宽科举考试的范围，同时严格考试制度，以防权贵豪门请托舞弊。宋太祖即位之初，就下令修复孔庙，开辟儒馆，延用耆学名儒，以劝励教化。随着文教的振兴和开科取士的增多，大批文人进入统治集团。随着对文臣的重用，统治集团内部的文武关系逐渐易位，之后的中原王朝在军事方面也因此日渐软弱。

随着宋初局势的稳定和统一事业的逐渐完成，赵宋皇族被外姓旁人颠覆的危险越来越小了，宋太祖与赵光义之间原来那种为家族的命运和利益同心同德、共济险难的精神慢慢地消失了。赵光义对皇位的垂涎已越来越明显。

在这样的情况下，宋太祖于开宝九年（976）十月猝然死去，赵光义则顺利地继承了皇位。关于宋太祖之死，史家众说不一，其中也有称为光义谋杀者。总之，太祖之死，留下了千古之谜。

第二章　宋太宗赵光义

　　宋太宗，初名匡义，又改名光义，即位两年又改名炅。是太祖弟，母为昭宪皇后杜氏。后晋天福四年（939）生，宋至道三年（997）卒。

　　匡义出身于武将之家，父兄均为大将。所以他也从小学习弓马，并参加过一些战阵之事。陈桥驿兵变时，作为当事人胞弟的赵匡义最适于出面，沟通内外，结交军士，抚定众心。匡义与赵普部署诸将领，列队包围匡胤寝所，"逼"他黄袍加身。由于赵匡义充当了前台主角，才使得蓄谋夺位的赵匡胤可以扮演一个较为超脱的角色。

　　因此，赵匡胤一当上皇帝，即任命匡义为殿前都虞候，领睦州防御使。建隆二年（961）七月，太祖任命匡义为开封府尹，同平章事。这时，为了避讳，匡义改名为光义，匡美也改名为光美。担任开封府尹对于赵光义来说具有十分重要的实际意义。从建隆元年到开宝元年光义当了十六年的开封府尹，锻炼了实际处理政务的才能。他利用开封府尹的地位，在开封府中广延豪俊，聚集一批幕僚、军校，文武皆备。通过广置党羽，内外交通，光义在开封府时势力大盛，威望日高，羽翼渐丰，为他日后争夺帝位及治国安邦打下了牢固的基础。

　　开宝九年（976）十月二十日，宋太祖赵匡胤突然驾崩，于是光义受遗诏于柩前即位。不管杜太后遗诏是否真有其事，赵光义以皇弟身份继承皇位，从正统的封建世袭制角度看并非名正言顺。而且在太祖平定诸侯国的统一战争中，赵光义没有任何建树。他感到要想巩固帝位，贴服人心，必须树立自己的威望。太宗即位后，割据漳泉的南唐平海节度使陈洪进亲自到开封朝贡。太宗封陈洪进为检校太师。吴越王钱俶于是决意上表，献出所管辖的土地、户籍和军队，削去吴越国号。太宗封钱俶为淮海国王，其子弟多人以官职。吴越旧地反对纳土的官吏，受到太宗的坚决镇压。至此，宋朝完全统一了南方各地，太宗于是把主要兵力转向北方的北汉和辽朝。

太平兴国四年（979），宋太宗下令再次进攻北汉。双方苦战至五月，北汉指挥使郭万超潜行出城，投奔宋营，刘继元帐下诸卫士也多出降。北汉亡，至此，所谓五代十国的割据局面全部结束。太宗乘灭北汉的余威，率大军于六月进抵易州。辽刺史刘宇本是汉人，献城投归宋营。太宗留兵千人协守易州，又进攻涿州，辽涿州判官刘厚德亦为汉人，复开城纳降。宋太宗见旗开得胜，连下二城，非常高兴，乘胜进击，结果却在高梁河之战中大败，仓皇南奔至涿州。

宋太宗没有经历过重大战役，缺乏这方面的锻炼，军事方面远不如太祖。但他又自诩高明，刚愎自用，再加上为了控制军将，每次作战前都亲自拟定阵图，结果严重束缚了前线将帅的手脚，进而连连失利。

雍熙三年（986），太宗再次北伐，出动三十万大军分东、中、西三路北上攻辽。曹彬、米信出雄州，田重进出飞狐，潘美、杨业出雁门。初期作战宋军进展顺利，接连小胜。但由于宋军指挥不当，各路军缺少合作，纷纷败绩。杨业父子率领残兵在陈家谷奋力死战，不见援兵，杨业本人身负几十处创伤，最后为辽军所俘获，面对辽军的威胁利诱，毅然绝食三日而死。

杨业失援败死，边境大震。云、应、朔诸州将吏都弃城而逃，辽军乘胜进入宋境，深入深、德、邢等州，抢掠一空，使宋朝边民蒙受重大损失。败报传至宋廷，太宗痛失良将，下诏旌表杨业，赠其为太尉、大同军节度使，赐其家布帛千匹。大将军潘美，坐失战将，监军王侁，贻误战机，分别给以降官三级和除名的处分。

太宗晚年，守内虚外政策的指导思想已经形成。因此，对辽由攻到守，准备和解。而辽朝的萧太后对宋朝多次北伐却耿耿于怀，向宋摆开了进攻的阵势进行威胁，并帮助李继迁继续削弱宋朝的力量。宋太宗为了防守，使宋军在河北沿边的平原上疏浚、开拓边地河道，西起保州西北，东至泥沽海口，利用河渠塘泊，筑堤储水，深十余尺，作为屏障，以防辽国骑兵的奔突。对于辽军的入侵，"但令坚壁清野，不许出兵，继不得已出兵，只许披城布阵，又临阵不许相杀"，结果军队将士手足无措。守边将领们只好得过且过，"及遇敌则惟以闭垒塞门为上计"，真正能对辽军作战的将领屈指可数。从此，宋朝军队的作战能力越来越弱了。

太宗在多次伐辽失败后，失去了往日的锐气，但文治方面，他的确有很多独到之处。他开创、修补、完善了宋朝的各项典章制度，使之在自己在位期间基本成为定制，为宋朝奠定了政治、军事、文化、经济各方面制度的基础。太祖法度主要在于军事、政治方面，而太宗除了对太祖法度做了进一步完善外，侧重在文化、经济等方面。

科举制度虽始于隋唐，但真正完善是在北宋。到宋初，士族门阀不复存在，科举向文人知识分子广泛开放。宋太宗扩大了取士的规模，每次科举考试录取的进士数额远远超过唐代及宋太祖时。太宗还促进科举取进士日趋严密、完整。宋太祖开宝六年（973）以后，殿试成为定制。太宗进一步规定，中试者由皇帝分别赐予"进士及第""进士出身""同进士出身"的功名。太宗时实行考卷糊名弥封法，有效地防止了考官利用试卷作弊。宋太宗还严格科举考试，亲自复试。

太宗十分重视发展文化事业。他兴建书馆，广泛搜求图书，还先后组织一批文人编纂了几部大型类书。太平兴国二年（977）三月，刚刚即位几个月的太宗就命翰林学士李昉、扈蒙等十多人编纂《太平广记》与《太平御览》等书。由于年代久远和朝代的更替，宋太宗时期收集的绝大部分图书，今已佚失，但当时编纂的《太平广记》《太平御览》《文苑英华》等三大部书却流传下来，因而许多古代典籍的内容赖以保存。宋太宗主持编纂的这三大部书，成为后人研究中国古代历史、文学的宝贵资料。

太宗执政较为勤谨，为了巩固宋王朝的统治基础，他亲自挑选人才，甚至于忘了饥渴。通过召见临问以观其才，优秀者提拔重用。太宗每天一早就到长春殿受朝，听完百官的政务汇报，就到崇政殿去处理政事。等到中午，还来不及吃饭。

太宗所写的碑刻、匾额今日犹可见到，他于书法旧有根底，又经名家指点，勤加练习，故有较深的功力造诣，并非单凭地位高而到处题字。有人荐举赵州隆平主簿王著在书法方面颇有家传，太宗乃召为卫尉寺丞、史馆祇候，令他详定韵篇，后又迁为著作郎，充翰林侍书。

太宗对宗教的态度基本上是宽容的。北宋开国后，为了争取南方各阶层的支持，对佛教采取保护政策，因为佛教在吴越、南唐、后蜀等南方割据小国中非常流行。太宗认为佛教"有裨政治"，因而有意提倡，在五台山、峨眉山、天台山等处修建寺庙，并在首都开封设译经院释译佛经。从太祖开宝年间开始在益州雕印大藏经，到太宗时雕版完成，印行了我国第一部佛经总集。宋朝建国时，各地僧徒不过六万多人，太宗时增加到二十四万人。而实际上太宗本人态度是重道教、轻佛教。

为了有效地维护社会的安定，太宗在刑狱方面也有建树。他下令在禁中设立审刑院。各地上奏案件，先由审刑院交付大理寺，刑部断复，再交审刑院详议裁决。审刑院不归宰相统领，直属于皇帝。为了不让全国有拖延不决的案子，于是规定办案的三种时限，大案四十天，中案三十天，小案十天，不须追捕而容易处理的不能超过三天。并规定，囚犯如应讯问，则当聚集官属一同参与，不能委托胥吏拷掠。

太宗接受唐五代以来宦官专权的教训，对宦官驾驭较严，不许他们干政。宦官王继恩曾作为剑南两川招安使，领兵平定王小波、李顺的起义，中书省建议让王继恩任宣徽使、太宗不许，说："朕读前代史书，宦官干预政事，乃国之大忌，所以历朝严禁宦官干预政事。宣徽使就是参政的开端，只能授以别的职衔。"宰相力言王继恩立有大功，非宣徽使不足以赏酬。太宗动怒，深责宰相，让别议官名，最后创了个宣政使的名目，授予王继恩。

太宗任用的几位宰相也比较正直。寇准生性刚直，有一次对太宗奏事，太宗不高兴，站起身要走，寇准拉住皇帝的衣袖，让他再坐下，等到事情议决以后才罢休。太宗感叹地说："这人才是真宰相哩！"

太宗疑心极重，在位期间很大一部分精力都放在确保皇位上，对自家人防范不已。在高梁河之战中，太祖之子武功郡王赵德昭从征幽州。当宋军溃败之际，太宗与主力部队失散，军将们怀疑皇帝遇难，觉得军国不可无主，商量着立德昭为皇帝。后来知道太宗还活着，这事就作罢了。事虽未成，但被太宗知道，恰好触犯了忌讳，心里很不高兴。德昭为诸将讨赏，更是惹他不快，他不由出言敲打德昭几句。然而德昭性子刚烈，居然自杀身亡。宫中急忙报知太宗，太宗亦觉出乎意料，于是命令厚葬，并颁诏追赠德昭为中书令，追封为魏王。而蹊跷的是一年后二十三岁的德芳也不明不白地夭亡。延美后来也牵扯入案，被降为涪陵县公，由于气郁成疾，不到一年就病死在房州。从此，能够与太宗争夺皇位的人完全被清除了。

至道元年（995），太宗立元侃为太子。诏命颁下，太子行告庙礼，还宫路上，京师士民争相观看，齐声欢呼"少年天子"。太宗听说，心里很不高兴，召寇准入见，对他说："人心都归太子，把我放在什么地位上？"寇准拜贺道："陛下选定可以托付神器者，今太子果然得到民心拥戴，这正是社稷之福啊！"太宗这才转忧为喜。

太宗于至道三年（997）三月去世，终年五十九岁。

第三章　宋神宗赵顼

宋神宗，名顼，是英宗长子，母为宣仁圣烈皇后高氏。治平四年（1067），英宗病死，立为太子不久的赵顼仓促间即位，是为神宗，时年二十岁。

神宗即位之时，社会矛盾已经比较尖锐。宋朝开国至神宗，已有一百零七年，宋初以来就出现的冗官、冗兵、冗费三大灾害愈演愈烈。宋初制定的一系列制度已经造成了宋朝廷的政治、经济、军事三重危机，必须进行较大的调整才能有效地维持国家机器的正常运转。这一点仁宗、英宗也早都已经看到了。但是由于既得利益者、官僚权贵的反感和对抗，之前的改革尝试都以失败而告终。

神宗即位，正血气方刚，有一股锐意求治的冲劲。他即位之初就下求言诏，广泛听取建议，决心真正有所作为。他急于寻找一个有才识有气魄能够全力襄助他改革的大臣作为臂膀。在这种情况下，怀才多年的王安石就脱颖而出了。

王安石为地方官多年，亲眼看到当时社会问题的严重性。他到京城开封任三司度支判官的第二年春，给当时的皇帝仁宗写了洋洋万言的《上仁宗皇帝言事书》。神宗未即位以前，常与侍臣议论天下大事，很赞赏王安石的《上仁宗皇帝言事书》，于是想见识见识王安石。王安石在金陵守丧期间，英宗屡次召他，他见时局不利于实现他的政治主张，所以每次都谢绝。神宗登极之初，就打算立即起用王安石，颁诏任命王安石为江宁知府。王安石接到诏命，即日赴任。数月后，又召王安石入京，命为翰林学士，兼侍讲。

神宗求治心切，非常好学，经常向大臣们征询改革的意见。他立志要做一个唐太宗那样大有作为的明君，改变真宗、仁宗以来政纲松弛不振的局面。所以他第一次召见王安石时就问他治国应当先做什么。王安石侃侃而谈，极有条理，神宗与他连番奏对，君臣之间甚为相得。

熙宁二年（1069），神宗初起用王安石为参知政事，并设置了"制置三司条例司"，作为变法的指导机构，让陈升之、王安石负责。王安石素与吕惠卿友善，便对神宗举荐吕惠卿。于是神宗命吕惠卿任条例司检详文字。事无大小，王安石必与吕惠卿共同谋划，凡有关建议的章奏，皆是惠卿执笔。当时人称王安石为孔子，吕惠卿为颜子。

在神宗的亲自督促下，王安石提出并推行了一整套新法，这些新法主要分为"富国""强兵"和改革科举制度三个部分。富国部分包括均输法、青苗法、农田水利法、免役法、方田均税法。强兵部分包括将兵法、保甲法、保马法。新的科举制度主张以经义取士，应试者不再考试诗赋、帖经、墨义之类，而以诗、书、易、周礼、礼记为本经，以《论语》《孟子》为兼经，企图改变那种"闭门学作诗赋，及其入官，世事皆所不习"的状况。同时，对太学进行了改革，实行"三舍法"。初入学的为外舍生，不限名额。以后经过考试升为内舍生，名额二百人。内舍生经过考试升为上舍生，名额一百人。上舍生中品行优异者可不经考试直接授以官职。

改革本来就是一件十分困难的事，加上新法本身有许多不足，再加上在某些方面触犯了享有特权的大官僚、大地主、大商人的利益，所以几乎各项新法都遇到了激烈的反对。而反对尤为集中的是侵犯大地主、大商人利益的免役法和市易法。北宋时城市工商业者也要承担劳役，谓"行役"，主要是按要求向政府售卖物品，王安石推行免役法，贵族不能再假政府之名行强买强卖之实，自然不满。这股反对力量得到太皇太后、皇太后和神宗皇后的支持。神宗有些动摇，与王安石商量。王安石对这些目光短浅、只顾眼前小利而不顾国家大局的后族十分反感，他向神宗揭露了皇后之父向经、曹后的弟弟曹佾仗势枉法、欺占钱财的事实，证明他们是为了私利反对新法。但是，神宗经不起后族的一再反对，命韩维、孙永检查行人利害。

变法因为其缺陷也遭到了一部分正直的大臣的反对。苏辙原是王安石所引用，任三司条例司检详文字，但极力阻止青苗法的推行。老将韩琦也上书抨击青苗法。此外，新法的科举制度也遭到反对。与王安石为好友的司马光，也反对他的新法。神宗的思想也开始犹疑起来。

保守大臣们反对新法，王安石早有思想准备，但是改革派内部分裂，给王安石的打击是格外沉重的。而这时的神宗也不像前几年那样对王安石言听计从，有时甚至不重视他的意见。熙宁九年（1076）春天，王安石因身体有病，屡次要求辞职。到六月间，王安石的儿子壮年而逝，王安石悲痛欲绝，精神受到极大刺激，已无法集中精力过问政事。神宗只好让王安石辞去相位，出判江宁府。第二年王安石连江宁府的官衔也辞去了，此后直到元祐元年（1086）去世，王安石再也没有回朝。

从王安石再次罢相直到神宗去世，整整十年间新法由神宗一人力行。这一时期改革已从前期的理财为主转为主要是改革官制与强化军兵保甲。后人称为"神宗改制"。王安石在位时的新法以抑制兼并为中心，神宗的改制则着力于加强宋王朝的国家机器。

神宗很想通过官制改革，达到富国强兵的目的，以改变长期形成的积贫积弱的政局。宋初设置大量的机构，是为了使宰相和各部的权力分散，并相互牵制，以便皇帝能够大权独揽。到神宗时，宋朝已建立百年之久，统治早已巩固，迫切需要建立较为集中统一的行政体系，使有作为的皇帝有时间和精力去改变积贫积弱的局面。经过一系列的改革，新官制更有利于君主专制的中央集权，其基本制度一直实行到宋朝末年未再进行大的变动。

神宗在推行新法的过程中，其富国强兵的总目的与王安石是一致的，但在抑制兼并这一点上，他没有王安石坚决。神宗既想增加财政收入，又不敢损害上层既得利益者，结果负担只有转嫁到下层人民身上。但是新法的推行还是取得了一定成效。元丰库收进坊场积剩钱五百万贯，常平钱八百万贯。财税收入的增加，终于扭转了英宗时入不敷出的局面。

神宗还慨叹宋朝自真宗以来对辽国和西夏一味妥协退让，他立志要收复北方失地。神宗在位时亲自主持了两次大的军事行动，一是对交趾的反击战，一是对西夏的进攻。交趾之战得胜，但对西夏的用兵却大败亏输，损失惨重。西北前线的败报传到宋都朝廷，神宗悲痛难忍，竟临朝大哭。从此，神宗彻底丧失了先前的雄心，只好仍旧维持原来对西夏的和议，每年向西夏交纳财物。

元丰八年（1085）三月，雄心大志的宋神宗由于西北边境军事上的失败，在精神上受到沉重的打击，一病不起，三月五日去世。终年三十八岁，葬永裕陵，谥号"体元显道法古立宪常德王功英文烈武钦仁圣孝皇帝"。

第四章　宋徽宗赵佶

宋徽宗赵佶，是宋神宗第十一子，哲宗之弟。其母为钦慈皇后陈氏。北宋元丰五年（1082）出生，南宋绍兴五年（1135）卒，终年五十四岁。赵佶的艺术成就极高，但是作为皇帝，并不称职。他是古代少有的艺术天才，被后世评为"宋徽宗诸事皆能，独不能为君耳！"编写《宋史》的官吏曾评说"宋不立徽宗，金虽强，何衅以伐宋哉"。

元符三年（1100）正月初八日，哲宗驾崩的当天，向太后垂帘，哭着对宰相大臣们说："国家不幸，皇帝无子，继位之事关系重大，应尽早确定。"又说："申王有眼疾，不便为君。应立端王佶。"章惇反对称："端王轻佻，不可以君天下！"但是由于向太后当时权势极大，多数大臣均偏向太后决议，章惇亦无法再争。于是向太后宣旨，召端王赵佶入宫，即位于枢前，继任皇位。

赵佶之母陈氏，开封人，出身于平民之家，自幼颖悟庄重，十几岁时被选入宫，充当神宗身边的御侍，生了赵佶后进封为美人。神宗死后，陈氏也病死，当时赵佶仅四岁。

赵佶周岁就授镇宁军节度使，封宁国公。哲宗即位，进封为遂宁郡王。绍圣三年（1096），以平江、镇江军节度使封端王，并开始出宫就学。宗室亲王日常学习的主要内容是儒家经典、史籍，但赵佶偏好笔砚、丹青、骑马、射箭、蹴鞠，对豢养禽兽、莳弄花草怀有浓厚的兴趣。特别是在书画方面，他显露出了卓越的天赋。

赵佶对向太后极其敬重孝顺，每日都到向太后慈德宫问安起居。因他聪明伶俐、孝顺有礼，所以向太后对他钟爱的程度远远超过了其他诸王，故此在哲宗病重期间，向太后就已经打定了主意立谁人继位。

赵佶被推上权力的顶峰之时，已有十八岁。但是章惇等人认为赵佶不够稳重，作为皇帝未必可靠，就奏请向太后"权同处分军国事"。向太后勉强同意，但是在其听政六个月后就还政引退了。初时，宋徽宗赵佶继续调和革新和保守两派，改元建中靖国，意思是要"中和立政""调一天下"。同时，他为了改变一下自己轻佻浮浪之名，在生活方面也做了些尚俭戒奢的姿态，他退还百姓王怀献给他的玉器，还放走自己在内苑豢养的珍禽异兽。元符三年（1100）三月，还因即将出现日食下诏求直言，表示要虚心纳谏、励精图治。

建中靖国元年（1101）正月，赵佶的"绍述先圣"、重行变法的意向更加明朗。不久，蔡京被召回朝廷，担任翰林学士。蔡京首先建议，重修神宗朝的历史，为变法张本；恢复绍圣年间根究元祐大臣罪状的安惇、蹇序辰的名誉，为绍圣翻案。1102年，徽宗改元"崇宁"，即崇尚熙宁之意，正式打出了绍述的招牌。不久，韩忠彦罢相，曾布也被蔡京排挤出朝。七月，徽宗任命蔡京为宰相。

徽宗衡量官员好坏的准则只有一条，就是看他的言行是否顺承符合自己的意旨。大观元年（1107），赵水使者赵霖从黄河中捕得一只长有两个头的乌龟，献给徽宗说是祥瑞之物。蔡京说："这正是齐桓公小白所说的'象罔'，见之可以成就霸业。"资政殿学士郑居中唱反调说："头岂能有二！别人看了都觉害怕，只有蔡京称庆，其心真不可测！"徽宗命人将龟抛弃，说是"居中爱我"，遂提拔郑居中为同知枢密院事。然而毕竟还是好话听起来顺耳，蔡京就因为会说好话，会顺着徽宗的意愿办事，才得到格外宠信。徽宗在位二十五年，蔡京任相二十四年，中间虽曾三次被罢，但旋罢即复。

徽宗倚为股肱的童贯、王黼、朱勔、梁师成等人无一不是极善谀媚的奸佞之徒。不过，徽宗是个昏而不庸的皇帝，他虽然宠信奸臣，但最高决策权却是一直牢牢控制在自己手中的。在这方面，他确实继承并极度扩大了神宗皇帝管理朝政的一些办法，最突出的就是天下之事，无论巨细，全得秉承他的"御笔手诏"处理。原先负责讨论、起草诏令的中书门下、翰林学士被他一脚踢开。蔡京等贵戚近臣要想办什么事情或干求恩泽，也全得先请徽宗亲笔书写，然后颁布执行。有时徽宗自己忙不过来，就让宦官杨球代笔，号曰"书杨"。对"御笔手诏"，百官有司必须无条件地执行，否则便是"违制"，要受到严惩。政和（1111—1118）以后，就连皇宫大内的事务他也要亲自过问，经常像太祖皇帝一样骑马到各司务巡视。

但是不久之后，宋徽宗的本性再次显露，蔡京为其提出"丰亨豫大"之景，即天下要有富足隆盛的太平安乐景象。宋徽宗则认为要丰亨豫大，就必须先把朝廷、宫室以及其他各种场面都搞得富丽堂皇。政和四年（1114），建新延福宫，此宫东西长、南北短，东到景龙门，西抵天波门，其间殿阁亭台错落相望，鹤庄鹿砦掩映在嘉花名木之间。凿池为湖，疏泉成溪，怪石堆山，小桥流水，花影移墙，峰峦当窗，浓荫蔽日，风送花香，鹤鹿翔跃，鸟鸣啁啾，清幽雅致，不类尘寰。徽宗置身其间，心旷神怡，亲自作文，以记其美。

既然有宫殿，就必须把天下所有珍美之物收罗到宫中，供皇帝受用。于是，崇宁元年春，宋徽宗派童贯在苏杭设置造作局，役使数千工匠，制作象牙、犀角、金银、玉器、藤竹、织绣等物，无不备极工妙，曲尽其巧。崇宁四年（1105），又派朱勔在苏州设应奉局，全部以"花石纲"装饰。除花石外，宋徽宗在宫中专门设立了一个御前书画所，由著名书法家米芾等人掌管，里面收藏了数不胜数的前代的法书、名画、彝器、砚墨珍品。书法有晋二王的《破羌帖》《洛神帖》，更多的是唐代颜、欧、虞、褚、薛、李白、白居易的墨迹，仅颜真卿的真迹就有八百余幅。丹青名画有三国时曹不兴的《元女授黄帝兵府图》、曹髦的《卞庄子刺虎图》等，不胜枚举。

古代的钟鼎礼器徽宗收集了一万余件，全都是商周秦汉之物。徽宗擅长书画，砚墨自然是少不了的。在他贮藏文房四宝的大砚库中，仅端砚就有三千余方，著名墨工张滋制的墨不下十万斤。

但是，与一般附庸风雅、徒有虚名的收藏家不同，徽宗倒是很能对古书画、彝器潜心研究一番的。为便于保存，他把收集到手的法书名画大多都重新装裱，亲自为之题写标签。装裱时有一定格式，后世称为"宣和装"。同时，他命人将历代著名书法家、画家的资料加以记录整理，并附上宫中所藏的各家作品的目录，编成《宣和书谱》和《宣和画谱》，为后世美术史研究留下了珍贵史籍。徽宗还对所藏古彝器进行考证、鉴定，亲自编撰了《宣和殿博古图》。

政和七年（1117），宋徽宗下令在京城东北部仿照杭州凤凰山的规模筑山。调拨上万名士兵、工匠，累石积土，昼夜不停，耗资不可胜计，历时六载，至宣和四年（1122）方告落成，初名万岁山，后因地处汴京艮位而改名曰"艮岳"。看不完的飞楼杰观，说不尽的雄伟瑰丽。

宋徽宗性本轻浮，又正值风流年华，除了耽好花木竹石、鸟兽虫鱼、钟鼎书画、神仙道教外，还喜好女色和游戏。宋徽宗十七岁大婚，娶德州刺史王藻之女，王氏比徽宗小一岁，相貌平平，秉性恭俭，不会施展手段取悦丈夫。宋徽宗即位后虽顺理成章地将王氏立为后，但并不喜欢她。宋徽宗宠爱向太后的押班侍女郑氏与王氏，这二人既美丽又聪慧，懂礼法，善言辞，郑氏兼能识字解文，颇有才气，秀外慧中，很为向太后所看重。向太后将二人赐给徽宗。徽宗自命儒雅，对才貌双全的女子也格外欣赏。郑氏好读书，太后给皇帝的章疏都是她捉刀命笔，字体绢秀，文辞藻丽，所以在郑、王二人中间，他更喜欢郑氏。他经常写些情词艳曲赐给郑氏，这些作品传到宫外，人们竞相吟唱。郑氏对徽宗更是顺承备至。大观二年（1108），王皇后去世。到政和元年（1111），徽宗遂册郑氏正位中宫。

除郑皇后和王氏之外，徽宗宠爱的嫔妃还有大小二刘贵妃、乔贵妃、韦贵妃等人，这几个人各领风骚，人人都擅一时之宠。政和二三年间，徽宗最偏爱的是大刘贵妃，她虽出身寒微，却容貌如花，徽宗每逢赏赐宴会，总要将她带在身边，才能食之有味。岂料好命不长，刘贵妃不幸在政和三年（1113）秋，突得急症，侍从奔告于徽宗，徽宗起先以为是小病，不很在意。等随后前往探视时，刘贵妃已香消玉殒了。徽宗后悔不迭，悲痛万分，特加谥号"明达懿文"，并亲自撰词记叙她的一生，命乐府谱曲奏唱，不久又追封为明达皇后。

宋徽宗在位二十五年，生活的腐朽和糜烂程度在历代皇帝中是非常少见的。而其所最宠信、最重用的将相大臣、宦官嬖幸，如蔡京、王黼、童贯、朱勔等人，每一个都是奸贪残暴、无恶不作的家伙。蔡京当宰相后大肆贪污受贿尚嫌不够，还要一下拿好几份俸禄，竟连粟、豆、柴薪之类的东西也要从国库中支取。他经常在家大摆宴席，有一次请同僚吃饭，光蟹黄馒头一项就花掉一千三百余缗。他在汴京有两处豪华的府第，又在杭州凤山脚下建了座雄丽的别墅。宣和末年，他把大批家财用大船运到杭州别墅贮藏起来，把另外四百余担金银宝货寄藏到浙江海盐的亲戚家，这些财宝不但使他的后代受用不尽，连这家亲戚也沾光成为当地的首富。王黼则公开卖官鬻爵，每个官都有定价，当时称作"三千索，直秘阁。五百贯，擢通判"。

崇宁二年（1103）起，在蔡京建议下，徽宗派童贯带兵发动了一连串对西夏的战争，攻占许多地盘，西夏奉表谢罪。自从与西夏交兵以来，宋朝确实从未取得过如此赫赫的战果。徽宗遂遣官奏告天地、宗庙、社稷，庆祝了一番。

宋夏边境的战火刚刚熄灭，徽宗又打起了辽朝的主意。他和金朝联盟夹击辽，金兵占领燕京，敲诈了宋朝一笔一百万贯的"燕京代税钱"，于次年将燕云诸州几座空城还给宋朝。而金的矛头，接着就掉转来指向了宋。

宣和七年（1125）十月，金兵分两路大举南侵。西路军以粘罕为主将，由大同进攻太原；东路军主将是斡离不，由平州（今河北卢龙）攻燕山，两路军计划在汴京会合。金兵的进程非常迅速，十月，东路军攻下檀州（今北京密云）、蓟州（今天津蓟县）。十二月，北宋边将郭药师叛变，金兵不战而入燕山，从此金朝命郭药师做先锋，大踏步地南下了。西路军十二月初出兵，连克朔州（今山西朔县）、武州（今山西神池）、代州（今山西代县）等地，十八日至太原城下围攻。

宋徽宗每天收到战报，心中仍想着如何让自己安逸，于是他开始计划逃走。宋徽宗任命皇太子赵桓为开封牧，让其子以"监国"的名义替他挡住金兵，自己则带着皇位向南逃命。他传旨要"巡幸"淮浙，派户部尚书李梲守建康（今南京），替他打前站。这时，太常少卿李纲刺破胳膊，上血疏称："皇太子监国，本是典礼之常规，但如今大敌入侵，安危存亡在于旦夕之间，怎能仍旧拘泥常规呢？名分不正而当大权，又何以号令天下，指望成功呢？只有让皇太子即位，叫他替陛下守宗社，收人心，以死捍敌，天下才能保住！"

宋徽宗急于逃命，只好下了禅位的决心。十二月二十三日傍晚，宋徽宗到玉华阁召见宰执大臣，先传令提拔吴敏为门下侍郎，让他辅佐太子。接着写道："皇太子可即皇帝位，予以教主道君的名义退居龙德宫。可呼吴敏来作诏。"不一会儿，吴敏从外面拿进了草拟好的禅位诏书，宋徽宗在结尾处写道："依此，很令我满意。"

第二天，皇太子赵桓在经过一番辞让后即位，是为钦宗。上徽宗尊号曰"教主道君太上皇帝"，居龙德宫；郑皇后尊号曰"道君太上皇后"，居撷景西园。靖康元年（1126），赵佶丢下自己的兵，慌忙逃往镇江。

宋徽宗虽称除道教教门事外，其余一律不管，但是在喘息稍定之后，他与其亲信佞臣又开始以"太上皇帝圣旨"的名义发号施令。东南地区发往朝廷的报告被他们截住不得放行；对勤王援兵也要求就地待命，听候他们的指挥；纲运物资也要在镇江府卸纳。时在汴京的钦宗赵桓听到此事后，下诏说按照宋徽宗退位时所下之诏办理，于是剥夺了蔡京等人的权力，还将童贯、蔡攸等人贬官。赵佶与赵桓父子的矛盾由此激发。

二月初，金兵从汴京城下撤退，赵桓接连派人请赵佶回京。赵佶表示自己今后愿意"甘心守道，乐处闲寂"，决不再重当皇帝。父子矛盾表面有所缓和。四月三日，赵佶回到汴京，赵桓亲到郊外迎接。但是，已经当上太上皇的赵佶过得并不舒心。他昔日的宠臣一个个或贬或死，十几个跟随多年的贴身内侍都被赶出了京城，自己的一举一动亦无不处在赵桓的严密监视之下。靖康元年闰十一月二十五日，金兵攻陷汴京。翌年二月六日，又宣布废掉徽宗、钦宗两个皇帝。

1127年三月底，金帝将徽、钦二帝，连同后妃、宗室、百官数千人，以及教坊乐工、技艺工匠、法驾、仪仗、冠服、礼器、天文仪器、珍宝玩物、皇家藏书、天下州府地图等押送北方，汴京中公私积蓄被掳掠一空，北宋灭亡。因此事发生在靖康年间，史称"靖康之变"。据说，宋徽宗听到财宝等被掳掠毫不在乎，等听到皇家藏书也被抢去，才仰天长叹几声。宋徽宗在被押送的途中，受尽了凌辱。

当年十月，赵佶从燕京被押到了大定府（今内蒙古宁城西），次年七月，被押到了金国都城所在地的上京会宁府（今黑龙江省哈尔滨市阿城县南）。穿着素衣拜见了完颜阿骨打庙后，又拜见金太宗吴乞买于乾元殿，金太宗封他为"昏德公"。不久，徽宗和钦宗等九百余人，被迁到了韩州，金朝拨给十五顷土地，令他们耕种自给。

在以后的几年里，金人每逢丧祭节令总要赏赐给徽宗一些财物酒食，每赐一次，又总要徽宗写一封谢表。后来，金人把这些谢表集成一册，拿到设在边境的和南宋进行贸易的榷场一直卖了四五十年。

绍兴五年（金天会十三年，1135）四月，徽宗死于金。绍兴七年（1137）九月，消息传到南宋，赵构上谥号曰"圣文仁德显孝皇帝"，后又加上谥号曰"体神合道骏烈逊功圣文仁德宪慈显孝皇帝"，庙号"徽宗"。绍兴十二年（1142）八月，徽宗的梓官（即棺材）从金朝运到了临安。

第五章　元太祖铁木真

元太祖成吉思汗，名铁木真，属蒙古尼伦部孛儿只斤氏族。父也速该，母诃额伦。1162年，蒙古部孛儿只斤氏首领也速该的妻子诃额伦生下一子，也速该此时刚打败塔塔儿部首领铁木真，就用敌将的名字将新生儿命名为"铁木真"。

铁木真九岁时，其父也速该被塔塔儿部的人毒死。孛儿只斤氏族失去首领，许多奴隶和属民改投其他势力较强的部族。

泰赤乌氏族的首领担心铁木真日后崛起，带人把铁木真抓去准备杀掉。泰赤乌氏的属民锁儿罕失剌救出了铁木真，帮助铁木真骑马逃走，与其母亲会合。

成年后的铁木真与弘吉剌部孛儿帖完婚，为了重振家业，找到他父亲的至交克烈部首领王罕，并尊王罕为父，表示依附。王罕答应全力相助。

之后，铁木真暗地收集部众，积蓄自己的实力，以图大业。一次受到突袭，妻子孛儿帖被篾儿乞人抓去。铁木真向王罕求助，同时，铁木真的好友泰赤乌部首领札木合也合兵相援。经过这次战斗，铁木真的力量逐渐壮大起来后，铁木真从斡难河中游的札木合营地迁到怯绿连河上游的桑沽儿小河，独立建营。铁木真善于容众，吸引了很多弱小的氏族和有胆识的英雄，被大家拥戴为领袖，不久，大家拥立铁木真为可汗，并表示服从。铁木真称可汗后，立即建立起一套完善的管理制度。同时，对于军队，他也制定并实施严格的纪律，使部众更适合于对战，从而为统一蒙古奠定了基础。就任可汗后，立即派使臣向王罕报告。王罕态度肯定。但是，札木合和泰赤乌贵族对此表示不满，从而引发了许多争端。战争很惨烈，但是铁木真用笼络人心、分化瓦解的手法与泰赤乌氏结盟。

1196年，铁木真以为父祖复仇的名义要求王罕出兵，并同金军兵合一处，将背叛金人的塔塔儿人围歼。铁木真捕杀了塔塔儿首领篾兀真里徒。铁木真抢掠敌人营寨时拾得一个孩子，诃额伦将他收为养子，他就是后来成了最高法官的失吉忽秃忽。此一战后，金朝授予铁木真蒙古军统领之职，他的政治权力大大提高。但是，乞颜氏贵族内部的问题也逐渐暴露。撒察别乞等人虽然推举铁木真为汗，但他们一直怀有争夺权位的野心。1197年春，反叛的撒察别乞和泰出两人被捕获，铁木真将其处死。自此，铁木真知道必须削弱旧贵族的权力和地位，才能够进一步巩回自己的政权。

1200年，为创建大帝国，铁木真与王罕会于萨里川，共同发兵攻打泰赤乌，泰赤乌贵族与篾儿乞贵族联合抗战。经过激战，泰赤乌氏被击溃，其首领塔儿忽台等被杀。之后，王罕和铁木真长驱直入呼伦贝尔草原。合答斤、散只兀部落联合起来，共同对抗王罕、铁木真，仍战败。

1201年，札木合集合塔塔儿、弘吉剌、泰赤乌等共十一个部族的首领，在忽兰也儿吉集会准备复仇。1202年，铁木真彻底歼灭了宿敌塔塔儿部。从此蒙古高原东部土地和众多部落都归并在铁木真统治之下，其势力愈益强大起来。

此时，王罕对铁木真开始有所顾虑。札木合乘机从中挑拨向王罕进谗言，诋毁铁木真。在共同讨伐乃蛮部的不欲鲁汗时，王罕擅自撤军反被乃蛮部截击，铁木真拼力相救，王罕才得以脱险。王罕再次与铁木真宣誓为盟。

但王罕对铁木真仍心存忌惮。1203年春，王罕父子设计邀请铁木真赴宴欲乘机杀之。铁木真带领十名随从前去。行至中途被王罕部下蒙力克劝阻。王罕之子桑昆知道奸计泄露，准备偷袭铁木真。这件事又被人听到，他们连夜驰报铁木真。王罕发兵来袭，铁木真仓促迎敌，大战于合兰真沙陀（今内蒙古东乌珠穆沁旗北）。铁木真当时处于劣势，终因寡不敌众，引兵撤退。

合兰真沙陀之战是铁木真平生最艰苦的一场战斗，也是他第一次单独与蒙古高原上最强大的贵族势力进行较量。失利以后他一面遣派使者历数王罕背盟弃约诸事，并请求媾和；一面驻扎在班朱尼河，利用喘息时机，休养士马，收集部众。经过短时期积聚，铁木真的军事力量又迅速发展，准备再与王罕决战。

这时的王罕却与追随他的其他蒙古贵族发生了分裂。札木合、阿勒坛、忽察儿、答里台等人密议要袭击王罕，自立为王。王罕察知以后，起兵攻伐，大胜。答里台和蒙古巴阿邻、嫩真二部、克烈撒合夷部投归铁木真，札木合等逃向乃蛮部。当年秋天，铁木真在折折运都山王罕驻地，发动突袭。经过三昼夜激战，王罕父子落荒而逃。王罕逃至乃蛮边界时被乃蛮守将捕杀。其子桑昆逃到西夏后被逐出，又辗转至曲先（今新疆库车），也被杀死。

收复王罕的土地和部众之后，只有西部的乃蛮部是当时蒙古草原上唯一还有力量能与铁木真抗衡的部族。

1204年，乃蛮部太阳罕统兵东进，至杭海岭北的合池儿水（今哈瑞河）下营，会合篾儿乞部首领脱脱、斡亦剌部首领忽都合别乞以及札木合所率领朵儿边、合答斤、散只兀、泰赤乌等残部，共同进攻铁木真。

铁木真对军队进行了整编，按千户、百户、十户统一编组，并建立了护卫军。军队的整编和护卫军的建立，使铁木真的军队成为一支纪律严明、指挥权高度集中的武装力量。它不仅加强了铁木真的权力，而且使追随他的将领们得到了大小官职，从而激励他们更忠诚、更勇猛地为他战斗。这次战斗铁木真大败太阳罕，并征服了太阳罕所属的乃蛮部落。

1204年冬，铁木真北攻篾儿乞部，降服麦古丹、脱脱里、察浑三姓部众，脱脱等也逃奔乃蛮不欲鲁汗。平定反叛的兀洼思篾儿乞部。1206年铁木真汗建国后，发兵攻打按台山的乃蛮不欲鲁汗，在莎合水（今科布多河上游索果克河）将其消灭。依附不欲鲁汗的屈出律、脱脱等逃到按台山以西。斡亦剌部首领忽都合别乞不久后向铁木真投降。自此，哈剌温山以西、按台山以东地区全归于铁木真。

1206年春，铁木真召集贵族首领们在斡难河源举行大会，即大可汗位，号成吉思汗。成吉思汗建立的国家称为"也客·蒙古·儿鲁思"，即大蒙古国。至此，蒙古各部都统一在大蒙古国的旗号之下，按照"千户"的组织形式编组起来，一个统一的蒙古民族共同体出现在世界舞台上。

成吉思汗即位后，在整顿军马、建立千户制的基础上，将全蒙古百姓划分为九十五千户，分别授予共同建国的贵族、功臣，任命他们为千户长，世袭管领。

为确保至高无上的汗权，成吉思汗建立了一支更强大的由大汗直接控制的常备武装。他将护卫军扩充至万名，由一千名宿卫、一千名箭筒士和八千名散班组成。其主要责任是保护大汗的金帐和分管汗廷的各种事务，同时也是大汗亲自统领的作战部队。

成吉思汗建国之前，蒙古人还没有文字。成吉思汗俘获畏兀儿人塔塔统阿后，因他精通本国文字，就命他教子弟学习。其后又有不少畏兀儿人被用为蒙古贵族子弟的教师，他们对蒙古文的创制做出了贡献。

畏兀儿蒙古文创制出来以后，成吉思汗就用它发布命令、登记户口，编集成文法、记录所办案件等，成为加强统治的重要辅助手段。

1206年，成吉思汗任命其养子失吉忽秃忽为大断事官。大断事官专门负责掌管民户的分配。

在蒙古人长期形成的种种社会习惯和行为规范的基础上，成吉思汗重新确定了训言、札撒和古来的体例，制定了蒙古法律"大札撒"。札撒主要由习惯法和训令构成，它是当时人民必须遵奉的法律。

成吉思汗统一蒙古的业绩以及他加强集权统治的措施，构建了蒙古帝国的基本骨架，为他在更大范围内进行扩张战争奠定了基础。

统一蒙古后，征服邻国就成为成吉思汗的主要目标。当时，他的兵力总数已超过十万。在征服诸国的过程中，蒙古的兵力又不断得到扩充。

1205年三月，成吉思汗灭乃蛮后率军第一次侵入西夏，攻破边境城堡力吉里寨，毁其墙垒，但此次主要的目的是掠夺财富。1207年秋，成吉思汗以西夏不肯纳贡称臣为由，第二次侵入西夏，攻破斡罗孩城，四出掳掠。西夏会集右厢诸路军抵抗，蒙古军不敢深入，于次年春天退回。

1209年秋，成吉思汗第三次入侵西夏。他围攻兴庆府长达两个月，迫使西夏王纳女请和，每年向蒙古纳贡。西夏因向金求援遭到拒绝，遂转而采取了臣服蒙古向金国进攻的政策。

1209年，金章宗病死，完颜永济继位。1211年三月，他做好了伐金的一切准备。在为祖先复仇的口号下，成吉思汗对金朝展开了全面攻势。金军以三十万大军守野狐岭（今河北万全膳房堡北），成吉思汗挥师攻之，金军大败，死者蔽野塞川。金将完颜承裕等慌忙觅路逃跑，蒙古军跟踪追至浍河堡（今河北怀安东），将金军大部分消灭。蒙古军前锋突入居庸关，攻中都（今北京）不克，退出关外。

接着，成吉思汗分兵四出，攻取了山西、河北、山东和东北的许多地方。金主永济见蒙古军来势凶猛，未战就先乞和。1213年，胡沙虎以怠忽职守受责，竟发兵入都，杀永济，另立完颜珣，自为太师、尚书令。元帅右监军术虎高琪因兵败惧罪，又先下手杀掉了胡沙虎。金朝统治一片混乱。

1214年，成吉思汗从山东返回，驻中都北郊。他派人告诉金主：现蒙古军要撤退，你应犒赏兵马。金帝不敢乘蒙古军长途跋涉困乏之机反攻，只得派丞相完颜福兴为使节，献永济女岐国公主及童男童女、金帛骏马等求和。成吉思汗返回漠北。

金朝因国力衰竭，已无力守住中都，为躲避蒙古的压迫，准备迁都河南汴京。恰在这时，发生了金国阻止蒙古派往南宋的和平使节的事件。成吉思汗认为金国的所作所为是破坏条约准备再战。他再次下令策马南进。蒙古军逼近中都并将其包围，中都附近州县守将和官员纷纷投降，前来救援的金军均被击溃，留守中都的金军主帅抹燃尽忠弃城而逃。1215年，蒙古军进占中都，成吉思汗派兵驻守中都。

1217年，深得成吉思汗信任的木华黎被封为国王，全权指挥对金战争。1219年，成吉思汗踏上西征之路。

当年秋，成吉思汗统全军向花剌子模进发，抵达讹答剌。经过五个月的苦战，蒙古军队终于攻破城防。守将亦难出率余部继续抗击，最终被生俘，处死。术赤一军攻下昔格纳黑（今哈萨克斯坦契伊利东南）、小八真（在昔格纳黑西北），逼临毡的。守将弃城逃跑，城民自动组织抵抗，因缺乏作战经验，很快被蒙古军攻破。

成吉思汗与拖雷率领人数最多的中军渡忽章河后攻克讹儿等城，于1220年二月抵不花剌。不花剌是中亚细亚的大城市，守卫该城的是上万名骑兵。蒙古军进行了连续不断的进攻。守将率领一部分人马逃跑，结果被蒙古军队尾追至阿姆河附近消灭。第二天，不花剌城的僧官、绅士们献城请降。成吉思汗入城后，乘马直入回人礼拜寺，在那里设宴庆功。

三月，成吉思汗开始进围河中首府撒麻耳干（意为"肥沃的都市"，摩诃末在吞并河中后以此为都城，今撒马尔罕）。察合台与窝阔台也率军来此会合，各驱降民随军攻城。摩诃末听到蒙古军进入河中的消息，慌忙逃离撒麻耳干，退到阿姆河以南。撒麻耳干的城防尚未竣工，城中五六万守军竟不敢出战。围城第三日，有一部分城民出城突袭蒙古军，全部被歼灭。第五日，守军和城民献城投降。蒙古军入城后，拆毁城堞，逐出市民，纵兵大掠。成吉思汗将投降的将卒三万多人包围在一处平野中，全部杀死。他从居民中选出工匠三万人分赐诸子、亲属，并选三万名壮丁随军作战。其余居民则在交纳赎金后许其回城。契丹人耶律阿海受命为达鲁花赤，留此镇守。

成吉思汗先驻扎在撒麻耳干城区，后移兵牧草丰美之地，休养士马，以待再战。一俟秋高马肥时，他就派遣察合台、窝阔台率领右翼军去取玉龙杰赤，命术赤率本部兵从其驻营地南下会合，自己与拖雷统领中军向阿姆河挺进。

摩诃末携带少数侍从匆匆逃向可疾云（今伊朗德黑兰省加兹温）。哲别、速不台奉成吉思汗之命去追，他们渡过阿姆河，进抵巴里黑，城民纳款请降，遂留一将镇守，随即分兵向西追赶。沿途传檄谕降，除非遇到阻拦、反抗，并不攻城略地。后摩诃末遁入小岛，成为伊斯兰教徒。约在1220年年底，摩诃末病死，他的儿子札兰丁继承了王位。

依照成吉思汗之命，察合台、窝阔台和术赤先后率军抵达花剌子模首都玉龙杰赤（今土库曼斯坦库尼亚乌尔根奇）。玉龙杰赤城跨阿姆河两岸，中有桥梁相连，三千蒙古军欲夺取桥梁，结果全被守军杀死。城内守军胆气更壮，屡屡挫败攻城的蒙古军。

成吉思汗和拖雷率领中军从那黑沙不出发，过铁门关（今乌兹别克斯坦沙赫尔夏勃兹南九十公里拜松山中的布兹加勒山口）南下。他从诸军中选拔强悍者组成一支精锐部队，命拖雷率领，先渡阿姆河去取呼罗珊诸城；自统大军进攻阿姆河北岸要塞忒耳迷（今俄罗斯捷尔梅兹）。忒耳迷军民拒绝招降。两军以石炮相战，围攻十一天之后，城池被攻破。成吉思汗下令毁其城堡，尽屠其民。其后，他又分兵攻掠附近诸城寨。

在阿姆河北岸驻冬之后，1221年年初，成吉思汗统兵渡河，抵巴里黑城下。城民首领带着昂贵的贡物出城请降，宣誓效忠。但成吉思汗为讨伐札兰丁，认为军队后方留下人口众多的城市于己不利，便以调查人口为名，将无辜的市民全部屠杀，将巴里黑城化为灰烬。

成吉思汗接着进围塔里寒寨（今阿富汗木尔加布河上游之北）。塔里寒军民凭险据守，蒙古军七个月围攻不下，直到拖雷奉召回军与其父会合，才将这座山城攻克。该城军民被屠杀殆尽。

这期间，拖雷受父命进入呼罗珊地区，对敢于反抗蒙古的城市进行了残酷的报复。所到之处多屠城，不允许投降。

1221年十一月二十四日，成吉思汗下令猛攻札兰丁。经过激烈战斗，札兰丁部下将卒大部分死伤逃散，札兰丁数次突围受阻，脱掉盔甲，跃马入河，率四千残兵逃入印度。1222年春，成吉思汗命八剌等率领蒙古军两万入印度追击札兰丁，但一直未找到踪迹。入夏后，蒙古军不耐盛暑，只好退兵。不久后，札兰丁也被迫离开印度逃往波斯。

成吉思汗又分遣蒙古军去镇压各城的起义，哥疾宁、也里、巴里黑等城又一次遭到蹂躏。1222年春、夏两季，他都在"大雪山"（今兴都库什山）以南活动，先是在印度河附近清剿札兰丁的离散部队，而后避暑于八鲁湾川。九月，渡过阿姆河，回到撒麻耳干地区驻冬。

哲别和速不台在摩诃末逃入里海后，继续率军抄略波斯各地。1221年年初，蒙古军入掠谷儿只（今格鲁吉亚），败其守军，旋即回兵，再至桃里寺（今伊朗东阿塞拜疆省大不里士），接受城中贵人贡纳，遂往攻篾剌哈（今伊朗东阿塞拜疆省马腊格）。篾剌哈城民进行了抵抗，城破后遭到残酷屠杀。接着又南下攻克哈马丹，杀掠之后纵火焚城。此后挥师北攻拜勒寒城，城民杀死蒙古派来议和的使者，蒙古军猛攻，陷城后将居民屠杀殆尽。

1222年春，哲别等攻入谷儿只境内，攻破其首府沙马哈（今阿塞拜疆舍马台），占领了位于太和岭（高加索山）与里海之间隘口上的打耳班（今达格斯坦捷尔本特）。1223年年底，他们率军东返，沿亦的勒河（伏尔加河）南下，经由里海、咸海北部，与成吉思汗会师。

成吉思汗为求长生之药，在西征途中就遣侍臣刘仲禄到山东莱州延请全真教宗师丘处机。丘处机推辞不过，经过一年多的艰苦跋涉，终于在1222年四月到达成吉思汗行营。成吉思汗当即接见，问道："真人从远方来，有什么能使我长生的药吗？"丘处机指出："长生之道，清心寡欲；一统天下，不嗜杀人；为治之方，敬天爱民。"成吉思汗派人翻译并做了记录。1223年二月，成吉思汗射猎时不慎落马，险些丧生，丘处机劝告说："你年事已高，少出猎为宜。出猎坠马，是天的诫示。"成吉思汗说："神仙所言甚是，朕为蒙古人，自幼喜爱乘马狩猎，怕积习难改。"

1222年，闻知西夏有变，成吉思汗决意东归蒙古。他任命花剌子模人牙剌瓦赤及其子麻速忽治理西域各城，并置达鲁花赤监察。长子术赤留在了钦察草原。嘉定十六年东归途中，成吉思汗驻夏于忽兰巴失。1224年夏又在也儿的石河驻夏。

在这期间，成吉思汗为加强对征服来的广大国土的统治，将它们分封给了诸子：也儿的石河以西，今咸海、里海之北，属于术赤；畏兀儿与河中之间，原西辽故地，属于察合台；从叶迷立（今新疆额敏）以北，包括今喀拉额齐斯河和阿勒泰山一部分的原乃蛮部地，属于窝阔台。他们与先前分封的成吉思汗的诸弟合撒儿、合赤温、斡赤斤、别里古台等"东道诸王"相对，被称为"西道诸王"。这三个封国即是后来的钦察汗国、察合台汗国和窝阔台汗国。分封诸子，使他们各拥封土，也为后来因争夺汗位而产生的各系间的斗争埋下了种因，最终导致了大蒙古帝国的分裂瓦解。但是，这种分封制对促进各地的封建化与经济文化的恢复发展，又是有积极作用的。

1225年春，成吉思汗回到蒙古，持续七年的远征结束。

1226年，成吉思汗以西夏接纳仇人亦剌合·桑昆、不送质子和拒绝征调为由，兴兵大举侵入西夏。

由于成吉思汗在射猎野马时再次落马负伤，蒙古军被迫驻营休息。虽然伤痛椎心，但年迈的成吉思汗没有采纳皇子、大臣们暂时后撤的建议，决定先派遣使臣到西夏责其不派兵随从西征且出言不逊之罪。接着，蒙古军攻西凉府，西夏主将力屈投降，遂进至河曲，取应里等县。这时，夏献宗德旺忧惧而死。夏人立其侄南平王为主。十一月，成吉思汗率蒙古大军进攻灵州，西夏王遣嵬名令公统率十万军队来援。蒙古军渡河进击，消灭西夏军，杀人无数，尸体堆积如山。随后，成吉思汗到盐州川驻冬。

鉴于西夏军主力被歼，已无法组织有效的抵抗，成吉思汗只留一部分军队攻打中兴，并派察罕入城招降，他自己则于1227年正月率军南下，进入金境，攻陷临洮府和洮、河、西宁、德顺等州，另遣一军攻入宋境掳掠。四月，驻夏于六盘山。六月，继续向南进兵，至秦州清水县。

1227年七月，成吉思汗身患重病，一卧不起。他自知死期临近，便招其三子窝阔台、末子拖雷于枕边，叮嘱兄弟之间要亲密相处，并面授征服金国的策略。他指出："金的精兵在潼关，南有群山，北临黄河，难以遽然攻破。如果向宋借道，宋与金是世仇，必定会应允，那就可以出兵唐、邓（两州均在河南），直指汴京（今开封）。金危急，必定征召驻守潼关的军队，这时我们迎头痛击远来疲军，必能大胜。"他还吩咐："我死后要秘不发丧，以免被敌人知悉；待西夏国主和居民在指定时刻出城时，立即把他们全部消灭。"

安排完军国大事，成吉思汗结束了一生，终年六十六岁。

遵照成吉思汗的遗嘱，他的尸体被送回故土，埋葬在斡难、怯绿连、土拉三河发源的圣山——不儿罕山（今大肯特山）上。陵墓向北深埋，以万马踏平。后人在鄂尔多斯（伊克昭盟）修建了"八间白室"，人称成吉思汗陵。

1229年，窝阔台继承汗位。1266年，元世祖忽必烈追谥成吉思汗为"圣武皇帝"；1309年，加谥为"法天启运圣武皇帝"，庙号"太祖"。

第五卷

明清

第一章　明太祖朱元璋

　　朱元璋是我国古代一位卓越的政治家和军事家，一生励精图治，勤奋好学，从一个贫苦的小牧童，成长为明王朝的开国皇帝。

　　朱元璋出身贫苦。他的祖籍是江苏沛县，祖上数代都是老实巴交的庄稼人，由于忍受不了地主的盘剥，几经迁徙，直到他父亲这辈才落户到濠州。元顺帝至正四年（1344），他的家乡淮西大旱千里，蝗虫横飞，瘟疫横行。几个月的工夫，太平乡就死去了几百口人。朱元璋的父母和两个哥哥相继染病死去，昔日儿孙满堂的朱家，眨眼几天的时间只剩下了元璋和嫂、侄三人。朱元璋走投无路，只得在皇觉寺出家为僧。

　　寺庙是靠收租和善男信女们的施舍度日的。朱元璋投靠时寺里已有几十个和尚，几十张嘴，僧多粥少，坐吃山空，不久就无米下锅了。没奈何，长老只好将徒弟一个个打发出去，云游四方，自谋生路。因此进寺刚刚几十天的朱元璋也只得头戴破帽，背上小包袱，一手拿木鱼，一手托瓦钵，告别皇觉寺，穿城越村，加入了化缘讨饭的队伍中。

　　朱元璋一路流浪乞讨，风餐露宿，饱尝了人间冷暖。他先行合肥，又走固始、信阳，再往汝州、陈州、鹿邑、亳州，后到颍州。整整三年间，他先后走遍了淮西、豫南一带的名山大川、名都大邑。化缘使他熟悉了各地的风土人情、山川地理形势，为他后来指挥战争积累了丰富的知识。同时，由于朱元璋目睹了农民的痛苦生涯，所以起义造反的思想在他心灵中渐渐萌发起来了。三年颠沛流离的流浪生活为朱元璋后来事业的成功奠定了基础。元至正八年（1348），朱元璋回到了皇觉寺，却发现昔日的师兄也都死的死、逃的逃，无一幸存了。后经乡邻挽留，朱元璋便留下暂做了皇觉寺的住持，聊度人生。

不堪忍受元朝封建统治者剥削和压迫的农民终于在元至正十一年（1351）由农民领袖刘福通在颖州首举义旗。彭莹玉、徐寿辉紧随其后，起义于湖北。土豪方国珍、盐贩张士诚先后于浙东、苏北奋起抗元。不久定元土豪郭子兴与党羽孙德崖等也在濠州响应，占据濠州城。至此，农民大起义的烈火熊熊燃遍大江南北。朱元璋耳闻不断传来的战事，心情早难以平静了。不久，朱元璋终于被卷入了农民起义的洪流之中，投入郭子兴的义军。

朱元璋入伍后，打仗非常勇敢，加之他又识得一些文字，就格外受郭子兴的器重，遇有战事，总让朱元璋伴随左右。时间不长，他就被提拔为亲兵九夫长。朱元璋当然也不负郭子兴的期望，愈加听从指挥，苦练武艺。每次战斗获得的战利品，他都全部交给元帅府；他受的奖赏，也公平分配，论功行赏，人人有份。这样上上下下、方方面面都对他十分满意，甚得军心。郭子兴见朱元璋虽然年纪轻轻，却如此有见地，有胆略，精明强干，也就把养女马氏嫁给了他。这样一来朱元璋就成了元帅郭子兴的女婿，身价顿升百倍，兵士亦另眼看待。

不久，义军队伍里发生了内讧。元帅郭子兴与歃血为盟的副帅孙德崖因战事不合，发生了尖锐的冲突。孙遂设下圈套将郭子兴骗入家中，想秘密将他杀害，自立为王。朱元璋出征归来获讯后，立即带领亲兵，闯到孙家，直入客厅，怒道："敌人威逼城下，副帅不去杀敌，反要谋杀主帅，是何道理？"朱元璋说罢挥手让亲兵拥盾冲入孙德崖屋中，四处搜寻，结果在一矮屋里找到了被捆绑的郭子兴。朱元璋击断锁链，负之而归。郭子兴大难不死，自然从此对元璋感激不尽，更加厚爱了。

1353年春天，朱元璋征得郭子兴的应允，回到了阔别的家乡，树起红巾军大旗，募集兵马。小时候的伙伴徐达、周德兴等乡里青年，听说朱元璋在外当兵做了官，要来家乡招兵，都来投效。十几天的工夫就拉起了七百多人的队伍。这些人后来一直跟随朱元璋出生入死，冲锋陷阵，成了起义队伍的中坚力量。其中的徐达等二十四人能文能武，成为后来的开国元勋。

数日后，朱元璋揽众英才率兵而归。郭子兴见状喜出望外，遂擢升他为镇抚总管，令所募七百人归他统率。朱元璋手握兵权，再也不愿局促于濠州，经与徐达密议，征得郭子兴的应允，即带着徐达、汤和等一班英雄豪杰南下定远，开辟新天地。定远有一支三千多人的地主武装，驻扎在驴牌寨。因该寨人多势众，又有坚固寨墙，朱元璋搞了一个中国版的特洛伊木马，将士兵藏在运粮袋里混进寨子，然后突然袭击将寨主拿下。寨中士卒见寨主被擒，无心恋战，也纷纷逃命去了。驴牌寨首战告捷，朱元璋又乘胜星夜奔袭定远另一股武装缪大亨。险居横涧山的缪大亨，拥兵两万余众，然而朱元璋的神速夜袭击溃了他的部众。缪大亨见大势已去，权衡利害，只好率众投降，归顺朱元璋。

朱元璋占据定远后，爱民练兵，威声大振，四方归附。冯国用、冯国胜两兄弟带着自己的乡兵来见朱元璋归附。朱元璋见冯家两兄弟，儒冠儒服，温文尔雅，知道是两个读书人，非常高兴，便向他们二人请教夺取天下的大计。冯国用说："大江以南，金陵为重地，向来是帝王龙蟠虎踞的都会，你率师南下，先夺取金陵为根据地，然后四处征战。倡仁义，收人心，救民于水火，不贪财宝女色。如此夺取天下是不难的。"朱元璋闻罢大喜，即令国用、国胜兄弟参赞戎机。同时下令拔营向金陵方向进发。

大军行进途中，又有人谒见朱元璋。此人姓李名善长，字百室，也是定远籍的知识分子。他从小读书，注重研究法家学问，很有智谋。朱元璋高兴地同他促膝交谈，问他夺取天下之方略。李善长从容答道："秦末大乱的时候，汉高帝以布衣起兵。他豁达大度，知人善任，不滥杀无辜，五年就成帝业。你是濠州人，距离刘邦家乡沛县不远。如果你能效法汉高帝的长处，天下是可以平定的。"朱元璋听后连连称善，当即把他留在身边帮助自己出谋划策。文人儒士的韬晦方略使朱元璋坚定了夺取天下的雄心壮志，加快了他横扫群雄、统一天下的步伐。

元至正十五年（1355）三月，郭子兴这位起义领袖故去了。刘福通农民起义军建立的宋政权任命朱元璋为这支义军的副元帅。不久，在两位副帅先后战死后，朱元璋又被提升为大元帅。至此，郭子兴亲手缔造的这支起义军队伍全部归为朱元璋调动指挥了。元至正十六年（1356）仲春，朱元璋亲督水陆诸将，按既定战略攻取金陵。在城外的一场激战中，元军大败，仅收降元兵即达三万六千多人。降兵收容后，不知朱元璋会如何处置，个个非常恐惧。朱元璋身旁的将士向他进言，降众过多，怕有他变，不如及早处置。可朱元璋没有采纳将士们的意见，而是在降卒中挑选五百个骁勇健壮者，带到自己的营房，夜里让他们环榻而寝。房中除留冯国用外，他平日的卫士一个也不留宿。朱元璋脱下战甲，登床酣然入梦，一觉到天亮。五百名勇士非常感激朱元璋的信任。数日之后，朱元璋复用这五百名降卒为先锋，攻打金陵城。降卒们感恩思愤，冲锋陷阵，英勇杀敌，长驱直达金陵城下，人人荣立战功。三万多名降卒见朱元璋果真以诚相待，也感激不已，以后作战中忠心为他效命。朱元璋的队伍由此所向无敌，名播四方。

攻占金陵之后，朱元璋改金陵为应天府。这时，在他的北面是义军韩林儿、刘福通，东面是张士诚，西面是徐寿辉。虽然地盘不大，但东、西、北三面都有义军力量处在第一线，似屏障一样保护着朱元璋这支义军队伍。朱元璋充分利用这一有利形势，以应天府为中心，先后迅速攻克镇江、长兴、常州、宁国、江阴、常熟、池州、徽州、婺州、扬州、衢州等地。元至正十九年（1359），元末农民起义军名义上的首领、建立了宋政权的小明王韩林儿，又任命他为江南等处行中书省的左丞相。

1357年在胜利攻占徽州之后，朱元璋曾亲自前往石门山拜访老儒朱升，讨教治国平天下之策。朱升高瞻远瞩地送了他三句话："高筑墙，广积粮，缓称王。"就是说，要扩充兵力，巩固后方；发展生产，储备粮食；不图虚名，暂不称王，以避免成为受攻击目标。朱元璋听后连连点头。朱升的话虽不多，以后确实成了指导朱元璋夺取天下、建立大明王朝的行动纲领。朱元璋按照朱升的策略，首先抓紧军队建设，注意军事训练，提高义军将士作战的本领。同时，在战事频繁的空隙中，抓紧粮食生产。他在义军中设置了营田司，任命康茂才为营田使，专门负责兴修水利和屯田等项农业生产的事宜。并且还抽出一些将士，利用战争的空闲时间开荒种田。几年的工夫不仅解决了军队战时粮食困难的问题，而且还有了大量的剩余，改变了历来打仗的军队靠吃军粮的习惯。这样就大大减轻了自己势力范围内农民的负担，军民皆大欢喜，起义军得到了百姓的欢迎。

为了避免树大招风，较早地暴露自己，以致在力量脆弱时被吃掉，朱元璋在形式上一直对小明王保持臣属关系，用宋政权的龙凤年号，打红巾军的红色战旗，就是斗争的口号也与宋政权一致不二。朱元璋经过数年卧薪尝胆，积蓄力量，开拓疆土，巩固的根据地终于建立起来了，在人们不知不觉中崛起为一支足以与元末其他义军和元军匹敌的强大的义军队伍。

战争的形势瞬息万变。当朱元璋占据应天府周围地区的时候，雄踞东方的张士诚占据了以平江为中心的太湖流域和长江三角洲的广大富庶地区。独霸西方的徐寿辉以武昌为中心，控制了湖广、江西的大片肥田沃土。昔日还是左右逢源的朱元璋此时却处于两面夹击之中，局势相当严峻。同时，随着朱元璋军事势力的日益增强，他与各个义军割据政权的矛盾也日益尖锐起来。至此群雄逐鹿中原、决战天下的时机终于来到了。

元至正二十年（1360）闰五月，徐寿辉的部属陈友谅在江州杀死了徐寿辉，并宣布即皇帝位，定国号为汉。陈友谅立国称帝后，马上就同张士诚合谋共同举兵，进攻应天，企图顺江而下一举消灭朱元璋的队伍。这场战役持续了三十六天，朱元璋昼夜和将士们战斗在一起。他白天用旗帜，夜晚用灯笼，沉着指挥，激励将士，终于取得了鄱阳湖决战的重大胜利。陈友谅死于乱箭之下。

鄱阳湖之役后，朱元璋的领土已扩大到长江中下游的广大地区。地广兵多，局面打开了。这样，朱元璋称王称霸的欲望也就随着膨胀起来了。在部下的再三劝说下，朱元璋于1364年正月在应天自称吴王，设置百官，建中书省，以李善长为右丞相，徐达为左丞相。是年二月，朱元璋乘胜亲征武昌，陈理举国请降，汉政权灭亡，湖广遂划入朱元璋统治的版图。

朱元璋灭亡了汉政权后，又开始向新的目标挥师进军——消灭张士诚。张士诚出身私盐贩子，其基干队伍也是一些盐贩子、盐丁、中小地主和部分贫苦农民。他们由于不堪忍受元朝统治者的压迫凌辱，奋起起义，作战十分勇敢。但其领导集团没有远大目标，腐败得很。同样自封吴王的张士诚无大志、无主见，终日不理政事，与一批地主文人谈古论今、舞文弄墨，只图享乐。其属下的将军大臣们也争相修花园，玩古董，养戏班子，整日寻欢作乐，有的将军甚至打仗还带着舞女做伴解闷，完全丧失了战斗力。

1366年年底，朱元璋在逐步攻占了张士诚所属各城镇后，率军将其都城平江闱得水泄不通。张士诚的大将吕珍、李伯升见势不妙，先后投降。平江城十分坚固，一时难以攻克。朱元璋想起了几年前海宁人叶兑献的"锁城法"，便命令士兵在平江城四周筑起长围，搭架三层木塔，登上塔顶，由此城里敌人的活动看得清清楚楚。他们又在塔顶架起弓弩火铳和铁炮，日夜轰击。不久城破，张士诚自缢身死。朱元璋攻占了张士诚盘踞的长江下游大片地区后，又制服了浙东的方国珍，平定了福建的陈友定，并乘胜南进，攻克广东、广西。在实现了除四川、云南外的整个南部中国统一后，朱元璋不失时机地调集精锐部队实施北伐，同元朝封建政权展开最后的大决战。

至正二十七年（1367）十月，朱元璋派徐达、常遇春率师北伐。大军出发前朱元璋亲自制订了一整套周密的作战计划：先取山东，翦除元羽翼；再挥师河南，拆除大都的屏障；然后夺取潼关，占据门槛。如此一来，天下形势全为其所掌握，最后进兵大都，元军势孤援绝，可不战而克。北伐战争几乎完全按照朱元璋的计划顺利实施了。1367年十一月徐达率军挺进山东，三个月后，平定山东全境。继而兵分两路，胜利进军河南。元至正二十八年（1368）正月，正当北伐军胜利攻克山东的时候，四十岁的朱元璋在文武百官的欢呼声中，于应天正式登上帝位，国号大明，建元洪武，以应天为南京。立马氏为皇后，长子朱标为皇太子。以李善长、徐达为左、右丞相。就这样，一个牧童、穷和尚，经过艰苦奋斗，终于成了我国历史上继刘邦之后，又一位出身布衣的开国君主。到1368年四月间，北伐军包围大都的战略目标已告完成。

在北伐军横扫中原、直逼大都的时候，元军却在因皇位的争夺而忙于内战。待潼关失守，元顺帝才慌忙调集正内战不休的扩廓帖木儿、李思齐的队伍，南下迎战。但腐败的元军哪里还有战斗力，逢战必溃。元顺帝眼见大势已去，深夜带着后妃太子狼狈逃往上都。第二年八月，徐达统领大军攻进大都，元朝政权宣告败亡。徐达、常遇春乘胜挥兵四进，攻占了北方诸省。1371年朱元璋又遣水、陆两军，平定了四川。1382年平定了云南。1387年元朝丞相纳哈出降辽东。至此，除漠北新疆外，统一全国的大业已基本实现。

还是在大明王朝建立的前夕，朱元璋将文武百官请到自己的身边，给大家出了个题目：元朝为什么会迅速土崩瓦解？不久将诞生的新王朝当务之急是什么？请大家各抒己见。刘基首先进言："宋元以来，宽纵日久，当使纪纲整肃，然后才能实施新政。"朱元璋感到言之有理，也深感大明朝的当务之急，应是制定法律，以法治国。根据朱元璋的命令，法律的制定工作加紧进行，1373年《大明律》始出，到1397年正式颁布了几经修改的《大明律》。《大明律》简于《唐律》，严于《宋律》。《大明律》规定"谋反""谋大逆"者，不管主、从犯，一律凌迟，祖父、父、子、孙、兄弟及同居的人，只要年满十六岁的都要处斩。对官吏贪污，处罚也特别重。犯有贪赃罪的官吏，一经查清，一律发配到北方荒漠中充军。官员若贪污赃银六十两以上，将被处枭首示众、剥皮实草之刑。命在各府州县衙门左侧设皮场庙，就是剥皮的刑场，贪官被押到这里，砍下头颅，挂到竿子上示众，再剥下人皮，塞上稻草，摆到衙门公堂旁边，用以警告继任的官员。

朱元璋对自己制定的法律满怀信心，带头施行，而且执法是相当严厉，这在中国古代皇帝中是少有的。他的女婿、驸马都尉欧阳伦，凭着自己是马皇后亲生女儿安庆公主的丈夫，不顾朝廷的禁令，向陕西贩运私茶。后来河桥巡检司的一位小吏向朱元璋告发了此事。朱元璋立即下令赐死欧阳伦，同时还发了通敕令，表扬那位小吏不畏权贵的斗争精神。朱元璋唯一的亲侄、开国功臣朱文正亦违法乱纪，他毫不留情废了他的官职。开国功臣汤和的姑父，自以为有硬邦邦的靠山亲戚，就隐瞒常州的土地，不纳税粮，朱元璋也将他依法处死。

朱元璋还公开处理了几起大贪污案，其中最大的是郭桓案。郭桓案发时为户部侍郎。洪武十八年（1385），御史余敏等告发北京承宣布政使司、提刑按察使司的官吏李彧、赵全德等人，伙同郭桓贪污舞弊，吞盗官粮。朱元璋抓住线索，命令司法部门依法严加追查。这个案子后来又牵连到礼部尚书赵瑁、刑部尚书王惠迪、兵部侍郎王杰、工部侍郎麦志德等高级官员和许多布政使司的官员。贪污盗窃的钱折成粮食达两千四百多万石。案件查清后，朱元璋下令将赵瑁、王惠迪等人弃尸街头。郭桓等六部侍郎及各地方布政使司以下的官员有上万人被处死。受牵连的官吏几万人被逮捕入狱，严加治罪。各地卷入这个案件的下级官吏、富豪，被抄家处死的不计其数。

为了加强对臣民的监视和控制，朱元璋专门设立了巡检司。当时，全国各府县的关津要冲之地，都由巡检司负责把关盘查，缉捕盗贼，盘诘奸伪。百姓如果要到百里之外去，事先必须办妥路引，否则就通不过关卡。洪武十五年（1382），朱元璋又正式把自己身边负责警卫事务的亲军都尉府改为锦衣卫。秘密侦察大小官吏的活动，随时向朱元璋报告社会上不公不法之事。同时，还授予锦衣卫以侦察、缉捕、审判、处罚罪犯的一切大权。在锦衣卫内设立了特殊的法庭和监狱，将锦衣卫变成了正式的特务机构。朱元璋在位的三十多年间，特务多如牛毛，遍布街巷路途，严密监视着朝野内外、文武官员的活动。

朱元璋害怕受廷臣蒙蔽，还常常和侍从易服微访，对臣僚进行私察。弘文馆学士罗复仁原是陈友谅的部下，刚正不阿，投奔了朱元璋后，常常犯颜直谏，朱元璋对他一直很不放心。一天，朱元璋亲自来到城郊的罗家私访。不巧，这天罗复仁和他的妻子正在家粉刷破旧的墙壁。他一见皇帝驾到，急忙叫妻子搬过小凳，请皇上坐。朱元璋环视了罗家的房舍家具，见家贫如洗，十分感动，说："贤士怎么能住这样破的房子呢！"马上下令赐给他一座城中的大宅第。

朱元璋建立起法律制度后，又借鉴历史上惩败治乱的经验教训，大刀阔斧地开始了政治体制改革。这场改革首先是从地方机构开始的。元朝地方设置的行中书省，是从中央的中书省分设出来的。职官的设置同中央中书省一样，掌管着一个省的军政、民政、财政和司法等大权，地位显赫，权力很大。实际上一个行中书省，就是一个独立小王国。想当年，朱元璋还在奉小明王为主的时候，也做了几年江南行中书省的平章，所以他对设置行中书省的弊端看得最深切。

在一番准备之后，朱元璋于洪武九年（1376），下令废除了地方上的行中书省，改设承宣布政使司，简称布政司。布政司设左、右布政使各一人。其权力范围也只限于民政和财政，按照皇上的意志管理地方政事。当时全国共设十三个布政司。同时，地方上还设置了管理军事的都指挥使司和管理司法的提刑按察使司。三个机构彼此既各自独立，又相互牵制。同时直接听命于朝廷的指挥。

朱元璋对中央政府机构实行改革首先是总揽天下政事的中书省。本来中书省在中央的各个权力机构当中，位置最高，其行政长官左、右丞相，又负有统率百官之责。这样君权与相权、皇帝与丞相的矛盾最易激化。明初的第一任左、右丞相分别是李善长和徐达。李善长为人处世向来以小心谨慎著称，徐达则较多时间是带兵征战在外。他们都没有与皇上朱元璋形成大的矛盾冲突。但相位传给胡惟庸之后，事情就发生了变化。

胡惟庸是定远人，是开国第一号功臣李善长的女婿。他倚仗着李善长这个后台当上了左丞相，在朝中大权独揽，独断专行，官员升降、生杀大事，都自作主张，不向朱元璋请示；朝野内外的报告，凡对自己不利的全扣下来；想做官、升官的人，失意的功臣、武将，都奔走他的门下；收受金银、绢帛、名马、玩物不计其数。他四处网罗自己的党羽，培植自己的亲信，组织自己的小集团，打击异己力量，称霸于朝。

胡惟庸如此胡作非为，不仅必然危及明王朝的安定，而且和权力欲极强的朱元璋，也必然会发生尖锐的冲突。朱元璋下决心寻找机会要除掉这个心腹大患，以巩固皇权。一天，胡惟庸的儿子乘马车在南京城里招摇过市，不小心从车上跌下来摔死了，胡惟庸将车夫私刑处死。朱元璋知道后，十分气愤，他非要胡惟庸偿命不可，胡惟庸请求，向车夫家人赔偿金帛以了此事。朱元璋坚决不准。胡惟庸听了十分紧张，遂下了起事政变的决心。洪武十三年（1380）正月，胡惟庸入奏，诡称其住宅中井出醴泉，请朱元璋去观看。朱元璋好大喜功，信以为真，也就匆匆驾出西华门。他正行进中，突然内使云奇冲上跸道，拦住车马，慌忙中一时几不成声。朱元璋以为不敬，即令左右侍卫棍锤乱下。云奇右臂顿时被砸断，但他仍用左手指点胡惟庸的宅第。朱元璋猛悟，急忙返驾登城，远远望见胡惟庸宅第中绕有兵气，以此定胡惟庸谋逆，立即发御林军逮捕胡惟庸，将其抄家灭族。同时宣布撤销中书省，罢除丞相，提高吏、户、礼、兵、刑、工等六部的地位。由六部分理朝政，直接对皇上负责。并且规定，后代皇帝不得再立丞相，大臣中如果有奏请再立者，处以重刑。

胡惟庸被诛后，朱元璋顺藤摸瓜，借题发挥，将那些行为跋扈的、心怀不满的、危及皇家统治的，都统统被罗织为胡党罪犯，处死抄家。胡惟庸案株连蔓引，先后持续了数年，前后共杀掉了官员三万多人。连位居

"勋臣第一"年迈退休在家的李善长，全家七十多口人也一起被杀。

朱元璋在继废中书、罢丞相之后，又对中央监察、审判机关进行了一系列的改革和调整。原先，中央的监察机关称御史台。洪武十五年（1382），朱元璋改为都察院，下设十三道，一百一十名监察御史。其职权是纠劾百官，辨明冤枉。凡是大臣奸邪，小人构党，擅作威福，扰乱朝政的；或是贪污舞弊，心术不正，变乱祖制的，都要检举弹劾。这些监察御史本来只是七品官，但在朝可监察一切官僚机构，出使到地方则是代表皇帝出巡，小事立断，大事可直接报告皇上裁决。

经过这样一番改革整顿，朱元璋的皇权确实是强化了，但皇帝的政务也随着繁重起来了。过去政务有丞相协助，现在朱元璋一人独揽大权，事无巨细，从清早到深夜，他绝大部分时间都用在处理政务和批阅文件上，就是吃饭他也在想着政务，每想到一事，就顺手写在纸上，别在衣服上。有时事情记得多了，纸挂得满身都是。政务的纷繁使朱元璋喘不过气来，长此下去，不是皇帝身体要累垮，就是延误军国大事。为了解决这个问题，朱元璋于洪武十五年设置殿阁大学士，由品级比较低的编修、检讨、讲读等官来充任，以帮助朱元璋来阅读奏章，处理起草文书，以备顾问。昔日的忙乱现象逐渐改观了。殿阁大学士的设置为后来的内阁制度奠定了基础。

朱元璋发迹于红巾军，称帝后自然特别重视加强对军队的控制。原统领全国军队的是大都督府，朱元璋任命自己的亲侄儿朱文正为大都督，为全国最高的军事长官。后来朱元璋觉得大都督府权力太大，便于洪武十三年（1380），在废中书省的时候，把大都督府也一分为五，设立了左、右、中、前、后五军都督府，分统全国军队。各都督府只管军籍、军政，没有指挥和统率军队的权力。兵部有颁发军令、铨选军官之权，也不能直接指挥和统率军队。发生战事需要指挥调动军队时，由皇帝亲自任命军事统率，兵部颁布调兵命令。战事结束后，军归卫所，主帅还印。

经过这样一番改革，避免了悍将跋扈、骄兵叛乱的弊端，更重要的是军权集中到皇帝手中了。不过朱元璋对将领们还是不放心。后来他又采取分封藩王的制度，把他的儿子分别封到各重要城镇去做亲王，用以监视控制各地的军事将领。这些分封的藩王按规定都配有护卫兵，少者有三千人，多的可达近两万人。他们还有指挥当地卫所守镇兵的大权。遇有突发事件，封地里的卫所守镇兵，在接到盖有皇帝御宝文书的同时，将领们还必须有藩王的令旨，才能调动。

随着朱家王朝的建立和巩固，昔日与朱元璋枪林弹雨、风雨同舟的将领，现在成了新王朝的新显贵。他们官封公侯，爵显禄厚，有的渐渐骄横放纵起来。开国大将蓝玉是洪武后期的主要将领。他麾下骁将十数人，威望都很高。蓝玉作战非常勇敢，立有赫赫战功，官封凉国公。他自恃功劳大，便骄傲起来，恃势横暴。他家里私蓄奴婢假子有数千人之多，到处敲诈勒索、霸占民田。百姓向御史告状，御史官依法提审，蓝玉竟一顿乱棍把他打走。政府明令禁贩私盐，他却令家人进行走私活动。他北征归来夜过喜峰关，守关将士因为没有及时开关迎接，他竟纵兵毁关而入。

这些勋臣宿将们的腐化堕落，不仅严重地妨碍了朱元璋统治效能的提高，而且有功高震主之嫌。为了大明江山的长治久安，朱元璋在洪武二十六年（1393）开始对蓝玉这些功臣展开了无情的镇压。锦衣卫告发蓝玉谋反，朱元璋得此信即命锦衣卫发兵掩捕。朱元璋亲自审讯，继交由刑部。蓝玉被砍头，并抄斩三族。凡与蓝玉有接触的朝臣、列侯均坐党夷灭。蓝玉案先后诛杀一万五千多人，把军队中功高位显的元勋宿将，几乎一网打尽。

除胡惟庸、蓝玉两案外，所剩无几的功臣也先后被以各种罪名赐死、鞭死或砍头。徐达被朱元璋列为开国功臣第一，他生背疽，这病最忌吃蒸鹅。朱元璋在他病重时偏偏赐蒸鹅给他吃。徐达知道皇帝是在要自己的命，只好含着泪水，当着使臣的面吃下了蒸鹅。没有几天，徐达就辛酸地离开了人世。功臣冯胜、傅友德、廖永忠、朱亮祖等也因失宠，先后被处死。这样，功臣宿将能够善终的寥寥无几。只有汤和这个和朱元璋同村长大的放牛娃，知道老伙伴现在对老臣宿将不放心，就主动交还兵权，告老还乡，绝口不谈国事，才得以善终。

朱元璋对采取这种杀功臣立威、以猛治国的策略巩固自己统治的做法，虽然没有公开忏悔过，但在他行将告别人世的时候，曾下令后人不准学习。他说，这套办法只是权宜之计，他希望在他之后，大明朝能尽快步入法治的轨道，尽快出现一个繁荣安定的局面。

朱元璋在对政治实行大刀阔斧、卓有成效的改革的同时，还努力恢复和发展社会经济。经过十几年的浴血征战，朱元璋双手接过的是一个经济全面崩溃、生产大倒退的烂摊子。杭州元代时人口曾达百余万，且是元末破坏最轻的地区，但元末人口死亡也达十之二三。江南如此，江北更甚。唐宋时代的繁华盛地扬州，待朱元璋部将廖大亨攻取时，城里只有十八家居民。新任知府因旧城空旷难守，只好在西南部截下一个城角，筑起城墙，权作扬州府城。

出身贫贱的朱元璋理解百姓的苦难，面对着这种残破衰败的局面，他即位不久，就召见各地来朝的府州县官，对他们说，天下刚刚平定，百姓的财力非常困难，就像刚刚会飞的鸟不可拔它的羽毛，才种下的树不可摇撼一样。现在必须让老百姓"安养生息"。

要发展农业生产，就必须保证农业第一线有足够的劳力资源。为此，洪武五年（1372）朱元璋通令全国，普通地主不得蓄养奴婢，违者杖刑一百，所养奴婢一律放为良民。凡因饥荒而典卖为奴的男女，由政府代为赎身。洪武十九年（1386），河南布政使司曾赎回开封等府民间典卖的男女达二百七十四人。

同时朱元璋还严格控制寺院的发展，明令各府州县只能有一个大寺观，而且禁止四十岁以下的妇女当尼姑，并严禁寺院收儿童为僧。二十岁以上的青年愿意出家，须经其父母申请，官方批准，出家三年后还得赴京考试，不合格的遣返为民，这些政策的逐步实施，使社会上的劳动力增加了。

朱元璋发展农业的主要措施是奖励垦荒和实行屯田。元末农民起义，由于地主逃亡，人口减少，留下了大量荒地。明朝建立后，为尽快开垦这些荒地，朱元璋采取了计民授田、奖励垦荒的措施。建国的头一年，朱元璋就颁诏书于天下：凡是战争中抛荒的土地，被别人开垦的就成为垦种者的田产。如果原田主回来，由官府拨给同等数量的荒地作为补偿。对无主荒地，奖励农民尽力开垦，并承认其所有权，而且免征三年的田赋，个别的永不收税。这样一来，许多农民由奴隶变成了自耕农，社会地位和家庭生活有了极大的改善。农民的积极性提高了，明初的社会经济出现了繁荣向上的景象。朱元璋奖励屯垦的政策收到了显著的成果。洪武二十四年

（1391），全国垦田面积达三百八十七万四千七百四十六顷，比洪武元年（1368）增加了一倍以上。政府赋税粮的收入也随之大幅度增加。洪武二十六年（1393）全国税粮达三千二百七十八万九千八百石，是元朝一年税粮收入的三倍。同时人口也增加了七百多万人。社会经济开始出现了空前繁荣的局面。

为进一步发展农业生产，朱元璋十分重视水利建设。在朱元璋即位的当年就下令，凡是百姓提出有关水利的建议，地方官吏必须及时奏报。后来他还专门指示工部大臣，凡是陂、塘、湖、堰，可以蓄水泄水防止旱洪的，都需要根据地势加以修治。按照朱元璋的命令，到洪武二十八年（1395），全国共开塘堰四万零七处，疏通河流四千一百六十二处，修建陂渠堤岸五千多处。洪武二十三年（1390），修江南崇明、海门的海堤动用了二十五万人。洪武二十五年（1392），修建江南渠阳河坝四千余丈，组织四十万人上阵。这些水利工程为农业生产的发展提供了有利条件。

在明代以前，棉花十分珍贵。普通百姓穿的布衣都是由麻布制作的。到了明代中叶，人不论贵贱，地不分南北，棉布已成了人民衣着的主要原料。这是朱元璋在明初全面推行重视经济作物、奖劝桑棉政策的结果。

明朝建立后，朱元璋就下令，农民凡有田地五亩到十亩的，必须栽种桑、麻、棉各半亩；有田十亩以上的，种植桑棉面积要按比例递增。后来，朱元璋还指示户部，明令全国百姓要多种桑、枣、柿和棉花，违令者全家充军。洪武二十六年以后栽种的全部免除赋税。

虽然明初的经济得到明显发展，人民的生活有了明显的改善，但出身布衣的朱元璋依然不忘百姓的疾苦、生活的艰辛，想方设法减轻农民的负担，尽力做到"取之有制，用之有节"。明初制定的赋役法，规定民田一般亩征税粮五升三合五勺。按当时亩产最低一石来计算，为三十税一。徭役一般是有田一顷出丁夫一人，每年在农闲时节赴州县服役三十天。这些都比元代赋役减轻了许多。

朱元璋还曾命人带着太子朱标到农村视察，亲眼看看农民的艰苦生活。太子回来后，他还严肃地教育说："凡居处食用，一定要想到农民的劳苦，取之有制，用之有节，使他们不苦于饥寒。"凡是各地闹灾荒歉收的，都要下令蠲免租税；灾情特别严重的，还要叫地方官员为灾民贷米，或赈济米、布、钞等。

由于朱元璋出身贫苦农家，不仅深深体谅农民生活的艰辛、物力的艰难，而且他还身体力行，带头倡导节俭。明朝建立后，按计划要在南京营建宫室。负责工程的人将图样送给他审定，他当即把雕琢考究的部分全去掉了。朱元璋用的车舆器具服用等物，按惯例该用金饰的，但他下令以铜代替。主管这事的官员说，这用不了多少金子。朱元璋说："朕富有四海，岂吝惜这点黄金？但是，所谓俭约，非身先之，何以率天下？而且奢侈的开始，都是由小到大的。"他睡的御床与中产人家的睡床没有多大的区别，每天的早膳只有蔬菜佐餐。

在朱元璋和马皇后的影响下，宫中的妃嫔也都十分注意节俭。她们从不乔装打扮，穿的衣裳也是洗过几次的。有个内侍穿着双新靴子在雨中行路，朱元璋发现了，气得痛骂了他一顿。一个散骑舍人穿了件十分华丽的新衣服，朱元璋问他："这衣服用了多少钱？"舍人回道："五百贯。"朱元璋痛心地说："五百贯是数口之家的农夫一年的费用，而你却用来做一件衣服。如此骄奢，实在是太糟蹋东西了。"

朱元璋不喜欢喝酒，他多次发布限制酿酒的命令。他不爱奢华，讲究实际。他命令太监在皇宫墙边种菜，不要建造楼台亭阁。为了让儿子们得到锻炼，他命令太监织造麻鞋、竹笠自用，规定诸王子出城稍远，要骑马十分之七，步行十分之三。由于他出身贫寒，从小没有读书的机会，从军后，到称帝晚年一直保持勤奋好学的作风。作战之余，理政之后，他常常请儒生们讲述经史。经过几十年的刻苦自学，他不但能写手札、军令，还能写诗作赋。他终生严格要求自己不懈怠、不腐化。

洪武三十一年，朱元璋病逝于西宫，遗诏称："天下臣民，哭临三日，皆释服，毋妨婚嫁。"并令皇太孙朱允炆继位。葬于孝陵，庙号"太祖"，谥"高皇帝"。永乐元年谥"圣神文武钦明启运俊德成功统天大孝皇帝"，嘉靖十七年（1538）增谥"开天行道肇纪立极大圣至神仁文义武俊德成功高皇帝"。

第二章　明成祖朱棣

朱元璋一生得子二十六个，其中相貌奇伟、聪明伶俐的朱棣在众兄弟中自小就备受父亲的钟爱。朱元璋常常自豪地对朝臣们夸赞棣儿，说他酷似自己。朱棣刚满十岁的时候就被封为燕王。洪武十一年（1378），宫廷要为朱棣诸兄弟确定宫城制式，朱元璋特别关照说，除燕王宫殿按元朝皇宫制式外，其他各王府均不得引以为式。由此可见少年的朱棣已经成了父亲朱元璋心中的明珠。

从洪武十一年开始，朱元璋陆续将各亲王派到他们自己的封国去。洪武十三年（1380），二十岁的朱棣也进驻了北平封国。当时徐达奉命镇守北平，朱棣有了这样的军事家做老师，因此军事理论与武艺都迅速提高。徐达不仅是朱棣的师长，也是他的岳父。这月下老人正是皇上朱元璋。徐达的长女娴雅贞静，尤好读书。朱元璋听说后，便将徐达叫到跟前说，咱们是布衣之交了，过去君臣相契的率为婚姻，现在你的女儿就同我的四子相配吧。徐达当然求之不得，也就欣然应下了这门亲事。洪武九年（1376），徐氏册为燕王妃。

朱棣在徐达的严格教授下，练得一身好武艺，逐渐显露出其杰出的军事才能。后来明王朝胡惟庸、蓝玉案发生后，当年跟随朱元璋开创大明朝的开国元勋宿将几乎全给株连杀光了。这样北部防御蒙古侵扰的任务，朱元璋就只能交给二子秦王、三子晋王和四子燕王承担了，时称他们为"塞王"。但是，秦、晋二王都先后死于父亲之前，这样只有燕王朱棣的军事实权最大。朱棣还得到父亲的特许，军队中小事立断，大事方报知朝廷。

由此可见朱元璋对他的器重与其权力之大。

当然，朱棣也没有辜负父亲的期望，他不仅武艺高强，而且智勇有大略。在同入侵的蒙古军队交战中，屡建战功。如洪武二十三年（1390）正月，元残余势力南侵，朱元璋命令朱棣和晋王带兵北征。晋王胆怯，而勇猛果敢的朱棣将生死置之度外，独自率傅友德等大将，挥师深入。进军中正遇大雪，不少将领又主张即刻停止深入。朱棣拒绝说，正因为天降大雪，敌人才毫无戒备。他出其不意地逼近了敌营，迫使元残余势力未战而降。捷报传到京师，朱元璋大喜，说："将来肃清蒙古沙漠者，还须靠燕王！"后来，朱棣多次受命北征元兵，多有战功，军权日重，威名大振。

朱棣权力愈盛，兵马愈强，所谋求的东西就愈多。尤其是太子朱标早死，朱元璋有意立朱棣为太子，而为众大臣所阻后，不仅使其恨恨不平，更滋长了他夺取皇位的欲望和野心。就在朱棣对不能当太子继承皇位愤愤不平时，七十一岁的朱元璋撒手抛开了他紧握了三十一年的皇权，离开了忧心忡忡的皇太孙，长辞人世。

二十二岁的朱允炆于洪武三十一年（1398）登上大明朝第二代皇帝的御座。身居元都北平的燕王朱棣正窥伺着侄儿的皇位。这样，朱姓皇族中一场争夺皇权的血战就一触即发了。明惠帝朱允炆对于藩王叔叔们的权力过大早有警觉，早在祖父朱元璋活着的时候，他就已经意识到这个问题的严重性。有一次朱元璋非常自信地对惠帝说："我把防御蒙古的任务交给诸王，边防既有保障，你就可以做个太平皇帝了。"惠帝沉思后说："边境不安定有诸王抵御，诸王不守本分，由谁来抵御呢？"朱元璋反问说："你的意见如何？"惠帝坚定地回答："用德来怀柔他们，用礼来制约他们。这两条不灵，就削去他们的地盘，更换他们的封地。到再不行的时候，就只好用武力讨伐。"朱元璋闻言有理，便高兴地说："对，再没有其他更好的办法了。"

但惠帝是个有识无胆、优柔寡断的年轻天子。即位后为了应付藩王强势的局面，他首先起用了齐泰和黄子澄两个亲信。二人引用汉平七国的例子，为惠帝出谋划策。惠帝又与他们商量先拿谁开刀，齐泰主张先收拾燕王朱棣，但黄子澄则认为，周、齐、湘、代、岷王过去就有犯法行为，先削五王名正言顺。并且周王还是燕王的同母弟，削去周王的封国，就等于砍去燕王的手足。惠帝同意按此法办，即下令将周王朱橚抓起来，削去王爵，降为平民。同时岷王朱楩、代王朱桂、齐王朱榑的王爵也先后被削去。湘王朱柏则自焚而死。

朱棣虽远离京都，身居北平，但京中发生的事情，他却无不知晓。听到前五王的命运，左右权衡，觉得与其束手就擒，不如举兵造反。建文元年七月五日，朱棣以"清君侧"为借口，说朝廷出了齐泰、黄子澄等坏人，必须起兵诛杀他们。于是，燕王削去建文年号，自置官属，布告天下，下令讨伐。历史上著名的"靖难之役"爆发。

朱棣起兵后，以闪电战术连拔怀来、密云、蓟州、遵化数县州，抢先攻占了北平北面和东面的一些军事重镇，补充了兵源，排除了后顾之忧。接着集中兵力对付朝廷的问罪之师。当时朝廷中的元勋宿将在"胡、蓝"大案中，已经诛杀得差不多了，侥幸活着的寥若晨星。战事爆发，闻报朝廷，惠帝几经斟酌，只好命令年已古稀的老将耿炳文带兵三十万北伐燕军。两军交战不久，南军先锋部队全军覆没。八月南军主力部队又再败于滹沱河北岸。

这样惠帝只好以李景隆代炳文为大将军。李景隆本来是个膏粱子弟，素不知兵。朱棣设计撤去卢沟桥防线，诱敌深入。他把固守北平的重任交给儿子朱高炽，自己领兵直趋永平大宁，逼宁王交出精锐部队，包括朵颜三卫的蒙古骑兵，全部收归己有，由此增添了几万精锐兵力。无勇少谋的李景隆果然上了朱棣的圈套，在北平一役中被打得大败。

不久李景隆又纠集六十万大军北上，与朱棣大战于白沟河，复又大败。南军将士被杀死、溺死的有十几万人，又经过几番苦斗，1402年，朱棣率领大军，从馆陶渡过黄河，在击败阻击的南军后，一路不计城池得失，挥兵直取扬州。惠帝见势不妙，急忙派使臣到燕军营中议和，答应割地休战，但此举被朱棣拒绝。

1402年六月初三，朱棣挥师渡江。南岸的守兵见状吓得魂飞胆破，一经交战，即全线崩溃。惠帝又派人议和，朱棣根本不予理睬，驱兵直逼南京城下。据守金川门的谷王朱橞和李景隆，见燕兵杀来，便开门迎降，京师遂破。惠帝去向不明，建文朝亡，历时三年之久的朱姓皇族内的夺权之战，终于以朱棣的胜利而告终。

建文四年（1402），四十三岁的燕王朱棣终于在文武群臣的拥戴下登上了皇帝的御座，是为明成祖，以明年为永乐元年。

朱棣即位初，全国上下局势严峻，成祖审时度势，采取了镇压和怀柔并用的两手政策，以稳定动荡危急的政治局势，巩固皇位。朱允炆时的旧臣陆续被朱棣捕获后，稍有不屈，就备受残害，不是击齿，就是割舌，甚至截断手足，有的被杀死后，还要诛灭三族。

成祖在严厉镇压建文朝部分反抗的旧臣的同时，对跟随他"靖难"夺位的文武功臣，都给予提拔重用，并给予丰厚的奖赏；对战死的将士，也尽行追封。周、齐、代、岷四王，全予恢复原爵，各令归国。对朱允炆的故吏，只要能够真心归附新朝，成祖也有选择地量才施用。同时为了尽快改变成祖即位初滥杀故臣所造成的恐怖紧张局面，在处理了建文旧臣后，成祖多次叮嘱司法机关各大臣，办理案件一定要依法办事，宁缓勿急。

成祖是以藩王起兵"靖难"而夺取皇位的，他自然深知藩王拥兵过重对中央皇权所造成的威胁。他当了皇帝之后，为掩人耳目，稳定当时的局势，曾一度恢复了周、齐、代、岷四位亲王的封藩。但几个月之后，他就寻找罪名，首先削夺了代王和岷王的护卫军队。接着他又将齐王废为庶人。永乐十年（1412），辽王的护卫军队被削除。拥有护卫军队最多的宁王也早于永乐二年（1404）被改封南昌。永乐十八年（1420），周王被指控企图谋反。成祖召他入京，把揭发他的纸状拿给他看。周王慌忙跪下请罪，并主动献出了自己的护卫兵。这样经过几年的努力，威胁最大的几位塞王的护卫军全部都被解除了，这进一步加强了中央集权的封建统治。

削藩之后，继之而来的问题是如何加强北方的军事力量，以防外寇入侵。成祖经过深思熟虑，决定迁都北平。北平是成祖的发家之地，且距北面边防很近，又屯集有重兵。天子居中，正所谓可以居重御轻。永乐四年（1406），成祖在不惜杀掉反对迁都的某大臣后，下令修建北京宫殿，并重新改造北平旧城。永乐九年（1411），朱棣又命令工部尚书宋礼疏浚会通河，并沿运河建闸三十八座，以提高水位。至此，京杭大运河开始真正畅通，使南方的粮米和丝帛等物资通过漕运源源不断地输往北京，北方物产也通过运河南下，大大增强了南北经济的交流，为迁都北京准备了条件。永乐十八年（1420）北平工程竣工。就在这一年，成祖宣布自明年起，以北平为京师，改南京为留都。永乐十九年（1421）春，成祖正式车驾北迁。首都北迁后，南京为留都，并称南北两直隶。这样南京除了没有皇帝外，其他各种官僚机构以及设置和首都北京几乎完全一样。成祖任命自己的亲信驻守留都，掌管着南京的一切留守、防护事务。

成祖另一项重要的成就就是在明太祖设立殿阁大学士的基础上确立了内阁制度。殿阁大学士本来是皇帝的秘书处，成祖建立文渊阁，命解缙等人入文渊阁参与机务，将其变为内阁制度。成祖并不仅仅依靠内阁来处理行政文书，还使其成为辅助自己进行决策的重要部门。内阁制度经过后续仁、宣两朝的完善，逐渐成为明代最重要的中枢政治制度之一。

成祖即位后，在加强皇权、创造安定团结的政治局面的同时，在经济上继续推行明太祖休养生息、移民屯田和奖励垦荒的政策，努力恢复和发展遭受战争破坏的社会生产。长达三年的"靖难"之役使淮河以北的广大田地荒芜。再加上发生蝗虫灾害，刚刚发展起来的农业生产出现大幅度的滑坡。朱棣对此采取了一系列措施，努力振兴农业经济。首先是迁移苏州等十郡和浙江等九省的灾民充实这一地区。不久又先后迁移山西、山东、湖广等无地少地的农民和无业流民到北京及北方地区屯垦。在"靖难"战争中遭受破坏严重的地区，政府还发给耕牛、农具，帮助他们尽快恢复生产。同时，成祖还采取严厉措施，惩处贪官污吏，限制僧道发展，赈济灾民。由于这些措施得到了有力的推行，使永乐朝的农业经济比洪武时代又有了新的发展。各地每年上缴京师的赋粮达数百万石以上。全国府县的仓库里还积存着大量的粮食，陈陈相因，以致红腐不可食。

随着农业的繁荣，手工业和商业也有了长足的进步和发展，遵化冶铁厂是明永乐时所建的全国最大的手工业工厂。山场分布在蓟州、遵化、丰润、玉田、滦州、迁安等地，占地面积四千五百多亩。厂内有民夫、工匠、军夫达两千五百多人。永乐时代的造船业也有了相当大的发展，所修造的航海宝船，最大的长四十四丈、宽十八丈，可乘载一千多人，并备有航海图和罗盘针等先进航海设备，我国成为当时世界上最先进的造船国家。

有了造船业发展和先进技术的支持，郑和七下西洋的伟大壮举能够实现也是顺理成章的事了。对这次大规模的外交活动，成祖做了多方面的周密的准备工作。永乐五年（1407），成祖下令在翰林院开设"八馆"，训练培养通晓外国语言和国内少数民族语言的人才，同时成祖还命令福建沿海修造大批海船，仅永乐元年（1403），福建造船厂就建造海船一百三十七艘，永乐五年又改造海运船二百四十九艘。同时，考察选拔了一批忠于职守、才貌出众、能够执行外交政策的人才。

永乐三年（1405），成祖经过多方考察，终于选定了宫廷内官兼太监郑和为出使西洋各国的外交使节。郑和是明朝初年云南昆阳回族人。原姓马，后因随燕王朱棣参加靖难之役有功，赐姓郑。因他的祖父和父亲生前都先后到麦加朝过圣，郑和从小就了解一些西洋的风土人情。永乐三年七月，郑和率领三万多人的远航队伍带着大量的丝织品、瓷器、铁器、布帛和充足的口粮、日用品等，分乘六十二艘宝船，自刘家港集合启航，首航直抵占城，然后往南到达爪哇、苏门答腊，再往西航行到满剌加、古里等国。

自此之后，郑和历经永乐、洪熙、宣德三朝，先后二十九年，七次下西洋，行踪遍及今东南亚、印度洋沿岸和非洲东海岸等三十几个国家和地区。他们每到一个国家，都以明朝使节的身份向当地的国王或首脑赠送皇帝朱棣的礼品，表示建立邦交、发展两国友好关系的诚意，并邀请他们来中国访问。并同当地官府进行贸易，从各国收购了许多象牙、珍珠、珊瑚、香料等物品，受到当地人们的热情欢迎，人们称大明船队为"宝船"。

郑和遵照成祖的命令，远航西洋，不仅大大促进了我国和亚洲、非洲国家的政治、经济、文化交流，增进了各国人民的友谊，而且把我国古代的航海事业和对外交流推向了一个新的高峰。在郑和下西洋之后，许多国家的国王、首脑或使臣，纷纷来到中国访问，与中国建立了邦交和贸易关系。中国到东南亚去的侨民也迅速增加，他们带去了先进的生产技术和文化知识，为南洋的开发做出了重大的贡献。

成祖执政期间还特别重视科学文化事业的发展，注意文化典籍的搜集整理工作。永乐元年七月，成祖授命解缙组织编纂《永乐大典》。他要求书的内容要务求详备，凡有文字以来的经、史、子、集百家之言，以至天文、地志、阴阳、医卜、僧道、技艺之言都要收罗进去，毋厌繁浩。根据成祖的旨令，解缙于永乐二年（1404）十一月将类书初稿编纂好。成祖审阅后，认为取材不够完备，下令重修。同时加派人员与解缙一起监修。同时降旨礼部，选拔内外官员、全国宿学老儒及著名学者充任纂修，选派生员充当缮抄员。这样，先后调集了三千多人，用了四年时间，终于完成了这部拥有两万两千九百三十七卷、约三亿七千万字的当时世界最大的类书的编纂任务。成祖审阅后十分满意，赐名《永乐大典》，并亲自作序，命人抄写了两部。可惜1900年八国联军入侵北京时，此书大部遭焚毁，剩下的也多被劫走。

把都城迁到北部边防的前线后，朱棣必然要对明朝周边少数民族的侵扰作出及时的恰如其分的反应。成祖以通好和防御两种策略巩固和发展了大明朝多民族国家的统一事业。永乐元年，成祖即派邢枢等使臣前往奴儿干地区诏谕。女真各部的首领相继归附，甚至连一些元朝故臣也入京，进贡马匹。对此，成祖下令，在开原设立马市，同海西、建州两部进行交易。同时，发给女真酋长许可证，每年都可到指定的地点做买卖。对于前来参加马市贸易的女真族首领，成祖还命当地官员赏以猪羊酒席，以资鼓励。因此，在整个永乐朝，女真族都按时入贡，奉职惟谨。明朝有所征调，每调必赴。各族人民和睦相处，友好往来。后来成祖继太祖在辽阳建立了辽东都指挥使司后，又下令设立了奴儿干都指挥使司，在当地先后设置了三百七十卫、二十所，任命当地部族酋长担任卫所官员，且代代承袭。

为了便利运输军需、贡赋物品和传递公文，成祖下令在元代驿站的基础上，扩建、新建驿站，延长或新辟线路。当时从辽东通往东北各地区有六条交通干线，开原为六条干线的起点。这些干线东至朝鲜，西达今蒙古，东北抵达满泾站，西北通向今满州里以北，形成了四通八达的交通网。

比起发展民族关系，真正展示成祖雄才大略的是五次远征漠北的战绩。元顺帝逃往漠北以后，于洪武三年（1370）死于应昌。蒙古贵族内部逐步分裂成鞑靼、瓦剌和兀良哈三部。其中鞑靼部最为强盛。三部之间经常仇杀，但更时常南下侵扰明朝边境。成祖仍然采取父亲朱元璋"威德兼施"的对蒙政策。一面与之修好，封各蒙古部落酋长为王，赐予金银、布帛、粮食等物品；另一方面积极防御，从嘉峪关起沿着长城进入辽东至鸭绿江一线，先后建立了九个边防重镇，即所谓九边。这九个军事要塞都配有精锐军队，以抵御蒙古贵族的南下侵扰。

永乐七年（1409）四月，成祖遣都督指挥金塔卜歹、给事中郭骥带着大量绢币前往蒙古各部招抚。其中，瓦剌接受招抚，成祖即敕封其首领马哈木、太平、把秃孛罗为顺宁王、贤义王和安乐王。而鞑靼可汗本雅失里，不仅拒不归附，还杀了使臣郭骥，发兵进攻明朝边境。成祖闻讯即授淇国公邱福为征虏大将军，统兵十万，北征鞑靼。但邱福却有负众望，轻敌妄进，全军覆没于胪朐河。噩耗传到京师，成祖怒不可遏，追夺邱福的封爵，以书谕皇太子监国，决意立即选练兵马，来春亲征。

永乐八年（1410）春，成祖率师北征，命户部尚书夏元吉留守北京，接运军饷。自领武将文官，督师五十万出塞。五月，人马行至胪朐河，本雅失里不敢接战，北逃斡难河。成祖挥师追杀，两军遂大战于斡难河畔。明军大胜。本雅失里丢弃辎重牲畜，只带着七骑渡河逃走。成祖首次北征鞑靼告捷后，又先后于永乐十二年（1414）、永乐二十年（1422）、永乐二十一年（1423），四次亲征漠北，均大胜归还。成祖数次发动对蒙古贵族的征战，一方面有效地防御和打击了其侵扰，但也确实耗费了大量的人财物力。第三次出征，仅运输粮草一项，就用驴三十四万匹，车十七万七千五百辆，民夫二十三万五千多人，计运粮三万七千石。户部尚书夏原吉、兵部尚书方宾等廷臣力谏罢兵，休养兵民，严敕边将守备。但成祖不听，且把反对北征的朝臣逮捕入狱，有的被迫害致死。

成祖在群臣异议的情势下，于永乐二十二年（1424）又发动了第五次亲征阿鲁台的战争。结果大军劳而无功，班师回京的路上成祖突感身体略有不适，几日之后，病情猛然加重。七月下旬，成祖已是气息奄奄，不可救药。他知道自己不能再亲理朝政了，便召英国公张辅入内，嘱咐后命：传位皇太子朱高炽，丧礼一律照太祖的遗制办理。言毕，当即与世长辞。

张辅、杨荣、金幼孜含泪议定，六师在外，不便发丧，便严密封锁消息，载着遗体，仍然是翠华宝盖，亲兵侍臣拥护前行。暗中派太监海寿驰赴京师急报太子。太子朱高炽闻报，含恸迎入仁智殿，加殓纳棺，举丧如仪。葬于长陵。

成祖卒年六十五岁，在位历二十二年。尊谥"文皇帝"，初庙号"太宗"。至嘉靖十七年改庙号"成祖"。

第三章 明宣宗朱瞻基

朱瞻基为仁宗朱高炽之子、明成祖朱棣之孙，自幼聪颖过人，嗜书好学，深得成祖朱棣的喜爱。为了使孙子能成为自己所希望的明君，朱棣对瞻基的成长倾注了大量心血。他看到孙子长期生长在深宫，未接触外界，便想法让他知道稼穑之艰难，了解民情民风。永乐八年（1410），朱棣要从南京到北京巡视，特意带上瞻基同行，一路上让他体察民情风俗和农桑劳苦之事，告诉他太祖朱元璋开国创业的艰难，向他讲解古代兴亡得失的故事，要他引以为戒。并以此为主题，专门为瞻基编撰成《务本训》一书，要他不断学习，时刻牢记。永乐九年（1411），十三岁的朱瞻基被立为皇太孙。从此，朱棣不论是巡幸北京还是巡边讨伐，都把朱瞻基带在身边，随时教诲，或讲经论史，或授知兵法，或体察百姓疾苦，这为以后瞻基成为较为英明的帝王打下了基础。

永乐二十二年（1424），随着父亲登上皇位，朱瞻基被立为太子。一年之后，他的父亲朱高炽病逝，他登基做了皇帝，是为宣宗。定年号为宣德。像一般的皇帝一样，宣宗即位之初也宣布大赦天下，但他对获释的官员的去留把关甚严。因贪赃枉法而下狱虽可遇赦出狱，但一律要罢官为民。

宣宗继承并发展了成祖留下的内阁制度，用"票拟"将内阁的决策职能正式确定下来。所谓"票拟"就是皇帝将通政司呈上的奏本下发至内阁后，阁臣将对奏本的处理意见写在小票上并附于奏本中回呈皇帝，皇帝核准后由司礼监批红并下发执行。一般而言，只要不是十分违背皇帝意志的票拟，皇帝都会予以同意。从此内阁真正具有了朝政的决策权，并且部分继承了宰相的职权。明代中晚期，朝野普遍已经将阁臣之首的首辅大学士视作宰相。但是内阁本身只有决策权没有执行权，所以和真正的宰相其实区别很大，对皇权也构不成实质威胁。

在用人为政方面，宣宗既信任重用杨溥、杨荣、杨士奇、蹇义、夏原吉、黄淮等一班富有经验的老臣，又十分注意发现任用新的人才。即位的第三个月，他通知吏部，让在京的五品以上及御史、给事中，在外的布政、按察二司及府、州、县，举荐公正廉洁的人才。为了保证人才的质量，防止徇私，还规定，凡被举人犯法，举荐人连坐。由于宣宗注重刷新吏治，善用人才，加上仁宗时较好的社会基础，这时的明王朝呈现一片繁荣景象，史称为"仁宣之治"。但就在这时，一件宣宗最不愿发生的事发生了。

汉王朱高煦是宣宗的叔父。永乐时，为争夺太子地位，曾屡次谗陷朱高炽，后被朱棣贬至乐安。仁宗崩逝时，瞻基从南京前往北京奔丧，高煦曾准备在路上截击，因事情仓促，未能得逞。宣宗即位的第二个月，高煦派人送来奏书，提出了利国安民的四条建议。宣宗看到奏书，十分高兴地对大臣们说：永乐时，皇祖常对皇考和我说此叔有异心，要防备他，然而皇考对他却极为仁厚。今天他所提的四件事，果然也是出于至诚，可见叔父旧心已改。于是，宣宗命有司按高煦所提建议施行，并复信表示感谢。宣德元年（1426），高煦派人进京贡献元宵花灯。这时，有人向宣宗报告说汉王是以献灯为名窥探朝中虚实。宣宗宽厚地表示要虚怀款待，不要猜疑。对于高煦提出的要求，宣宗也是有求必应。

然而这一切并没有感化高煦，反而让他觉得宣宗年幼可欺。这年八月，他还是扯起了反叛朝廷图谋皇位的大旗。高煦先是秘密派人潜入北京，企图约英国公张辅为内应，被张辅擒获送交朝廷。之后高煦又约山东都指挥靳荣为攻占济南的内应，计划先取济南后取北京。当时恰在济南的御史李浚得知后星夜赶往北京报警。但他还未到，高煦就发难了。他致书宣宗，指责仁宗违反洪武、永乐旧制，指斥宣宗也犯有诸多过错，斥责夏原吉等为奸佞之臣。同时，他还分别致书公侯大臣，挑拨君臣关系，造谣诋毁宣宗。

事已至此，宣宗别无选择，只有发兵平叛了。宣宗召集几位心腹大臣共商征讨大计。大学士杨荣提议宣宗亲自挂帅出征。他认为，高煦一定觉着宣宗刚刚登基不会亲临战场，如出其不意，以天威临之，必然会成功。英国公张辅也主动请战，认为高煦外强中干，只要有两万兵马就可擒获高煦。夏原吉则以靖难之例提醒宣宗，说将领未必胜任，建议兵贵神速，御驾亲征，先从气势上压倒对方。宣宗采纳了杨荣、夏原吉的意见，决定亲征乐安。

前锋薛禄抵达乐安，高煦约定第二天出战。这时，宣宗离乐安尚有近百里，得知这一消息后，他不顾大臣劝阻，下令大军进行了一夜的强行军，天明时终于到乐安，将城团团围住。高煦见宣宗已将城围住，不敢出战，只在城内用火炮射击。宣宗没有立刻攻城，而是连着给高煦写了两封信劝降，仍不见回音，他又写了告高煦部下的谕示，命人用箭射到城中，城中守兵争相传看，一些人便欲擒执高煦，以图立功得赏。高煦见城外大军压境，城内军心不稳，知道大势已去，便决定缴械投降，以期得到宽恕。宣宗答应了他的要求。

宣宗没有答应群臣要求处死高煦的主张，只是惩办了积极跟随高煦反叛的主要谋士和将领，而宽赦了大多数的协从者，改乐安州为武定州，留下薛禄和尚书张本镇抚，自己便带大军班师凯旋。高煦被押解到北京后被废为庶人，但生活上仍予以优待，囚禁于西内，名曰逍遥城。宣德四年（1429）宣宗好意前去看望高煦，高煦却出其不意，用脚将宣宗勾倒在地。宣宗恼羞成怒，当即命大力士找来一个三百多斤重的大铜缸，将高煦扣入缸中。高煦自恃勇力，将缸顶起。宣宗又命人用木炭将铜缸埋起来，然后用火将高煦活活烧死了。封为赵王的高燧在汉王高煦被平定后主动交出护卫兵力，更加小心。至此，宣宗的地位已无可动摇了。

宣宗经常向朝臣们讲述历史上那些注意与民休养生息，从而带来太平盛世的皇帝的事迹。如西汉的文帝、景帝，隋朝的文帝，唐朝的李世民等。他还特别注意汲取那些由于皇帝好大喜功、穷奢极欲、终至祸乱丧国的历史教训。他曾把汉武帝和唐玄宗做了比较，认为汉武帝虽然好大喜功，海内虚耗，但到了晚年尚能惩治前过。而唐玄宗初政之时有贞观之风，后来却贪名纵欲，终于酿成祸乱。这就是汉武帝比唐玄宗好的地方。

为了避免由盛而衰，由治而乱，他经常把隋炀帝、唐玄宗作为自己的鉴戒。他总结出这样一条历史经验：国家兴盛，在于与民休养生息；国家衰弱，必由土木兵戈所致。

基于这样的认识，宣宗十分注意了解和关心民间的疾苦。宣宗亲作一篇《耕夫记》，激勉自己与大臣。宣德七年（1432），宣宗又作《织妇词》一篇，并叫人画成图挂于宫中。为此，他对朝臣们说，并不是因为他好为词章，借以炫耀，而是因为农桑实是衣食之本，所以才作成诗歌，经常使人传诵，不致忘记，而作画张挂，也是为了让众妃嫔知道百姓的艰辛。

宣宗要求朝中带头节俭，反对那种向百姓强征暴敛以供帝王享乐和充实国库的做法。他认为，君王恭俭，则户口日繁，财赋自然也就充足。宣宗不仅自己比较俭约，而且对朝廷的费用和工程建设等，也极力反对奢侈之风。在为他的父亲仁宗皇帝修建陵墓献陵时，他遵照仁宗的遗嘱，亲自规划，厉行节约，仅用三个月的时间就修成了陵墓。献陵在规模和耗资方面都比成祖的长陵少得多，为以后的几代皇帝陵墓做了个好的样子。只是到了世宗营建永陵时，才又开始奢侈、华丽起来。

宣德三年（1428），吏部尚书蹇义向宣宗建议裁撤内外冗官以实行节俭之策，立即得到了他的支持，并责成蹇义具体负责这件事。宣宗还严禁官员扰害百姓。每逢出发，他都反复告诫将士："有敢扰民者杀无赦。"锦衣卫指挥钟法保建议到东莞采珠，宣宗认定他是"扰民以求利"，将他罢官下狱。

蠲免田赋，开仓赈灾，是宣宗经常对受灾地区人民采取的救助办法。那时经常发生天灾，百姓为了逃避灾荒，四处流移。许多地方官府害怕流民变乱，经常派兵拘捕。宣宗多次下令制止这样做。他一再强调，饥民流亡是迫于无奈，如果再到处驱赶，使之流离失所，则是"不仁之极"。有时，一些流民在一个地方定居下来，并逐步有了家业，而这些地方的官府却常常驱逐他们返回原籍。对此，宣宗进行申诫。他认为，不管何处的土地都是国土，只要百姓能得以安生就行。这种以民为本的思想，使得宣德年间的百姓比较安定。

宣德九年（1434）十二月，朱瞻基突然一病不起。宣德十年（1435）

正月，这位常被后世称道的守成明君病逝于北京乾德宫，时年三十八岁。

六月，朱瞻基被葬于景陵，谥为"孝章皇帝"，庙号"宣宗"，史书又称宣德帝。

第四章　明孝宗朱祐樘

　　成化二十三年（1487）八月六日，宪宗朱见深死去。九月六日，十八岁的皇太子朱祐樘接替父亲登上了皇帝的宝座，以第二年为弘治元年，即孝宗。

　　孝宗的母亲纪氏只是一个小小的女官，她本是广西贺县的瑶族民女，在成化元年（1465）瑶民造反失败后，夹带在被俘的几千名男女青年中送来京城。由于纪氏姿色超群，聪明伶俐，入宫后不几年即通习汉语，因而被命令管理宫中藏书。成化六年（1470）秋天，宪宗偶然来到书房，见纪氏长得如花似玉，而且应对称旨，于是喜而幸之，因此有孕。纪氏怀上龙子，犯了宪宗专宠的万贵妃的大忌，这个女人自己不能生育，也不准别人为皇帝传宗接代，专门残害被宪宗临幸过的妃子和宫女。纪氏怀孕时，万贵妃曾经留意过她，其他宫女谎说她是病痞，于是被贬居安乐堂。不久朱祐樘降生，纪氏忍痛下了狠心，将他交给门监张敏，让他把孩子溺死。

　　张敏为人善良，他想到皇上无子，就背着万贵妃对朱祐樘秘密加以哺养，废后吴氏这时正好贬居在西宫，与安乐堂相邻，闻之也往来就哺，从而保全了他的生命。渐渐地朱祐樘长到六岁，成化十一年（1475）春天，宪宗召张敏梳理头发，张敏见宪宗为自己没有子嗣的事情而感伤，就把朱祐樘的事情告诉了他。宪宗喜出望外，立即派人把他接来。朱祐樘去见父亲的时候，胎发还未剪除，直垂到后颈，看到宪宗，他依据母亲的交代，扑到宪宗的怀里，大声呼喊"爸爸"。宪宗揽视良久，悲喜交加，连连说："这个孩子像我，真是我的儿子啊！"随即饬礼部定名，并册封纪氏为淑妃。纪妃终究还是没能逃过厄运，不久就在新居永寿宫暴死。纪妃之死，有人说是被万贵妃毒死的，也有人说是被她遣人勒死，由于宪宗没加深究，事情也就不了了之。张敏知道自己逃不过万贵妃毒手，也吞金自杀。母亲的去世，使朱祐樘极为悲伤，神情犹如成人一般，持续了很长一段时间。这年的十一月，朱祐樘被册立为太子。后来即位，是为孝宗。后宫中的这段经历，对孝宗的影响很大。

在即位之后极短的时间里，孝宗对太监梁芳、礼部右侍郎李孜省等奸佞给予了严厉的惩罚。孝宗在执政的第六天，就把梁芳送入诏狱，李孜省被谪罚戍边。两个月后，孝宗又下令罢免传奉官，将那些冒领官俸的艺人、僧徒一概除名，先后总计有三千人之多。接下来，孝宗又拿混在内阁中的奸佞开刀，首先罢了万安的官。万安的靠山同样是万贵妃，为了巴结这个女人，竟不知羞耻地称自己为她的侄子，在万贵妃的包庇下，劣迹斑斑，声名狼藉。孝宗即位后，在宫中发现一匣奏疏，内容都是讲房中术的，末尾的署名又都是"臣安进"，于是派人拿着这些奏疏到内阁找到万安，严厉指责他："这是大臣写的东西吗？"孝宗遂下令罢免其官职。除此之外，孝宗还以各种方式处罚了另外一些奸佞之徒。在清理过程中，孝宗注意方式方法，没有大开杀戒。被砍掉脑袋的，只是罪大恶极对宪宗诲淫诲盗的僧人继晓。一系列堪称圣明的行动，好像一阵冲刷污垢的暴风雨，使宫廷之内的坏人骤然减少。这为全面刷新政治，起了清除障碍的作用。

与罢斥奸佞相并的是任用贤能。为了熟悉官吏的情况，弘治元年（1488）三月，孝宗下令吏、兵两部，把两京文武大臣、在外知府守备以上的官吏姓名，全部抄录下来，贴在文华殿的墙壁上，遇有迁罢的人，随时更改。由于孝宗注意任用贤能，形成了"朝多君子"的盛况，出了许多名臣。

孝宗即位后，还很注意广开言路，于是在他上台不久，形成了臣子纷纷上书的生动局面。如这年三月，都御史马文升上疏言时政十五事，其中的一条是"节约费用，以解救百姓生活的艰难困顿"，他说："宫中所供应的物品，如果陛下能节俭一分，则百姓受益一分。"言语极为尖锐、深刻。孝宗对这个建议非常赏识，嘉奖了马文升，并下令削减宫中开支。

正统以来，皇帝每天只有一次早朝可面向群臣，大臣们为时间所限，进见言事，不过片时。这样一来，皇帝与大臣们见面的时间很少，只好在一些重大问题上听信太监的意见，对大臣们的了解也很少。鉴于这种情况，吏部尚书王恕建议，孝宗除早朝之外，最好每天再在便殿召见大臣，谋议政事，当面阅其奏章，下发指令。王恕认为，这不仅可以使皇上加深对大臣们的了解，而且可以提高其处理政事的才能，使正确的意见得以贯彻执行。孝宗听到后，觉得很有道理，遂开始增加"午朝"，每天在左顺门接见大臣，倾听他们对政事的见解，做出了许多重大决策。

新君即位之初勤于朝政，而后荒疏，继尔江河日下的事例，史书每每可见。明王朝的君主尤为明显。但孝宗是个例外，弘治初年的诸多优点，在以后几乎一直保持下来。孝宗之所以能做到这一点，是因为孝宗的周围，有一批对朝廷忠心耿耿的大臣，如王恕、马文升、刘大夏、刘健、谢迁、李东阳等人，为他励精图治立下了汗马功劳。

在群臣之中，孝宗最信任的是王恕，也因有了王恕，孝宗才如虎添翼，雄风大振。王恕是在成化末年被宪宗强迫致仕的老臣，以"好直言"著称。孝宗即位后两个月，由于许多大臣的推荐，将他任命为吏部尚书，一直干了将近六年之久。新君的善任使王恕感激不尽，在职期间，除了仍能上疏抨击时弊之外，忠于职守，先后向孝宗引荐了包括刘大夏在内的许多人才。

孝宗极为赏识的还有马文升。这是一位文才武略兼备的大臣，弘治二年（1489）由左都御史升任兵部尚书，并提督十二营团。马文升到职以后，因兵备久弛，他大力整军，罢免了三十余名不称职的将校。结果惹起遭贬将校的怨恨，有人夜间持弓等在他的门口，企图行刺，还有人写了诽谤信，射入皇宫之内。孝宗立即下令锦衣卫缉捕，并特拨骑士十二人，时时跟随保卫马文升。

数年之后，孝宗仍把重用忠良之士作为治理朝政的保证，又陆续把刘健、谢迁、李东阳等人提升到内阁当中，参与机务。对于内阁大臣们的奏请和意见，孝宗初时尽管大多能听从，有时也并非全都认可，但后来他看到这些人确实在同心辅佐，信任程度便大为加强。凡阁臣们的奏请，无所不纳，与他们的关系极为融洽，因刘健曾在他做太子时，担任过讲官，就一直称其为先生，尊重异常。孝宗接见刘健等人的时候，往往要左右之人退下，据这些人出去讲，孝宗对阁臣们讲的话，言听计从，每每称善。

孝宗在减轻百姓负担上也做了许多好事。这表现在减免灾区的赋税征收上。从弘治三年（1490）河南因灾免秋粮始，他对每年奏报来的因灾免赋要求，几乎无一例外地加以同意。弘治六年（1493），山东因灾情严重发生饥荒，孝宗闻奏之后，向灾区发送去帑金五十余万两，米二百余万担，并派了官员监督发放，不仅免除灾区税赋，还通过赈济拯救了二百六十余万灾民的生命。为了整治黄河以及江南的水患，孝宗令刘大夏于弘治五年（1492）七月，来到了山东，坐镇阳谷。刘大夏不负使命，完成了多项水利工程，历时两年，终于治服了水害。奉旨到江南治理水害的工部侍郎徐贯，也出色地完成了钦命。他在江浙地区大搞调查研究，从而确定了比较完善的治水方案，一举修建沟通河、港、泾、湖、堤岸等一百三十五道，从而使洪水通过吴淞、白茆地方的渠道，毫无阻拦地泄入海中，除掉了威胁朝廷主要经济区的一大祸害。

在施恩于百姓的同时，孝宗继续虚心纳谏，鼓励广开言路的风气，亲近大臣，远离小人，勤于政事，表现得相当明智。弘治九年（1496）闰三月，少詹事王华在文华殿向他进讲《大学衍义》，乘机揭发太监李辅国与张皇后关系甚密，招权纳贿。此事被李辅国知道后，马上报复，说王华有种种劣迹，应予驱逐。孝宗没有听信这番鬼话，反而哈哈大笑，传令中官赐食给王华，以示亲近。弘治十年（1497）二月，孝宗在后苑游玩的时间过长，侍讲学士王鏊反复规劝，孝宗当时没有接受，事后却没有怪罪，而是对诱导他玩乐的太监说："讲官指出这一缺点完全正确，是一片诚挚之情，完全是为我着想啊！"自此之后，不再到后苑游猎寻欢。为了引导大臣们踊跃进言，孝宗还经常提出这件事情，请人们知无不言。他为取消讲官的顾虑，避免讲官为此观望，不肯大胆进言，特召来刘健等人，说："讲书必须要讲那些圣贤之言，如此直言不妨。"进而又明确要求阁臣们："传我的话给诸位讲官，不必顾虑。"孝宗如此虚心，在明王朝历代君主中是不多见的。

为了加强军事力量，弘治十五年（1502），孝宗将曾修治黄河有功的刘大夏，由总督两广军务的左副都御史，提升为兵部尚书。在孝宗的支持下，刘大夏大力整顿军事。先是从核查军队虚额入手，补进了大量壮丁，同时也请孝宗停办了不少"织造"和斋醮。孝宗看了刘大夏写的"兵政十害"的疏奏，接受了他的许多建议，不过，也有一些保留。有的因为牵扯到权贵和近臣，孝宗认为与军备关系不大，就搁置起来，没加批示。如刘大夏力主把分布在各地的"镇守中官"一律撤召回京，这是一个正确的意见，但孝宗就没有同意。

在阁臣以及六部尚书的支持下，孝宗在弘治初年对朝政加以治理的基础上，沿着改良的道路，继续向前迈进，取得了明显成效。但勋戚宦官等为非作歹，仍是一个严重的社会问题，对此孝宗特别予以了注意。弘治三年（1490）九月，孝宗下令禁止宗室、勋戚奏请田土，不准接受外人的投献钱财、物品。这是一场几经反复的斗争。勋戚近臣对这项命令，几乎都持反对意见，并在行动上不加收敛，公然蔑视各种规定。他们中的一些人有的在京师之中大开店铺，邀截货商，收受献品，有的还在府中养了大批仆从，任意肆虐百姓。面对这种情况，孝宗再一次下达了关于"禁势家侵夺民利"的命令。弘治九年（1496），孝宗排除阻力，首先对民愤极大的张皇后的两个兄弟开刀。皇后有两个弟弟张鹤龄和张延龄仗势骄肆，纵使家奴夺取民田、民宅，指使官吏释放行贿的囚犯，十分霸道。朝中大臣十分愤慨，纷纷上奏，孝宗收到举报后，就派人去调查，结果属实。孝宗毫不客气地严令制裁。

由于宫中一些太监对孝宗有很大的影响，孝宗身上的有些毛病改起来比较困难，尽管与他多年来的勤于政事的长处相比，这都瑕不掩瑜，但毕竟有失明君的形象，况且他也有铸成大错的时候。如他有热衷于斋醮、修炼的缺点。在政务上，孝宗对一些好的措施，也不能完全持之以恒，言而不行和中途动摇的情况，并不少见。在情况最严重的几年当中，孝宗停止了午朝的做法，除了早朝还能坚持，与大臣们几乎不再见面。章奏的批答也不及时，有的竟能滞留数月之久，批示过的也不过问执行的情况。幸好这种情形弘治末年得到了改变。弘治十四年（1501）之后，孝宗接到的劝谏疏奏日益增多，使他越来越清楚地认识到了自己的错误，并且注意了改正。

孝宗在执掌权力的最后一段时间里，全力以赴整顿朝纲，渴望帝国的振兴。弘治十八年（1505），首辅李东阳奉旨去山东曲阜祭祀孔子，时值大旱，返京的路上，李东阳将所见所闻奏告孝宗，其中多是朝弊造成的不良后果。孝宗接到奏报，流下了痛心的眼泪，他反躬自省，竟夜不能眠。此后，他又接到了宫内针工局计划招收大批的裁缝入宫的奏告，就没有同意。孝宗还下令裁减织造数额的三分之一，大大节省了经费开支。

　　孝宗临死之前，给将要接替自己继续执掌权力的皇太子留下了大笔有形和无形的财富，留下了弘治贤相和能臣，留下了宗社的安定，也留下了殷殷期望。三十六岁的孝宗死于1505年五月，葬泰陵。

第五章　明穆宗朱载垕

朱载垕是明世宗朱厚熜的第三子，世宗给他取名载垕。"载"是他的排行辈分，"垕"取"皇天后土"为天下之主的意思，足见父亲的满怀期望。嘉靖四十五年（1566）十二月，朱载垕在世宗服丹药中毒死后即位称帝，这就是明穆宗，穆宗朝的年号为隆庆。穆宗在位只有六年。

穆宗是明朝皇帝中少有的成年即位者，他不是世宗册立的太子。世宗有过八个皇子，但有五个襁褓夭折，长大成人的只有二子载壑、三子载垕、四子载圳。嘉靖十八年（1539），世宗分别册封载壑为太子，载垕为裕王，载圳为景王。

自载壑嘉靖二十八年（1549）死后，太子之位属谁，就成了天下瞩目的大事。按照"有嫡立嫡、无嫡立长"的礼仪，当然是裕王应晋封太子，但事情并不如此。当时受宠的道士陶仲文提出"二龙不能见面"之说，皇帝是龙，太子当然是小龙，世宗听后索性不再立太子。这给景王载圳提供了可乘之机。载圳凭借母亲受宠的优势，走动内宫，争立太子，他的打算在宫中为人所共知。权倾朝野的内阁首辅严嵩对载垕也相当冷淡。就连裕王应得的岁赐也被他大量拖欠。载垕命运未卜，当然不敢向父亲提起，只得派手下人先给严嵩的儿子严世蕃送上一千两银子，才得以补发。

景王与严世蕃勾结后愈发猖狂，还想将锦衣卫指挥使陆炳也拉上自己的战车。陆炳不愿参与此事，景王居然就在嘉靖三十九年（1560）将陆炳毒死。陆炳此人与世宗亲厚非常，不但是世宗兴献王府的旧臣和总角之交，后来更曾经救过世宗的命，是世宗以兄弟称呼的人物。所以景王的猖狂举动彻底触怒了世宗，断绝了他即位的可能。嘉靖四十年（1561），世宗打发景王去封地居住，而把裕王留京，显示了传位的意图。可是景王载圳离京后并没有停止筹划夺嫡。嘉靖四十四年（1565），载圳病死于封地，世宗毫无难过之意，还说这孽障害我兄弟，现在总算死了。载垕已成为唯一的皇位继承人。

载垕在王府多年，在自己身边聚集了一批才能卓著的有识之士，如高拱、陈以勤、张居正等。这些人为载垕讲解古今，纵论天下，培养他的政治见识。在他们的影响下，载垕对嘉靖末年的弊政了然于心。为了争取政治上的主动，世宗死后，载垕立即批准了自己的亲信张居正与内阁首辅徐阶草拟的世宗"遗诏"，假父亲之名将其引起朝野怨声不止的弊政大部分废止。登基后，他又在即位诏书中肯定了"遗诏"中关于将蛊惑世宗炼丹求仙的道士逮捕下狱，付法司治罪；所有斋醮活动和造庙观、建宫殿的工程一律停罢；采买香蜡、珠宝、绸缎等例外采买全部停止；并起用嘉靖年间因上疏言事被罢撤、拘囚的海瑞等官员；同时又免除全国百姓隆庆元年（1567）的一半田赋和拖欠的嘉靖四十三年（1564）以前的赋税。诏书一出，群臣号咷感激，百姓竞相称颂，一时大得民心。经过一番初步治理，朝政有了一番新气象。

群臣歌功颂德之声不绝于耳，穆宗一方面为之欣喜，可另一方面他也看穿了宫廷政治的钩心斗角。坐稳皇帝宝座后，穆宗拿定了及时享乐、无为而治的主意。他为此先做了一番布置。和历代皇帝一样，穆宗先是选择忠诚干练的大臣分担政务，为自己巩固江山社稷。他将亲信的大臣徐阶、李春芳、高拱、郭朴留任内阁，又将身居裕王府时的心腹张居正、陈以勤授予内阁大学士的要职，参与内阁机要大事；在宫内，他把亲信的太监黄锦、王本、冯保、曹宪、李芳等人都安置在要害部位。经过这一番布置，穆宗以为自己的朝廷坐稳，可以安居宫内，静享富贵了。于是，他把日常朝政都推给内阁，连对大臣的操纵、协调的责任也放弃了。谁知事与愿违，在他对朝政大撒手的同时，内阁大臣们的倾轧就开始了，一波未平，一波又起。

第一场内阁风波，发生在内阁中最重要的两位大学士徐阶和高拱之间。徐、高之争渊源于嘉靖末年。徐阶是多年的内阁元老，一位老练圆滑的政治家。高拱本是裕王的侍从讲官，素有大志，和张居正一起当过国立大学的正副校长。徐阶为联络裕王，也是为日后的朝廷更替预作铺垫，于嘉靖四十四年（1565）把高拱和郭朴一起举荐为内阁大学士。照当时的社会风气，徐阶作为高拱、郭朴政治上的恩人，是有师生之谊的，理应受到尊敬。可是高拱本就是穆宗的从龙之臣，又在众臣中最受穆宗信重，认为自己被拔为阁臣本就顺理成章，一点也不领徐阶的情。而徐阶忽略了高拱机敏练达的卓越能力，以及位居高官后要求平等处事的自尊心，依然把高拱和郭朴当作后生晚辈对待，种下了纷争的种子。

斗争以吏科给事中胡应嘉弹劾高拱失职大不敬为导火索。当时世宗处在昏迷中，对这类奏折当然不问。因此，胡应嘉的弹劾并没达到目的，对高拱来说是"有惊无险"。但高拱是个恩仇必报的政治家。他认为胡应嘉是徐阶的同乡，一定是受了徐阶指使。偏偏徐阶在草拟世宗遗诏这样的大事上，不与内阁的高拱、郭朴等同僚商议，却越过他们和排位偏后的张居正策划，受了冷落的高拱满腔怨恨，他要等待机会报复徐阶。

机会很快来到了。隆庆元年（1567），吏部尚书杨博主持京察。京察是明朝考察中央机关五品以下官员的例行制度，每六年举行一次。杨博这次考察官员，雷厉风行地罢黜了不少官员，其中也有通常惹不起的御史和给事中之类的言官。可不知是有意还是无意，杨博的山西同乡却没有一个受处分的，这引起了负有弹劾责任的都察院御史和六科给事中们的公愤。第一个攻击杨博的又是胡应嘉。胡应嘉弹劾杨博挟私愤，庇护同乡。这话倒是不错，可是胡应嘉忘记了自己的身份。作为吏科给事中，在吏部办理京察时就参与其中。事前不提出异议，事后又提出弹劾，宽厚的穆宗对这种出尔反尔的言行十分不满，知道其中另有奥妙，于是下令内阁商量处罚胡应嘉。高拱一下就抓住了这个机会。

高拱让同样受到了徐阶冷落的郭朴在内阁会议上首先提出应将胡应嘉革职，高拱马上响应。满心想保护胡应嘉的徐阶一看这阵势，也只好无可奈何地表示了同意。这下可惹翻了言官们的马蜂窝，他们倾巢出动，一起向高拱开火。穆宗对高拱有多年的了解，当然不会被几个言官所打动。他安慰高拱不要在意，继续安心从政。

可朝廷中倒高派气势汹汹，确实让高拱的脸面没处搁，高拱要求徐阶代拟一道圣旨，给提出弹劾的言官一次廷杖，以缄其口。在嘉靖年间，言官弹劾大学士以后，如参劾不倒通常是要挨廷杖的，说不定还要罢官呢！高拱的要求有法可循，但徐阶并不愿为高拱而得罪言官，拒绝了这个要求。这激起了高拱的怒火。他指使自己手下的言官齐康弹劾徐阶，揭发徐阶的弟弟和三个儿子都是横行乡里的大恶霸，有凭有据。这下子更激怒了受徐阶保护的言官们，他们集合起来，将矛头一齐指向高拱，弹劾一次接着一次，逼得高拱实在招架不住，只好于隆庆元年五月辞官回乡了。高拱去后，言官们对郭朴还是不断攻击，到九月间，郭朴也辞职不干了。

这一次内阁风潮，徐阶取得了决定性胜利，却让穆宗对他敌视起来。在穆宗当初不能与世宗相见又被景王步步紧逼时，是高拱为他遮风挡雨、对他关怀备至。高拱与穆宗之间不仅有师长之谊，更几乎有父子般的感情。所以没过两年，徐阶也不得不致仕回家，高拱重返内阁做了首辅。徐阶也为此付出了代价——高拱把著名的大清官海瑞派去徐阶的家乡松江府丈量田土、稽查不法。这一招打到了徐阶的要害上，而海瑞又是出了名的六亲不认，谁的面子都敢不给。徐阶无法和他求情，便想要扳倒他，却又发现这个近乎自虐的道德完人根本没有任何把柄可抓，最后只能花三万两银子求到自己的弟子张居正那里，最后把海瑞调走了事。

九月，内阁的徐、高之争风潮刚刚告一段落，外患又起。蒙古俺答部数万骑兵攻入长城，扫荡了大同，严重威胁着北京的侧翼。同时蒙古土蛮部大军进犯蓟镇边关，虏掠河北昌黎，直至滦河。左右夹攻，使京师陷入战争的恐慌中。北京城立即戒严，敌情奏章如雪片般飞来。深居宫中的皇帝也深切地感受到战争的威胁，他命令大臣们讨论京师守备和边境作战方略。工科给事中吴时来上疏举荐谭纶、俞大猷、戚继光这三位抗倭名将，主张让他们到华北边防练兵备战，抵抗蒙古来犯。这个主张得到徐阶、张居正等大学士的竭力拥护，穆宗很快批准。

谭纶本来总督两广军务，立即召回被任命为兵部左侍郎兼右佥都御史，总督蓟辽、保定军务。戚继光被任命为神机营副将，不久又被委任总理蓟州、昌平、保定三镇练兵事，总兵官以下全部受其统率。接着又提拔西北边防名将王崇古为兵部侍郎兼宣大总督。整个华北边防由诸位名将运筹，使多年沿习下来的边防松弛状况为之一变。几位名将到任后，雷厉风行地整顿边防，取得了引人瞩目的成就。以戚继光为例，他走马上任立即布置加强防务。一是沿蓟州、永平、山海关一线续建长城，并在长城各重要部位设敌台一千二百座。这种五丈多高的敌台可以居高眺望，台壁坚固，台内分三层，驻扎一百名战士，屯集足够的粮草和精良的武器装备。凭借这种精坚雄壮的工事，既得处战地要害之机，去长途奔袭之苦，又可长期坚守，互相呼应。二是组建战车营。这种战车每辆用四人推进，作战时排成方阵，外层设拒马，可抵御骑兵冲锋。自己的步、骑兵则居阵内以长枪和火器打击敌人的骑兵。一旦敌人溃退，战车阵则开门放出骑兵追歼。戚继光还把本地部队与调入部队的作战任务做了区分：本地部队专任敌台防御，调入部队专任策应出击。经过这一番精明调遣和严格训练，京师大门的防卫确实达到了军容严整、士气大增的要求。

与此同时，朝廷多次命令长城沿线的将领，要抓住时机与蒙古贵族缓和关系。宣大总督王崇古认真执行了朝廷的谋略，创造了建立友好关系的条件。他一再派人到蒙古地区进行宣传，广泛联系，并发表文告，宣布凡是从境外来投奔的平民和军人，都将受到安置接待。由于实行了这些政策，从蒙古地区来投奔的人口越来越多。隆庆四年（1570）十月，连俺答的孙子把汉那吉也跑来了。这个青年的行动，成为明朝与蒙古关系发生重大转折的契机，对此后几十年的边境安定产生了难以估量的巨大影响。

把汉那吉是俺答第三个儿子铁背台吉的遗孤，由俺答的妻子伊克哈屯抚养成人。后来俺答夫妇为他娶了比吉为妻。婚后小夫妻的感情不太融洽，把汉那吉又爱上了姑姑的女儿三娘子，把她也娶了。正当把汉那吉陶醉于甜蜜缠绵之中，突然发生了一件使他羞恨欲绝的变故——俺答也爱上了自己美貌的外孙女三娘子，并把她夺了去。这在当时，原是可以被蒙古风俗接受的事。可把汉那吉实在忍受不下这种羞辱，一气之下带着妻子比吉、奶妈的丈夫阿力哥等十余人弃家南奔，匆匆地驰往长城线上的大同关。

大同巡抚方逢时立即向宣大总督王崇古报告了此事。王崇古与方逢时商议后，一致认为这是一个难得的机遇。把汉那吉来投，实质上成为明朝要挟俺答的人质。于是，王崇古指示方逢时派出五百骑士的仪仗队，隆重地把这个失恋青年迎进大同巡抚衙门，奉为上宾安置下来。把汉那吉来降的消息传到北京，立即引起朝廷内的激烈辩论。有人主张不受降。他们引宋代接受郭药师、张毅投降，以致引起极大的战祸为证，认为应将把汉那吉送回去。还有人提出，收容生祸，不如全部杀掉，以绝后患。而主张接纳的一派也振振有词。双方针锋相对，争持不下。穆宗在权衡全局利弊之后，采纳了接纳派意见，向汉蒙言和的道路迈出了重要的一步。

把汉那吉南奔之后，抚养他长大的祖母依克哈屯昼夜啼哭，并派人报信给正与吐蕃作战的俺答。俺答虽然夺走了孙子的爱人，但他疼爱孙子的心并没有变，他也经不起依克哈屯的哭泣，便立刻率大军向长城袭来，要索回自己的孙子，整个北部边境立刻紧张起来。兵临城下，朝野震动，不仅反对派认为"接纳"引起了祸患，就是中间派也乱了阵脚。如果穆宗的态度也起了变化，就会前功尽弃。幸而穆宗不是朝令夕改的优柔寡断之君，他继续给接纳派以坚决的支持。在皇帝的庇护下，张居正、王崇古等接纳派不改初衷，在坚守备战的同时，积极开展了对俺答的攻心战。

俺答虽然来势汹汹，但他清楚地知道，隆庆以来长城边防正在逐日加强，明军实力已非昔日可比，此次进攻并没有决胜的把握。俺答正在犹豫之时，明朝使者告诉俺答，明朝出以诚心，厚礼接待把汉那吉，并不是明朝引诱把汉那吉，而是他厌恶陋俗，仰慕中原文化，自愿来降的。按照明朝的法律，斩获敌人首领及其子孙头颅者可以赏万金，封爵位。我们并非不能斩首请功，但为双方友好没有这样做。如果您要接他回去，理应好言好语商量。您现在恩将仇报，举兵要挟，难道我们的将帅会害怕您吗？一旦战争爆发，必然加速把汉那吉的死亡，对您能有什么好处呢？您还是不要轻举妄动为好。

使者的一席话打动了俺答。他为讨还孙子而来，怎么会置他于死地呢！他立即派使者打听孙子的消息。使者在大同看到了把汉那吉容光焕发、绯袍金带的神气样子放了心，俺答闻讯也放了心，对使者鲍崇德说："我是不愿与朝廷为敌的，过去的战事都是汉奸赵全挑唆的结果。如果皇上能封我为蒙古王，统率蒙古各部，我哪里敢继续作乱呢？即使我死了，我的孙子受朝廷衣食优待之恩，更不会背叛朝廷，但愿朝廷能明白我的心意，允许我们进贡称臣，开放边境贸易，使蒙汉百姓都能各得其所！"明王朝答应了其要求。俺答立即吩咐手下人出其不意地把赵全、李自馨等十几个汉奸捆起来，送到明军大营。

穆宗得到俺答言和献俘的消息，大喜过望。赵全勾结俺答二十多年来屡次进犯，京师数度危急，是朝廷的心头之患。今天俺答称臣，奸人就擒是自己圣明决断的结果。他决定一定要用最隆重的礼仪来庆祝这一胜利。隆庆四年（1570）十二月，穆宗亲自在皇宫午门楼主持受俘仪式，接着又大张旗鼓地行祭天、告太庙之礼，向祖宗显示自己的赫赫功绩。

在一派光宗耀祖的胜利气氛中，穆宗乘兴传旨：用最优厚的礼节护送把汉那吉回蒙古。把汉那吉奉旨感激不尽，依依不舍地跟王崇古等人洒泪告别。他身穿明朝赏赐的红袍回到了俺答的帐幕。俺答和依克哈屯看到孙子神采飞扬的高兴样子，百感交集，一齐流下兴奋的眼泪。俺答立即向穆宗上表称谢，从此，俺答和明朝结束了战争关系，打开了和平友好相处的大门。隆庆和议，是明朝处理与边疆少数民族关系最成功的一例，也是穆宗一朝最值得称道的政绩。

穆宗即位前长期生活在被景王谋害的疑惧中，即位后压力消失，不知不觉就放纵了不少。虽然穆宗在位期间也有过不少尚佳政绩，但他感受更多的是对外朝大臣争斗不休的失望和挫折感，所以对外朝政事愈发漠不关心，更加地纵情声色。只经短短几年时间，本来身体强健的穆宗由于纵欲享乐耗尽了精力。隆庆六年（1572）五月二十五日，穆宗正在坐朝，突然站起来走了几步，不知说了什么，只是嘴不断地歪动，显然是中风了。文武百官目瞪口呆，一派诚惶诚恐。司礼太监冯保和大学士张居正连忙赶上扶住。穆宗被扶入乾清宫。大学士高拱、张居正、高仪随即被宣入宫。只见穆宗斜倚在御榻上，已奄奄一息。三位大学士跪在御榻前，穆宗命冯保宣读诏书，命死后太子继位，期望三人能尽心辅佐。高拱等人泪流满面，叩头谢恩。第二天，三十六岁的穆宗皇帝就死去了。

第六章　明神宗朱翊钧

隆庆六年（1572）五月二十五日，正在坐朝的明王朝第十二位皇帝穆宗朱载垕突然中风，翌日驾崩。六月初十，十岁的太子朱翊钧登极即皇帝位，定年号为万历。朱翊钧是明代二十一位皇帝中在位时间最长的，在位四十八年。

朱翊钧是穆宗的第三子，生于嘉靖四十二年（1563）。其母为宫女李氏。李氏为商人之女，性柔媚，甚有谋略，而翊钧前边有两个哥哥均早死，因此翊钧成为了独子，所以母子都受到穆宗宠爱。翊钧五岁时，按李氏的意思，穆宗准其读书，这在大明历代皇子中，可算是一个特例了。大臣们于是都认定翊钧是位早慧的皇子。而事实上翊钧也的确聪明慧敏。隆庆二年（1568），内阁大学士合疏请立其为太子，三月间，便正式册立。

上学不久，每当李贵妃带儿子给皇后请安时，皇后经常取经书来，将学过的内容逐段逐句考问。翊钧无不对答如流，这使严厉的皇后也欣悦异常。张居正是翊钧的师保，对翊钧的成长，尤其是读书问题，可谓倾尽了心力。神宗刚即位，他便提出要开"日讲"。隆庆六年（1572）八月，日讲就开始了。神宗万历元年（1573）二月后，又举行了经筵。"经筵"和"日讲"，是明代皇帝教育的方法。前者每月逢二日期举行，勋臣、大学士、六部尚书、都御史、翰林学士等都要到齐，由翰林院及国子监官员进讲经史，典礼很隆重。"日讲"则只是讲官和内阁学士的日常讲学。那时，神宗所读的主要是《大学》《尚书》等典籍，除每月三、六、九视朝外，一概由张居正盯紧在东宫苦读。

隆庆六年十二月，张居正取尧、舜以来天下君主所做的可效法的善事八十一件，应警戒的恶事三十六件，汇成类似于连环画的故事书《帝鉴图说》，以便形象地使神宗对为君之道能有个初步的理解。其后，他又命翰林院从历代诸帝的实录和明太祖的《宝训》中，选择材料，分门别类，编成《创业艰难》《励精图治》《勤学》等四十本书让神宗阅读。每有机会，他自己也总向神宗讲一些如何为君的正论，严厉精敏，使少年皇帝极其敬畏。对此，李太后极为赞赏，每当神宗不用功，她便把张居正搬出来，说："告诉张先生吧，怎么样？"或者"这叫张先生知道了可如何是好？"使神宗在害怕之余，也隐隐地滋生了不满情绪。这给以后神宗残酷地报复张居正埋下了祸根。

万历元年（1573）至万历十年（1582）是万历朝最为靖昌的时期，当时"海内肃清，边境安全"，太仓的积粟可支用十年，国库的钱财多时达四百余万。当然，这主要不能算是神宗的"治绩"，而是张居正励精图治的结果。

张居正，字叔大，号太岳，湖广江陵人。隆庆元年（1567），张居正被遴选入阁。第二年，他便向穆宗上了一封《陈六事疏》，主张实行改革，提出"省议论""振纲纪""重诏令""覆名实""固邦本""饬武务"六大急务，深得穆宗嘉许。但可惜穆宗早逝，张居正当时又不是首辅，所以这些颇具见识而又切中时弊的主张暂时还得不到施行。直到万历初年，他以帝师和内阁首辅的地位，大权在握，才雷厉风行地付诸实施。

这场改革最先从政治上开始。张居正认为嘉靖、隆庆政局的混乱，症结在于吏治腐败。官员"因循敷衍""吏不恤民"等导致社会矛盾激化、农民不断起义。所以，他力主整顿吏治。万历元年（1573）张居正提出"考成法"。考察的标准是"惟以安静宜民者为最，其沿袭旧套虚心矫饰者，虽浮誉素隆，亦列下考"。为了增强政权机构的办事效率，还建立了办事考成的制度。各部门都立文册二本，一本送各科备注，凡执行的公事，一律记载立案，实行一件，注销一件；另一本则送内阁稽考，同时，各科、部、院之间也相互制约和监督，使各级官吏都不敢敷衍塞责。这项改革在当时可谓轰轰烈烈、朝野震动。吏治与办事效率有了明显改观，使中央政令"虽万里外，朝下而夕奉行"，为其他改革的推行奠定了基础。

这其中首先就包括经济方面的改革。万历初年，国家财政已露崩溃之象，无论朝野都十分忧虑。张居正从万历元年（1573）开始，一面主持裁减冗官冗费，另一面也开始控制皇室费用，减少开支。万历五年（1577），张居正提议清查丈量全国各类土地，实现"开源"，增加生产。到万历九年（1581），土地丈量完毕，共查实田地七百多万顷，比弘治时多出三百万顷。在此基础上，张居正吸取了早在嘉、隆年间就在一些地区施行的"一条鞭法"，在全国范围内推行。这个制度后来被称为我国赋税史上的一次大改革。它的基本内容有四点：一、统一役法，并部分地"摊丁入地"，不再区别银差和力役，一律征银。二、田赋及其他土贡方物一律征银。三、以县为单位计算赋役数目。四、赋役银由地方官直接征收。这次改革，对生产和货币经济的发展，都起了重要作用。

此外的重要改革，是整饬军备，加强边防。在蓟州一带，张居正继续重用著名抗倭将领戚继光镇守。使东起山海关、西至居庸关长城一带的边防异常整肃，后人称戚继光镇守蓟州十六年，"边备修饬，蓟州宴然"。在辽东，重用能征善战的大将李成梁任总兵官。万历二年（1574）十月，李成梁率部一举击溃为害边境的建州卫部落，斩女真都指挥王杲以下一千一百余人，取得了有名的"辽东大捷"。在北部的宣府、大同以及西至延绥、宁夏一带，任用王崇古为总督，对蒙古采取安抚睦邻政策。对军事上的这些改革，特别是选用将领，确保了明王朝边防的巩固。对此神宗也十分满意，他曾为此褒扬张居正说："先生公忠为国，所用的人没有不当的。"

然而这种情况在万历十年（1582）后发生了变化。这一年六月，张居正去世。神宗得到消息最初是十分悲痛的。他特意下诏罢朝数日致哀，赠张居正上柱国的荣衔，赐谥文忠公，并命四品京卿、锦衣卫堂官、司礼太监等人护送归葬江陵。身后的恩礼如此隆重，在明朝历代的臣僚中，都是极罕见的。但是不久，万历的态度却来了个一百八十度的大转弯，造成了说不尽的是非恩怨。

事情起因于太监冯保被逐。早些年，冯保曾将极受万历宠信的太监张诚赶出宫去。万历对此十分难过，所以就恨造成这一事端的冯保和张居正。张诚拜辞时，万历暗中交代他离宫后要留意探明冯、张二人的劣迹。

冯保的威福自恣已是出了名的，就是张居正，人虽能干，政务上也很有建树，但却远未做到廉洁自好，他招权树党、收受贿赂，甚至侵吞国库资产等，也是有的。这一切，都被张诚探了个清清楚楚。张居正死后，张诚重新进宫，便尽其所知一一陈奏，同时，建议万历先由冯保开刀，将其逐出宫去，查没其财物。这次对冯保的查抄，万历得金银一百余万、珠宝无数，结结实实地尝了次查抄的甜头。

冯保被抄后，神宗便打算通过清算张居正，树立自己的权威，达到总揽朝纲的目的，同时也敛聚些钱财。这时，恰有陕西道御史杨四知上疏参奏张居正十四条罪状，神宗立即批示说，朕这么信任、尊宠张居正，他却不思尽忠报国，借机谋私，有负朕的宠信，着令查处。万历十一年（1583）三月，神宗下令追夺张居正上柱国、太师荣衔，接着，又下令追夺文忠公谥，并革去其两子的官职。查抄钦差到达之前，先派人告知了荆州知府、江陵知县，将张家人口赶到空房子里看守。等到钦差到时，张家被锁的人饿死的已有十多口。查抄的结果，却只得黄金一万余两、白银十几万两，算不上什么巨富。钦差感到不好交代，十分恼怒，便把张居正的长子、礼部主事张敬修抓来拷问，要他交代藏匿的全部财产。张敬修受不住皮肉之苦，信口说还有三十多万两银子，分藏在别人家里，结果那些人家也受牵连被查抄。在这场查抄闹剧中，张敬修投缳自尽，张懋修两次自杀未遂，惨状令朝野惊悸。申时行、潘季驯等内阁和六部大臣上疏请求从宽处理，神宗才下诏留空宅一所、田十顷，以赡养张居正的母亲。

至此，在经历了近两年的清算报复之后，神宗终于彻底拂去了张居正、冯保政治威势在他心理上投下的暗影，也控制了朝中大权，成了一个名副其实的皇帝。神宗亲政之初，也颇想做出一番功业，然而很快他就发现事情不那么简单。朝臣们经过张居正十年的铁腕弹压后开始强烈反弹，考成法被废，为了减少"浮议"而钳制的言路也被放开，文臣们各抒己见，互相攻讦，朝堂上一时间混乱不已。

平心而论，明朝的文臣虽以直言敢谏而出名，但这些"直言进谏"并非全是忠心为国的谏言。文臣们在嘉靖末年已经形成了一种卖直求名的不良风气，其中卖直求名的一条捷径就是上疏指责皇帝，如果能激怒皇帝挨一顿廷杖，则更是瞬间就能名满天下并可以以此作为日后的政治资本。直言进谏这时已经变成了一种政治投机行为，文臣们对皇帝的指责要不然就其实并无道理，要不然就是些无碍大局的小事。这种风气实际上不但对国政毫无帮助，还恶化了中央的政治空气。高拱和张居正先后秉政主持改革时，都把"省浮议"作为一项重要的举措，想方设法令言官们少做无用的过度议论。高拱用的是自己身兼吏部尚书的权威，张居正则是用考成法。现在朝中没有一个强势人物能够压制浮议，而考成法又已经被废，一时间文臣们就如同被摘掉了紧箍咒，上疏进言以全然不若万历十年（1582）以前那样井然有序、言之有物，对皇帝各种有理无理的指责也扑面而来。

神宗的父亲穆宗皇帝当初就没少吃过这方面的苦头，最后对朝政失去兴趣，全部委任给自己亲信的高拱等人。现在轮到神宗来面对这些了。幸运的是神宗亲政的最初八年，尚有首辅申时行居中缓和他与朝臣的关系。申时行实在没有办法的时候，教了神宗一个将奏疏"留中不发"的方法，以避免神宗与朝臣的矛盾继续激化，却不知这个方法成了神宗后来怠政的常用手段。

随着时间的推移，朝臣们认为申时行逢迎上意，对他越来越不满。神宗固然信任自己的老师申时行，但渐渐也对他不是很满意了。于是申时行致仕归乡，神宗与朝臣们的冲突失去了最后的缓冲。因为矿监税使和国本之争，神宗与朝臣的矛盾不可收拾，闹到了神宗多年不见大臣不理政事的地步。

说到矿监税使，不能不先说当时明朝的经济环境和财政状况。明朝政府的财政状况从嘉靖年间就开始捉襟见肘，其中原因是多方面的。首先收入方面，士绅们接受"投献""诡寄"，隐匿土地人口、滥用优免，想方设法逃税漏税，而明王朝对发展蓬勃的工商业又极少课税，同时嘉靖年间倭寇猖獗，江南财税之地饱受其害，这三方面原因导致财政收入大减。

而支出方面，明王朝的一大半财政收入都充作军费。太祖时边军靠军屯几乎做到了自给自足，到成祖后军屯无法维持，便改为"开中法"，用盐引作为奖励鼓励商人向边地运粮。后来因为盐政的混乱无序，开中法也维持不下去了，在弘治年间被废弃。从此明王朝向边防军发放粮饷的方式就从运粮改成了运钱，发放"年例银"，让守军就地买粮。然而边地都不是什么上好的产粮区，大量的白银涌入后马上就产生了粮贵银贱的情况，导致边地粮价是内地的数倍有余。明王朝的大半财政收入几乎都在这种价差中蒸发掉了。

高拱、张居正都曾主持过改革，也都针对这些现状采取了措施，然而古人没有系统的经济学观念，所以无法从军费节流方面找到办法，只能在其他方面想办法。然而其他方面的改革无一不触犯文官和士绅的利益，尤其是商税问题。即使铁腕强硬如张居正者，也仅仅把开源的方法局限在丈量田土和赋税制度上，终身未曾提及征收商税之事。后来明王朝因为财政危机而一步步走向灭亡，也不曾向繁荣的工商业课过重税。

这种深重的财政困局导致神宗和朝臣的矛盾激化了。首先皇帝每年有一百多万两金花银作为皇家用度，归入内承运库（简称内库）。也就是说内库是独立于朝廷财政系统的。一百多万仅仅维持皇宫的运行当然是可以的，但是皇宫的侍从以及京畿附近的武将的饷银都不归朝廷管，是靠皇帝自己掏腰包发饷的。这样一来，金花银就变得捉襟见肘了。万历本来就有些贪财，自然对这种状况不能满意。后来他注意到开矿以及征收商税的利益极大，就派出了内监作为矿监和税使到各地去开矿和征收商税。

这件事有趣就有趣在，如果是文臣提议让朝廷征收商税，那么他马上就会被有商业背景的大臣们和地方士绅的口水给淹死；然而现在是内监去为皇帝本人征收商税，内监是皇帝的家奴，只对自己的主子皇帝负责，根本不用看文官和地方士绅的眼色行事。所以那些因征商税而利益受损的大臣除了向皇帝苦谏之外毫无办法。而皇帝不在乎，他们就束手无策。

文臣们不断向神宗进谏，说他富有四海，不该再搜刮天下与民争利。然而即使不站在皇帝的角度看，这也是句大而无当的空话，当然无法说服神宗。还有大臣打内库的主意，请求神宗用内库银两补贴财政。神宗与大臣们的关系自然越来越恶化了。矿监税使之争本质上是神宗对改革财政彻底无望后与朝臣争夺财政权。神宗派出的内监在地方为祸确实甚烈，但大臣的劝阻也并非全部出于公心，实际上没有哪一方在这场纷争中真正扮演了正义的角色。

神宗与朝臣的另一个斗争主轴是国本之争。所谓国本就是立储问题。神宗的长子朱常洛在万历六年（1578）八月降生，生母是恭妃王氏。然而神宗与王恭妃并没有什么感情，也不喜欢这个长子。按宗法制度，皇后所生的嫡皇子是皇位的当然继承人。但如果皇后没有生养，则"无嫡立长"，由长子来继承皇位。朱常洛恰好处于"无嫡"的情况下，所以，从皇太后到诸臣，都认定他必是法定的皇位继承人。这其后，虽然又有一个皇次子，不过不到一年就夭亡了，所以，直到万历十四年（1586），包括神宗在内，没有人对朱常洛的名分、地位提出什么异议。

问题出在万历十四年（1586）皇三子朱常洵出生后。常洵的生母，是最受神宗宠爱的郑氏。常洵一出生，神宗马上册封郑贵妃为皇贵妃。皇贵妃是仅次于皇后的封号，在名分上要高出恭妃两级。郑贵妃的晋封引得舆论大哗。人们纷纷猜测皇上把郑贵妃封为皇贵妃，其实是为"废长立爱"做铺垫。这么一猜测，朝臣们立刻感到神宗极有可能不顾祖宗礼法，立皇三子为太子，于是就有了长达十五年的建储之争。朝臣们屡屡上疏，要求早日确立朱常洛为太子，但神宗实在不愿意，就采用各种借口一拖再拖。神宗既厌恶那些满口仁义道德的大臣，又无法真正用权威压倒他们，只好躲进后宫，十多年也不出来见大臣，眼不见为净。

文官们千方百计巩固皇长子的地位，国本之事成了当时朝廷的原则问题，一旦有人有所含糊便会被群起而攻之。神宗见群情汹汹，不好正面硬顶，只好寻找借口。万历二十一年（1593）正月，他亲笔写诏书给首辅的王锡爵，说他"想待嫡子"。神宗的意思是皇后还年轻，还有生子的可能，一旦生子，则不必为立储费心，假如数年后还不见皇后生育，那时再议也不迟，至于皇长子，还很年幼，可与其两弟常洵、常浩一起，先封为王。这个理由也算有理有据，王锡爵立即遵诏拟旨，谁知谕旨颁下后举朝哗然，廷臣们纷纷上疏反对，并且连王锡爵也不放过，指责他参与了策划，将他包围在朝房里争论不休。王锡爵自知名声大损，于是上疏自劾，请求辞官。弄得神宗焦头烂额，站在他与郑贵妃一边的廷臣们也束手无策。迫于各方面的压力，神宗不得不追回"待嫡"和"三王并封"的谕旨。万历二十二年（1594），为皇长子举行了预教之典。至此，万历已料到事情不会有什么令他满意的结果。

真正使他在这件事上彻底绝望的是万历二十九年（1601）。这一年，首辅沈一贯按照廷臣的意见，再次提出立储之事。这时，皇长子已年满二十，皇三子常洵年至十六，都未冠婚。不仅神宗被持续十五年的立储之事搞得心力交瘁，而且事情也确实不能再拖了。于是，神宗只好同意诸臣的请求，于十月册立皇长子朱常洛为皇太子，同日，册封其他诸子为王。

国本之事令神宗对文臣的厌恶到达了极点，但他没有办法惩治这些文臣，因为些许惩罚不过是成全了文臣们求名的心思，过重的惩罚还师出无名。神宗的报复情绪无处发泄，最后就用怠政的方法和文官集团对耗。阁臣的选任、机关缺补、官员晋退等，神宗都一概置之不理。万历十一年（1583）后，中央和地方机构缺官日益增加，而且无法控制。到万历三十年（1602），官员短缺现象已令人震惊。两京尚书缺十三人，侍郎、科、道缺九十四人，巡抚缺三人，布政司、按察司及监、司机构缺六十六人，全国有二十五个府缺知府。万历三十四年（1606）二月，大学士沈鲤、朱赓上疏万历，请求递补六部大员，这份奏疏神宗也照例不理睬。这一年，中央九卿要员中空缺一半，有的衙署竟无一人。连参与上疏的大学士朱赓，任职三年还未见皇帝一面，而且以后有近一年时间，内阁中只有他一人。万历四十年（1612）时，内阁仅叶向高一人，六卿仅赵焕一人，都察院连续八年无正官，全国半数以上的府没有知府，而新科文武进士及教职数千人，却待命在京无人管。更让人啼笑皆非的是万历四十五年（1617）二月，有一天早晨官员们入朝，见有一百多人聚在长安门外，围成圈跪着号哭。大学士方从哲、吴道南等上前询问，号哭者回答说他们是镇抚司所管犯人的家属，问哭的原因，都说"衙门里没有主事的官，好长时间犯人不得判决，只在那里耗着，人都快死光了！"。

万历朝因为建储的分歧等原因，朝臣逐步分成一些党派，并在十几年的建储之争中逐步公开化、尖锐化。那时，官僚集团内部至少有三股势力。一股是人数多声势大的维护礼法、主张立皇长子为太子的守正群臣；另一股，是站在万历与郑贵妃一边，主张"废长立爱"的反对派；第三股是既不倒向哪一边，而又经常摇摆不定的握有权力的重臣。

在第一股势力中，有吏部文选郎中顾宪成。顾宪成在朝期间，先是力主册立皇长子，万历二十二年（1594），又极力推举因拥立皇长子而被解职的原首辅王家屏出任阁臣，连连忤逆万历旨意，因此被贬回原籍无锡。无锡城东有座后来闻名天下的"东林书院"，是宋代杨时讲学的地方，当时已经荒芜。顾宪成归家后，倡议出资修复，此后，便与同胞弟顾允成以及高攀龙、钱一本等一些意气相投的人在此讲学。每月一小会，每年一大会，逐渐吸引了许多官场失意、不满现状、看不惯世道、与当权者不和的退居林野的士大夫，鼎盛时，书院都容纳不下。他们不仅讲学，而且发表自己的政治主张，讽议时政，评论人物，深得社会上一些持相同政见的地主、商人和知识分子的支持，甚至连朝中的许多官僚士大夫，也因为赞同他们的主张，而参加他们的党派活动。久而久之，东林书院成了当时社会舆论的一个中心，顾宪成一班人也成为和当权者相抗衡的一股政治力量，被称为"东林党"。

与东林党公开作对的是万历二十二年（1594）入阁的首辅沈一贯。沈一贯是浙江宁波人，平素为人圆滑，政治手段老辣，尤其善于逢迎神宗旨意，拼命维护朝廷。他联合了出任京官的浙江籍人氏，互相呼应，攻击东林党人，被称为"浙党"。"浙党"与"东林党"，是万历年间两个最大的党派。此外，还有依附于"浙党"的"楚党""齐党"，以及"昆党""宣党"等以同乡关系结成的党帮。这些党派互相倾轧、互相争夺。其中，以"浙党"为首的、由许多党派结成的朋党依附朝廷，攻击东林党，使这场斗争的双方成了当时最大的两股政治势力。这两股势力的矛盾和斗争，随着政治危机的加深而愈演愈烈，势如水火。

那时的党争，在"京察"问题上表现得最为激烈。"京察"是明朝考核京官的制度，每六年举行一次。京察中，根据官员的政绩和品行，分别给予升降、罢官等奖惩，凡因此被罢官的，终身不再起用。所以，各党都充分利用京察作为排挤打击对立党派的手段。万历三十三年（1605），东林党人都御史温纯和吏部侍郎杨时乔主持京察，借机将浙党官员钱梦庚、钟兆斗等贬谪。沈一贯得知十分恼怒，一面将京察的奏疏扣住不发，一面上疏神宗，弹劾温、杨及其同党。到了万历三十九年（1611），齐、楚、浙党主持南京的京察，大肆斥逐东林党人。对于这一切，神宗几乎都不大过问，有关的奏疏，也大半"留中"，甚至听凭有关机构自行处置。

万历朝中后期，政治极端腐败，神宗的挥霍无度、横征暴敛，加上水、旱、蝗之灾连年不断，百姓穷困，搞得国家财政枯竭，民怨沸腾，尤其是矿监税使肆无忌惮地压榨，更使人民的反抗情绪如干柴烈火，反抗斗争遍及全国。而文官们则忙着和神宗打擂台，注意力都在国本之事上，对其他事情不怎么关心。万历三十年（1602）后，城乡人民和前线军兵的反抗斗争日益增多。那时候，江西上饶、景德镇，云南腾越，福建漳州等地民众暴动的奏表，每次都急如星火地送到神宗手里，而几乎每次又都被他留中。因为神宗知道兵部自会依律派兵镇压，他也比别人更清楚，造成这种局面的罪魁，其实是他自己。那恶名远播的"采榷"，那不理朝政的做法，都无一例外地自蹈死地，将大明王朝推入风雨飘摇之中。

然而，更为直接的威胁，却来自神宗最初一无所知的北部边陲。这一年，早就窥视大明江山的努尔哈赤在统一了大部分女真族部落之后，于赫图阿拉称汗，国号大金，年号天命，历史上称为后金。他本人被贝勒、大臣们尊为"覆育列国英明皇帝"。从此，脱离过去与明朝的隶属关系，公开与其为敌。万历四十六年（1618）四月，努尔哈赤以杀祖杀父之仇等"七大恨"告天，誓师伐明。四月二十一日，抚顺被努尔哈赤攻克，守城将士战死上万人，告急的羽书，一天数十次地传来，神宗这才着了慌，并下决心要与努尔哈赤决一死战。

第二年二月，神宗命兵部调集了近九万人的兵力，连同一万多朝鲜兵，计十万余人，号称四十七万大军，由辽东经略杨镐指挥，企图将后金一举歼灭。然而户部却疏告兵饷缺三百万两银子，请求从大内存银中调拨。当时的大内银库，每年增加金花银一百二十万两，所以内币十分充足，但是神宗坚决不同意。无奈，户部只好自己去东拼西凑。虽然请求拨款百呼不应，但建议加派却朝奏夕可。加派三年三增，因此成为岁额，累计每亩净增已达九厘，年田赋增征总额为五百二十多万两。许多农民因此被夺去土地，流离失所，怨声载道，终于导致后院起火，山东、河南等地农民暴动接连不断。

万历四十七年（1619）二月底，明军终于调集到辽东前线，然后兵分四路合围努尔哈赤主力。努尔哈赤采用"凭尔几路来，我只一路去"的方针，集中优势兵力，只几个回合下来，打得明军损兵近五万人，折将三百余员，被迫撤出辽东。这就是历史上著名的"萨尔浒之战"。萨尔浒战役后，后金与明王朝的力量对比发生了重大变化，后金的军事力量大大增强，由战略防御转入战略进攻。当年，后金兵又攻取开原、铁岭等地。十万铁蹄踏过辽东大地，直逼大明王朝的莽莽边墙。

神宗被深深地震动了。萨尔浒的失利，将亡国的威胁明白无误地推到了神宗面前，他感到从未有过的困顿和凄凉。不久，就染上病症。拖了一年多，到万历四十八年（1620）七月，神宗的病情突然加重，半个多月不思饮食。他深知将一病不起，便召英国公张惟贤、大学士方从哲和各部尚书等人到弘德殿，托付他们勤于职守，辅佐常洛。二十一日，神宗以五十八岁未老之身，一命归天。万历身后仅第七年，陕西灾民的暴动就揭开了明末全国农民大起义的序幕。

第七章　清世祖爱新觉罗·福临

　　爱新觉罗·福临是清王朝的第三位君主，也是清王朝入关以后的第一个皇帝，他能登上帝位是清王朝各派势力相互争斗与妥协的结果。崇德八年（1643）八月九日，清太宗皇太极突然病死，诸王大臣们为皇位继承一事僵持不下。拥有皇长子地位又具有实力的豪格与多尔衮、多铎、阿济格三兄弟之间争执不下，一场流血冲突眼看就要发生。在这千钧一发之际，多尔衮提出拥立皇太极的第九子福临继位，由郑亲王济尔哈朗和自己共辅国政。这一招确实厉害，选福临做幼主，堵住了要求立皇子的两黄旗大臣的嘴；提议济尔哈朗作辅政，又拢住了其统辖的镶蓝旗人的心；据有两红旗的礼亲王代善本没有参加角逐的打算，自然顺水推舟地表示赞同。多尔衮的折中方案被各方通过了。

　　福临就这样被推上了皇位。从表面上看，他的登基很有些偶然性。但是，多尔衮自然有他的考虑：只有立幼帝，他才能真正掌握辅政大权，这样，具有执政能力的皇长子豪格和年龄较大的皇子叶布舒、硕塞就均被排除在外。几个年幼的皇子中，福临的生母——永福宫庄妃是皇太极晚年最得宠的皇妃，子以母贵，福临承继皇位当最合先帝心意，诸王大臣对此自然也没有异议。

　　崇德八年八月二十六日，福临在盛京正式即位，第二年改元顺治。此时，正值明朝李自成领导的农民起义军攻占了北京城，崇祯皇帝在煤山上吊。降清汉人范文程上书为多尔衮出谋划策，力劝他要趁明朝崩溃而农民军立足未稳之时，不失时机地攻取北京，取明朝而代之。遇事一向敏捷果断的多尔衮也觉察到此乃千载难逢的天赐良机，因此打起为崇祯帝报仇的旗号，数日之内便聚集起大批兵马，日夜兼程向山海关进发。

三天之后，进军的清军正遇山海关总兵吴三桂迎降，清军顺利进入山海关。不久，在古长城的山海关一带，李自成的农民军与多尔衮率领的清军和吴三桂军展开了一场殊死搏斗。在清兵和吴军的夹击下，农民军大败退回北京，由于所剩兵力已难以据守，旋即仓皇撤离。清军进占北京的最大障碍已不复存在，各地官绅又因仇恨农民军而对清军望风迎降，多尔衮的大队人马便长驱直入开进了紫禁城。

顺治元年（1644）九月，顺治在济尔哈朗的护送下由盛京来到北京。十月初一，举行了隆重的庆祝开国大典。清晨，在诸王及文武百官的护卫下，顺治亲至天坛宣读告天礼文，正式宣告清王朝对全国的统治。随之是大封开国功臣，顺治命令将多尔衮兴邦建国的伟业刻于石碑上以传告后世，还封他为叔父摄政王。可以说，尽管在隆重的大典上即位告天的是幼帝福临，但由此而威权并加的却是摄政王多尔衮。

多尔衮清楚地知道：顺治在北京登基，远非真正的中原平定、全国统一。此时，大顺军尚有几十万兵马，各地农民武装更是出没无常、防不胜防。在南京，明朝遗臣奉福王朱由崧建立的南明弘光政权也是威胁清政府的另一支力量。十月十九日，多尔衮封英亲王阿济格为靖远大将军率部征讨大顺军。紧接着，又命定国大将军豫亲王多铎挥师南下，征讨南明。在清军的剿杀下，大顺军也曾一度进行反攻，但终于丢弃西安，于次年二月进入湖北，阿济格率清军紧追不舍。此后，坚持抗清的大顺军便大势已去了。偏安江南一隅的弘光政权，空有富庶的土地和明朝遗留的几十万人马，却君昏臣奸，大敌当前还醉生梦死、自相残杀。多铎的大军几乎是兵不血刃，就于顺治二年（1645）四月迫近江南重镇扬州。城陷后，面对异族的屠刀，督师扬州的史可法高呼"吾意早决，城亡与亡"，从容就义。由于守城兵士和百姓的顽强抵抗给清军以重创，多铎遂下令屠城十日以示报复，至五月初二日"封刀"，扬州百姓死亡人数超过了八十万，血流成河，惨不忍睹。这就是历史上血腥的"扬州十日"。攻克扬州后，清军很快攻下镇江，兵临南京城下。此时，弘光帝已仓皇出走，南明大臣多人冒雨迎降清军。弘光帝几天后被俘，在百姓的唾骂声中被解回南京。

平定江南的告捷文书传入京师，这时又传来了李自成遇难于九宫山的消息，清政府上下欣喜若狂，似乎天下已尽入清军之手。多尔衮显然被迅速得来的胜利冲昏了头脑，他于六月初五日下达了"薙发令"，命令江南各处军民尽行薙发，"倘有不从，以军法从事"。"薙发令"犹如火上浇油，激起了江南人民奋起抗清的斗争。"头可断，发不可丢！"各阶层人民纷纷揭竿而起，打出恢复明朝的旗号。江阴、嘉定先后爆发了规模浩大的反薙发斗争，市民和四乡农民群情激愤，守城抗清，在重创清军后，先后遭清军血洗。清朝统治者的民族高压政策激起了反薙发斗争，又进而引燃了遍及全国的抗清斗争，这的确是多尔衮和清朝贵族所始料未及的。

直到多尔衮去世，他所期待的天下大一统的局面也没有出现。但清朝入主中原、天下初定的首功的确是非他莫属。随着地位愈加尊崇，他也愈加擅权专断，有恃无恐。他肆无忌惮地排除异己：豪格到底被罗织的罪名置于死地，济尔哈朗也因"擅谋大事"被削夺了辅政大权。一切政令皆出自多尔衮之手，他甚至将大内的"信符"置于自己府中。每当他入朝时，诸臣皆下跪行礼，多尔衮是大清国实际上的皇帝，已成为当时朝野皆知的事情。而福临不过是"惟拱手以承祭祀"而已，甚至有记载说为了保全自己儿子的皇位，顺治的母亲孝庄皇太后曾下嫁给了多尔衮。尽管这一点尚有疑问，但多尔衮被加封为皇父摄政王却是确凿无疑的。

几年过去了，福临步入了少年。他不仅骑射之术日精，更关心治国用兵之道。但是，顺治的叔父、摄政王多尔衮并没有丝毫归政的意思。历史常常因偶然的事件而改写。顺治七年（1650）十一月，多尔衮出猎坠马受伤。这次受伤后他卧床不起，于十二月初九日在喀喇城去世，享年三十九岁。多尔衮虽中年早逝，但他生前威比天子，富过君王，死后恩义兼隆，荣哀备至，可以称得上是善始善终、结局圆满了。但是，形势很快便出人意外地急转直下。多尔衮死后两个月，苏克萨哈、詹岱首告多尔衮曾"谋篡大位"。以郑亲王济尔哈朗为首的诸王大臣也纷纷上奏，追论多尔衮独擅威权、挟制皇帝、逼死豪格、纳其妃子等一系列罪行。顺治皇帝下诏削夺了多尔衮的爵位，没收他的财产，又命令毁掉他的陵墓。人们挖出他的尸体，棍打鞭抽，然后砍掉脑袋，暴尸示众。通过这些处置，顺治出了一口闷气。同时安抚了诸王大臣的愤怒情绪，并给予那些想继续预政的诸王大臣们一个暗示：想觊觎皇位、欺逼圣上是没有好下场的！

十四岁的顺治此时才成了真正的一国之主。顺治八年（1651）正月十二日，他御太和殿亲政。由于宫廷中良好的学习条件，顺治六岁时就对读书颇具兴趣，为了学习中国历代帝王的治国修身之道以提高自己的执政水平，亲政后更发奋攻读。他以少年人所特有的热情和勤勉，阅读了大量汉文书籍，包括左史庄骚、先秦两汉、唐宋八大家、宋元著述。后来，他在回忆起这段读书生活时说，那时除了处理军国大事，便是读书，但因当时顽心尚在，多不能记牢，就五更起来再读，到天大明时便能背诵了。勤奋读书使他摆脱了先辈那种游牧民族的草莽之气，而颇具文人学士之风，给他的政策以十分深刻的影响。从此，他不再像自己的先辈一样单靠"武功"治天下，转而以"文教"作为治国之本。

针对多尔衮摄政时期实行的一些弊政，经过与大臣们反复商讨，顺治决定首先采取一些措施缓和民族矛盾，在军事上，他决定首先采取以抚为主的怀柔政策和先西南后东南的战略措施。当时，江、浙、闽、粤一带有郑成功的水师出没，滇、桂、川、黔的大部又被南明西宁王李定国等分据，清军穷于应付，疲于奔命。因此，集中兵力于一隅，改变两个战场同时作战的被动局面，是尽快结束战争再造一统的上策。八旗劲旅娴于骑射，固习于陆战。郑成功指挥的三千多艘船只云集在厦门附近的港湾河口，令清兵望而生畏。因此唯有采取先西南后东南的战略才为适宜。为了实现这一战略部署，顺治采取了两项措施：一方面极力争取招抚郑成功，以便集中兵力对付西南战场；一方面任命洪承畴为五省经略，直接负责西南的战争。他还谕令兵部，对各地小股农民武装，不管人数多寡，罪行大小，只要能真心改悔，主动投诚，全部赦免其罪，由当地政府安置。命各级官吏将文告遍布通衢要道，使之家喻户晓。

顺治十年（1653）五月，洪承畴出任湖广、广东、广西、云南、贵州五省经略，总督军务，兼理粮饷。顺治给予他节制升迁地方文武官员、决定进兵时机的大权，特令他遇到紧急情况，可以"便宜行事，然后知会"。这种知人善任、事权划一的做法，有利于指挥者主动灵活地捕捉战机，为西南战局的根本改观提供了重要保证。洪承畴对皇帝的意图自然心领神会，他谋略很深，又十分熟悉西南的山川形势，到任不久便有了起色。他先是控制了湖广，在南下时机业已成熟之际，适逢南明所封的秦王孙可望为权欲所驱，袭击李定国，后来又走投无路投靠清军。孙可望"开列云贵形势机宜"作为进见之礼，使洪承畴尽知义军内情，遂大举向西南进军。清军相继攻克贵阳、重庆、遵义等地，于顺治十六年（1659）一月进入云南，在永昌磨盘山一带歼灭了李定国主力，桂王朱由榔逃入缅甸。至此，最后一个维系明朝遗民之心的南明政权已经名存实亡。

西南形势出现根本好转后，东南的郑成功仍在坚持抗清拒不受抚。这时，顺治的态度开始强硬起来。顺治十四年（1657）三月，他下令对郑成功"当一意捕剿，毋复姑待"，一个月后又将其父郑芝龙及其亲属子弟等"俱流徙宁古塔地方，家产籍没"。在顺治的招抚下，郑氏部将黄梧、施琅、苏明相继降清，抗清形势趋于低潮。在这种情况下，郑成功率师东渡，驱逐荷兰殖民者，收复了台湾。持续了近二十年的大规模武装反清斗争已接近尾声，一个统一的多民族王朝终于在刀光剑影中完成了草创。

顺治深知"帝王临御天下，必以国计民生为首务"，为了迅速改变国穷民匮的局面，他十分重视恢复正常的社会经济秩序。顺治十年（1653），他采纳了范文程等人的建议，设立兴屯道厅，在北方推行屯田开荒。在四川等地，则实行由政府贷给牛犋种银，任兵民开垦的鼓励政策。由于当时清政府自身财政困难，无力筹措大量牛种银两，因此收效不大，也未能推行全国。此后，他先后颁发了督垦荒地劝惩则例和官员垦荒考成则例等，鼓励垦荒。顺治十四年，清政府以明代万历年间的赋役额为准，免除天启、崇祯年间繁重的杂派，不久又编成《赋役全书》颁行天下。政府还向税户发放"易知单"作为缴纳赋税的凭据，以防止各级官吏的加征和私派。第二年，河南巡抚贾汉复奏上了清查垦荒地九万余顷、每年可增收赋银四十万八千余两的报告。鼓励垦荒的措施立见成效，使顺治十分喜悦，他对贾汉复大为称赞，并立即加以提拔重用。

圈地是多尔衮摄政时期一项很大的弊政，这一时期曾进行了两次大规模的圈地。开始声称只圈无主荒地和明朝勋贵的土地分给满族官兵，实际上随意将民地指为官庄，把私人熟田硬说成是无主荒地，后来索性不论土地有主无主，一律圈占。田地一旦被圈，田主也马上被驱逐，家中一切财物都被占有。许多百姓被搞得倾家荡产，无以为生。被圈的土地中只有少量分给了八旗旗丁，大部分落入皇室王公和八旗官员之手。由于兵役繁重，旗丁的土地往往抛荒不能耕种，由此给生产造成了极大破坏。鉴于圈地所造成的严重后果，顺治亲政后便下了严禁圈地的谕令。他认为，田野小民全仰赖土地为生。听说各地都在圈占土地作为打猎、放鹰的往返住所，便迅速令地方官将以前所圈土地全部退还原主，使其抓住时机耕种。后来，他再三重申，永远不许圈占民间房屋和土地。以后，虽然零星圈占土地的行为时有发生，但在顺治期间再没有进行大规模的圈地，这种危及千家万户的滋扰总算暂时中止了。

清朝初年，多尔衮对文武官员的烧杀掳掠、贪污行贿多持放纵态度，还造成吏治腐败。这些人奸淫劫掠、苛剥民财、强买强卖、占产索食、私受民词、草菅人命，可谓无恶不作。官吏惊人的腐败威胁着清政权的巩固和稳定，也影响着与南明的军事斗争成败。顺治十分了解这个问题的严重性，他说，朝廷要治理国家、安抚百姓，首要任务就是惩处贪官污吏。他下达了惩治贪官的谕令，明示臣下。谕令督抚对所属官员严加甄别，对那些扰民的官吏立行参劾。他又派出权力很大的监察御史巡视各地，让他们对违法的总督、巡抚、总兵进行纠举。临行前，顺治亲自召见了他们，对注意事项一一作了指点。不久，漕运总督吴惟华、江宁巡抚土国宝、云南巡抚林天擎等人就因贪污不法、苛派累民被革职。巡按御史顾仁执法犯法，"违旨受赃"，被立即处死。据记载，仅顺治九年（1652）被革职的贪官污吏就达二百余人。

顺治的这些努力，虽没有从根本上革除封建官僚机构的弊病，但对稳定清朝初年的统治确有作用，使之在与南明的争战中占据了优势地位。顺治很明白，要加速统一中国的进程，巩固大清江山，就必须依靠汉官。在他亲政后，清政府中汉官的地位和作用发生了明显的变化。原来清廷有一条旧规，汉官在各衙门中不能掌印，即当家不能做主。顺治亲政不久规定，谁的官衔在前，谁就掌印。顺治十二年（1655）八月，都察院署承政事固山额真卓罗奉命出征，顺治即命汉官承政龚鼎孳掌管部院印信。龚鼎孳闻命后，诚惶诚恐，战战兢兢，以一向以满臣掌印上疏推辞。但顺治仍坚持让他掌印。从此以后，汉官掌印才正式作为一种制度确定下来。内阁大学士，起初满人是一品，汉人只是二品，顺治十五年（1658）改为全是一品。六部尚书起初满人一品、汉人二品，顺治十六年（1659）也全部改为二品。

汉族大学士洪承畴、范文程、金之俊等，既熟悉典章制度，又老谋深算、富有政治斗争经验，顺治对他们都很信任和重用。亲政不久，他就任范文程为原先全由满人出任的议政大臣，使之得到了汉人从未得到的宠遇。他与范文程常在一起探讨如何治理国家的问题。范文程告诉他统治者所实行的政策，要顺乎民心、合乎潮流，并提出兴屯田，招抚流民，举人才不论满汉亲旧、不拘资格大小、不避亲疏恩怨等重要建议，大多被他采纳。他与范文程过从甚密，常在其陪同下"频临三院""出入无常"，宫廷内院几乎成了范的"起居之所"，连朝中一些汉官也为之不满，顺治却毫不在意。范文程在他手下屡屡加官进爵，当范文程年老体衰、上疏乞休时，顺治仍然恋恋不舍，命他养好病后再加召用。

顺治重用和宠遇汉官，就是要"图贤求治"，使清王朝长治久安。但是，在他内心深处，仍存在着满洲贵族对汉人本能的一种猜忌心理。他最担心汉官结党，因此时时加以防范。顺治十年（1653）四月，大学士陈名夏、户部尚书陈之遴、左都御史金之俊等二十七名汉官联名上疏，要求重治杀害妻妾的总兵任珍。顺治立刻警觉起来，认为陈名夏等人是党同伐异，便令各部七品以上官员云集在午门外，对陈名夏等人议罪，结果，陈名夏等人分别受到降级、罚俸的处分。后来，大学士宁完我又以痛恨薙发、鄙视满洲衣冠、结党营私、包藏祸心的罪名弹劾陈名夏，使他终被处决。类似的猜忌、防范乃至加害汉官的事时有发生，但总起来看，顺治对汉官还是信任和重用的，也正是这些人在他统治期间助他一臂之力，使这位年轻的皇帝能有所作为。

顺治八年（1651），由大学士范文程引见，福临与汤若望相识了，这位学识高深的外国传教士很快就博得了年轻皇帝的好感和敬仰。这一年，汤若望被诰封为通议大夫，他的父亲、祖父被封为通奉大夫，母亲和祖母被封为二品夫人，并将诰命绢轴寄往德国。不久他加封太仆寺卿，接着又改为太常寺卿。顺治十年三月，又赐名"通玄教师"。顺治皇帝不仅使他生前尊贵荣耀，连他的身后之事也打算到了。顺治十一年（1654）三月，就将阜城门外利玛窦墓地旁的土地赐给汤若望，作为他百年后的墓穴之所。后来，顺治亲笔书写"通微佳境"的堂额赐给他悬于宣武门内的教堂内，还撰写碑文一篇，刻于教堂门前，赞扬他"事神尽虔，事君尽职"。在顺治的恩宠下，汤若望真可谓是爵位连进，尊荣有加。因顺治的母亲孝庄皇太后认汤若望为义父，他便按满语习惯尊称汤若望为玛法，即汉语的爷爷。

顺治对汤若望这种不同寻常的恩宠，究竟原因何在？他曾经对左右大臣这样说过："汝曹只语我大志虚荣，若望则不然，其奏疏语皆慈祥，读之不觉泪下。"又说："玛法为人无比，他人爱我，惟因利禄而仕，时常求恩；朕常命玛法乞恩，彼仅以宠眷自足，此所谓不爱利禄而爱君亲者矣！"对皇帝的知遇之恩，汤若望感激涕零。因而，他常常直言以谏，为顺治执政出谋划策，充当着心腹顾问的角色。顺治皇帝临终时议立皇嗣，专门征求汤若望的意见。汤若望以玄烨出过天花以后可以终生免疫此病为由，主张立玄烨为皇位继承人，顺治最后一次遵从了他的意见。

顺治宠遇汤若望，使天主教也得以在华风靡一时。汤若望在中国与西方传教士之间架起了一座桥梁，使大批传教士涌入中国，获得了传教的自由。自顺治亲政到康熙初年的十几年中，全国至少有十万人领洗入教，而在此之前的七十多年中，总共才有十五万人入教。

如果说，顺治对天主教的兴趣主要是缘于对其"玛法"汤若望的尊宠的话，那么，顺治对佛事的崇尚，的确是心向往之。清初，临济宗著名禅僧玉林琇年仅二十三岁就做了湖州报恩寺住持，这在禅门实属罕见，遂为佛子们看重。顺治耳闻玉林琇的大名后，便诏请他入京说法。不料，玉林琇竟然摆起清高的架子来，接到诏书后，他先是卧床不起，后来又以先母未葬为借口婉言谢绝。直到第二年，在几经催请下，他好不容易启程赴京，谁知走到天津又称病不行。直到顺治应允他问道完毕立即送归，玉林琇才终于到了北京，得到顺治十分优渥的礼遇。顺治将他以禅门师长相待，请他为自己取法名为"行痴"，自称弟子，还时常亲临玉林琇的馆舍请教佛道。玉林琇也极力以佛教影响顺治，经常讲得皇帝喜悦异常，并因此授给他黄衣、紫缰、银印、金印等，还先后赐予他"大觉禅师"和"大觉普济禅师"的称号。双方的交往各有企图，玉林琇的目的在于提高自己的威望，并借助皇权扩大自己宗派的势力，而顺治则从佛教中找到了某种慰藉自己心灵的意念。尽管目的不同，却殊途同归，皇帝和禅僧被佛教紧密地联系在了一起。

顺治刚满十四岁时，皇太后根据当时摄政王多尔衮之意，选定科尔沁卓礼克图亲王吴克善之女博尔济吉特氏为皇后。顺治八年（1651）八月十三日举行了隆重的大婚礼，奉迎皇后入宫。这一天，京城内外一派万民同庆的景象。宫内各处御路用红毡铺地，各宫门双喜大字高悬。但是，隆重热闹非凡的婚礼，并没有给皇帝带来美满的婚姻。皇后天生丽质，乖巧聪慧，但是婚后不久，就与皇帝产生了裂痕。顺治对皇后很快就发展到不能容忍的地步。两年后将其废黜，降为静妃，改居侧室。博尔济吉特氏为什么被打入冷宫？顺治本人认为她处心不端，非常刻毒，妒忌之心很重，见到容貌稍微出众的人就十分憎恶，必欲置之于死地。对皇帝的一举一动，她无不猜防，以致皇帝不得不别居他处，不与之相见。皇帝一向爱慕简朴，她却癖好奢侈，所穿服装皆以珠玉绮绣缀饰，不知珍惜，进膳时，有一件器具不是金制的，便十分不高兴。对她的所作所为，皇帝忍无可忍，忧郁成疾。皇太后得知其中缘由之后就让他酌情裁夺，皇帝由此决定废黜皇后。

但是，废后一事并非一帆风顺。顺治虽居一国之尊，但受礼法约束，也不能轻易行废立皇后之举。当废后的打算为大臣们所知后，大学士冯铨、陈名夏等人先后上奏，请皇帝深思熟虑、慎重行事。他们认为皇后正位以来没有什么明显过失，就这样轻易废黜，既不能服皇后之心，也不能服天下后世之心。假若皇后确实不合皇帝心意，可仿效旧制选立东西二宫。但顺治决心已下，难以更改，经过一番周折后，最终还是废了皇后。从诸大臣当时的奏书看，皇后也未必就如顺治所斥责的那样狠毒不仁，或许就是人们常说的，两个人没有缘分吧。

顺治一生共有后妃十九人，但他最宠爱的大概就是董鄂氏了。据说，董鄂氏原本是顺治的异母兄弟襄亲王博穆博果尔之妻，却受到顺治狂热的爱恋。博穆博果尔为此对董鄂氏大加申斥。顺治闻知此事后，竟打了弟弟一个耳光。不久，博穆博果尔怨愤而死，年仅十六岁。等董鄂氏二十七天丧期服满，顺治便册立她为贤妃，时为顺治十三年（1656），皇帝十九岁，董鄂氏十八岁。一个月后又被晋为皇贵妃，颁诏天下。清朝册封妃嫔原来并不颁诏天下，顺治的破例之举足以证明他对董鄂氏的宠爱。皇贵妃之父也极受宠遇，连升三级，并得到大量的赏赐，死后被追封为侯。

董鄂氏曾为顺治生了个儿子，即皇四子，子因母贵，据说皇帝曾准备将他立为皇太子。但不幸的是他生下三个月后还未命名就夭亡了。事过不久，宠冠后宫的皇贵妃也因忧伤过度玉殒香消，时值顺治十七年（1660），她仅仅陪伴了顺治四年就匆匆离去了。董鄂氏之死使顺治陷入了无法摆脱的痛苦之中。皇贵妃死后，皇帝用蓝笔批本达四个多月，而清朝定制，皇帝及太后之丧，蓝笔批本也仅以二十七天为限。顺治既然不能与他心爱的贵妃共享永年，只好以这些殊遇来表达和寄托自己对她的无限爱恋和怀念。他亲自为董鄂妃书制的《董妃行状》洋洋洒洒数千言，追念两人朝夕相处的恩爱种种。为了抚慰顺治，太后同意追封董鄂氏为皇后，即孝献皇后。

尽管顺治以种种特殊待遇对待死去的宠妃，却没有使他哀痛至极的心得到慰藉。此后，他的情绪日益消沉，本来就很孱弱的身体，越发显得力不能支了。顺治十八年（1661）正月初二，顺治亲往悯忠寺观看亲信太监吴良辅的削发出家仪式，回宫后便卧床不起，经诊断，竟是染上了可怕的天花，立嗣顿时成了当务之急。孝庄皇太后一向对皇三子玄烨刻意培养，寄予厚望，坚持立他为皇太子。顺治派人征询汤若望的意见，他的意见与太后相同，本想立次子福全的顺治只好同意了这个意见。自知死期将近，顺治召诸王贝勒和众臣前来宣布遗诏，在遗诏中他宣布由八岁的玄烨继承皇位，由异姓功臣索尼、苏克萨哈、遏必隆、鳌拜四人辅政。

遗诏念罢，顺治也一命归天，年仅二十四岁，他在位十八年，亲政十一年。颇具个性的顺治被谥为"章皇帝"，庙号"世祖"。

第八章　清圣祖爱新觉罗·玄烨

　　玄烨是顺治皇帝的第三个儿子，生于顺治十一年（1654）三月十八日。他的生母为佟氏。佟氏的祖父佟养真跟随清太祖努尔哈赤兴兵抗明，是清朝的开国功臣。她的父亲佟图赖是汉军正蓝旗人，也屡建战功。佟氏家族也因此成为八旗汉军中显赫一时的名门大族。顺治皇帝为了缓和民族矛盾，改变在蒙古贵族中选妃的习俗，开始在汉军中选妃后，佟氏被选入清宫。但佟氏不受顺治宠爱，因此，玄烨也遭顺治帝的冷落。

　　值得庆幸的是，玄烨的祖母孝庄皇太后对玄烨母子格外钟爱。她派自己的侍女苏麻喇姑协助保姆照看玄烨，教他读书写字。她还经常亲自对玄烨加以教诲。祖母的教诲犹如春风化雨滴入幼年玄烨的心田，这不仅在一定程度上补偿了他所渴望的父爱，更重要的是培育了他日后作为帝王不可缺少的品质。

　　尽管孝庄皇太后一直在用未来君主的标准培养玄烨，但顺治却一心一意爱董鄂妃，希望立她所生的皇子做太子。但谁曾想，董鄂妃生下的皇四子福薄命浅，才三个月便夭亡了。从此，玄烨的处境才有了好转。玄烨六岁时，同哥哥福全、弟弟常宁一同进宫拜见顺治。向父皇请安完毕，顺治便问儿子们有何志向。常宁年仅三岁，不会回答。福全为庶妃所生，年纪长但地位低，他答道："愿意做一个贤王。"而玄烨则高声回答："效法皇父，勤勉尽力。"顺治知道这是太后的授意，开始有了由玄烨继承皇位的想法。两年后，年轻的顺治皇帝一病不起，在孝庄皇太后的坚持下，顺治立下了以玄烨为皇太子的遗诏。

顺治十八年（1661）正月初九，玄烨在孝庄皇太后的亲自主持下，登上皇位，改次年为康熙元年。孝庄皇太后由此又担负起辅佐第二代幼主——康熙的重任。康熙即位第五天，她便向王室宗亲、文武大臣发出懿旨：要报答我的儿子顺治皇帝的恩情，就要偕四大臣尽心协力共辅幼主，这样才能名垂青史。太后的威严与对皇孙的深情溢于言表。四大臣辅政，也是孝庄皇太后同顺治反复考虑后采取的新体制。按清代旧制，由宗室诸王辅佐幼主处理政务。但太后对顺治初年睿亲王多尔衮摄政后独断擅权的往事记忆犹新，所以一改旧制，让元老重臣佐理政务，而把决策权抓在自己手中。除此之外，太后把更多的精力放在指导康熙学习执政上。她谆谆教导康熙，不辜负百姓的期望，宽裕慈仁，慎言谨行，继承祖先基业。

　　康熙即位时还不满八岁。他尽管在祖母悉心培育下大器早成，但担负管理国家的重任还为时过早。好在顺治在遗诏中已做安排，委托索尼、苏克萨哈、遏必隆和鳌拜辅政。四大臣在顺治帝的灵位前曾立下誓言：要竭尽忠诚，不谋私利，不结党羽，不受贿赂，忠心仰报皇恩，全力辅佐君主。四大臣中的索尼、鳌拜和遏必隆都是两黄旗人，是跟随清太宗南征北战的元老勋臣，后来又拥立年幼的顺治皇帝即位。多尔衮擅权时，由于他们忠于顺治，被视为眼中钉，先后被革职、削爵并籍没家产。直到顺治亲政，他们才复了职，并且进一步受到重用。四大臣中的苏克萨哈虽是多尔衮属下的近侍，但他在多尔衮去世后，检举多尔衮殡葬服色违背祖制并企图谋反的罪行，深得顺治帝和太后的信赖。长期以来，他们对顺治和太后忠心耿耿，所以能以异姓臣子的身份位居宗室诸王贝勒之上，担起辅佐幼帝康熙的大任。辅政之初，四大臣遇事协商，凡欲奏事，一同进谒皇帝或太后，待太后决策后，再由他们以皇帝或太后的名义发布谕旨。辅政大臣虽无决策权，但他们可以入直、票拟并代幼帝御批，后来鳌拜专权乱政就钻了这个空子。

　　鳌拜是镶黄旗人，是清朝开国元勋费英东的侄子。显赫的门第和卓著的战功使他青云直上，位至公爵。鳌拜野心勃勃，善于玩弄权术，骄横跋扈，人多惮之。身为四朝元老的索尼尽管德高望重，这时已年老体弱，力不从心了。遏必隆为人怯懦，没有主见，又加上与鳌拜同属一旗，利害相关，所以总是随声附和。苏克哈萨虽然在四大臣中仅居索尼之次，但他资望浅，又与索尼素有嫌隙，与姻亲鳌拜也时常反目，常常在辅臣中处于孤立无援的境地。这样，协商辅政的局面不久便被打破了，大权逐渐落到了一心独揽朝政的鳌拜手中。他任人唯亲，广置党羽，不断扩大自己的势力。大学士班布尔善、吏部尚书噶褚哈、工部尚书济世都是他安插在要害位置的亲信。遇到政事，他们常常私定对策，然后才上奏皇帝，甚至拦截奏章，阻塞康熙同臣下的直接联系，以便把持朝政，架空幼帝。

康熙六年（1667），鳌拜执意调圈已耕作了几十年的旗地，引起土地荒芜和民怨沸腾。户部尚书苏纳海、总督朱昌祚、巡抚王登联名上书反对，鳌拜大怒，硬逼康熙同意处死三人，未能得逞后，竟矫旨将三人绞死。索尼看到鳌拜如此跋扈，深感愧对先帝的重托而又无能为力。因此在康熙十四岁时就多次上书要求康熙亲政，以削夺鳌拜的权力。

康熙得到祖母太皇太后的允许，按照祖制遂于康熙六年七月初七举行亲政大典。康熙亲政前，索尼已去世，鳌拜的野心进一步膨胀，想越过苏克萨哈和遏必隆，占据索尼的位置，进而成为宰相，更加大权独揽。于是，他拉拢苏克萨哈推荐他，遭到拒绝。旧恨新仇使鳌拜立意除掉苏克萨哈。苏克萨哈自知斗不过鳌拜一伙，为了免除杀身之祸，欲急流勇退，故上书请求去守护先帝陵寝。康熙不理解苏克萨哈的行动，一面派人去询问原因，一面请议政王大臣会议议处。鳌拜怕苏克萨哈的要求一旦获准，自己也要效仿他交出辅政大权，便给苏克萨哈罗织了心有怨恨等二十四条罪状，必欲处以极刑。议政王大臣会议在鳌拜的操纵下，奏请将苏克萨哈凌迟处死。

收到奏章，康熙十分震惊。他认为苏克萨哈是前朝重臣，又勤勤恳恳辅佐七载，理应酬报，又何罪之有？他当即召见议政王杰书和鳌拜、遏必隆等人，指出复奏有误。鳌拜先发制人，强词夺理地说："我同苏克萨哈本来没有什么怨仇，只是他欺君罔上，才秉公而断，要对他重重治罪。不然，再有人学他的样子就不好办了。"康熙说："欺君罔上的人眼下不是没有，苏克萨哈还是守规矩的。"康熙不允鳌拜所请，鳌拜恼羞成怒，瞪目挥臂，连日在金殿上强奏，他的党羽们也亦步亦趋，为虎作伥，终于威逼年少的康熙下了绞死苏克萨哈的命令。

面对鳌拜的步步进逼，康熙已经忍无可忍了。但康熙深知鳌拜党羽众多，势力很大，加上他是武将出身，有一身好武艺，不是轻易能制服的，如果稍有不慎就会祸及自身，因此，他在暗中加紧了除掉这个权奸的筹划。由于现有的侍卫大多受鳌拜控制，不甚可靠，康熙第一步先从各王府中挑选了上百名亲王子弟做他的侍卫，组成善扑营，整天让他们摔跤弄拳，不出一年，便个个练得武艺高强。鳌拜听说此事，以为皇帝年少贪玩，并未放在心上。第二步封鳌拜为一等公，鳌拜更觉得平安无事了。第三步任命索额图为一等侍卫。索额图是索尼的儿子、康熙的叔丈人，他同康熙以下棋为名，制定了擒拿鳌拜的整体方案。为了保证行动万无一失，康熙事前把鳌拜的党羽先后差遣出京办事，他又召集善扑营成员进行动员。康熙问大家："你们惧怕皇上还是鳌拜？"侍卫们齐声答道："独畏皇上！"这一天，康熙召鳌拜单独进宫议事，鳌拜像往常一样大摇大摆地走进宫内，只见康熙端坐中间，两旁是威风凛凛的少年侍卫。鳌拜见势不妙，还想故伎重演，大发淫威，不料康熙一声令下，少年侍卫们一拥而上，七手八脚便拿下了鳌拜。这个横行数年、权倾朝野的权奸顿时成了阶下囚。康亲王杰书奉康熙的命令审讯了鳌拜。不久，便公布了鳌拜结党专政的三十条罪状。最后念其当年搭救清太宗皇太极有功，赦免了他的死罪，让他在监禁中度完了余生。康熙还依据罪行轻重惩处了鳌拜的党羽，罪大恶极的济世等人被处死，其余的被革职降级。与此同时，受鳌拜诬陷的苏纳海等人得到了昭雪。苏克萨哈的后人承袭了他的爵位和世职。康熙对各级官员进行了大规模调换，并下达了《圣谕十六条》，意在刷新朝政，彻底清除鳌拜的恶劣影响。

年仅十六岁的康熙在战胜鳌拜集团的斗争中，显示出惊人的魄力和才智。从此，他便将朝政大权牢牢掌握在自己手中，开始充分施展自己的政治才能。康熙亲政后，经过一番考虑，将当务之急的治国大事列出，然后亲自书写了"三藩、河务、漕运"的条幅悬挂在宫中柱子上，以随时提醒自己。由此可见解决三藩是康熙朝夕不忘的首要大事。三藩，是指明朝降将吴三桂、尚可喜、耿仲明三个藩王，他们分别盘踞在云南、广东、福建三个省区。三藩王在明末清初先后降清，为清兵入关立下了汗马功劳。吴三桂被封为平西王，尚可喜和耿仲明也分别被授予平南王和靖南王的封号。

尚可喜因为年老多病，已把藩事交给儿子尚之信主持。尚之信残忍狂暴，酗酒嗜杀，连老子也不放在眼里。他曾经割下行人的肉喂狗，甚至无故刺死尚可喜派来送信的官监取乐。尚可喜担心儿子早晚会闹出事来，同时也不甘心受他的挟制，便在康熙十二年（1673）春上书，请求回辽东老家养老，早已有撤藩打算的康熙遂命令撤掉尚藩，将其全部兵士撤回原籍。消息传来，吴三桂和已承袭靖南王爵号的耿精忠都惊恐不安，他们也上书假意要求撤藩，来试探朝廷的动向。

康熙召集了众臣议定撤藩之事，大部分人持反对意见。他们提出了种种理由：有的认为撤藩后要派军队去原藩地镇守，劳费太大；有的为吴三桂说情，说他镇守边关，地方安定，没有谋乱的征兆。议政王贝勒大臣们也议论纷纷，莫衷一是。只有兵部尚书明珠、户部尚书米思翰、刑部尚书莫洛等少数人坚决主张撤藩。二十岁的康熙皇帝力排众议，做出了最后裁决："从其所请，将三藩全部迁到山海关外。"他指出，三藩王手中都握有重兵，已形成了尾大不掉之势，吴三桂等人怀有野心，蓄谋已久，如果不及早除掉三藩，势必养虎成患，危害天下。于是，康熙派侍郎折尔肯、学士傅达礼赴云南，户部尚书梁清标赴广东，吏部侍郎陈一炳赴福建，催促办理撤藩事宜。

吴三桂当年为报家仇勾引清军入关屠杀农民起义军，使清兵得以长驱直入。他事明叛明，降清又心怀异志。镇守云南后，吴三桂利用独占一方的特权，招降纳叛，横征暴敛，不断扩充实力，在三藩中势力最大。他的野心也随之膨胀起来。他以藩府名义任命的官员，吏、兵二部不得干预，他推荐的被称为"西选"的官员遍及天下。凡要害地方，他都千方百计安插进自己的死党。他的儿子吴应熊被选为皇太极之女的额驸，从而成为吴三桂安插在京城的耳目。吴三桂属下有五十三佐领、士兵一万两千多人。每年朝廷向吴藩支付的俸饷就达九百多万两白银。吴三桂还自行征税、开矿、铸钱，与西藏互市茶马，聚敛财富，秣马厉兵。诡计多端的吴三挂在加紧准备叛乱的同时怕露出马脚，遂大兴土木，搜罗美女，做出安于享乐、胸无大志的样子来麻痹朝廷，暗中加紧操练，待机而动。

康熙十二年（1673）冬，吴三桂认为时机已到，遂自封为"天下都招讨兵马大元帅"，举起"兴明讨虏"的旗帜，公开叛乱。吴三桂公开叛乱后，他分布在各地的党羽纷纷响应。各地的告急文书频频传至京城，举朝震惊。原来反对撤藩的人乘机诋毁，认为吴氏叛乱是撤藩引发的。大学士索额图竟要求杀主张撤藩的明珠等人以谢叛逆。年轻的康熙皇帝临危不惧，严厉驳斥了这些护藩的论调。他说："三藩势焰日炽，撤亦反，不撤亦反，因此决不仿效汉景帝诛晁错以平七国之乱的做法。"随后，康熙下达了武装平叛的命令。

这时其他两藩也举起了反旗，一时战火燃遍了大半个中国。康熙认为吴三桂是三藩之乱的祸首，灭掉吴三桂，其他叛军就会不打自散，于是他确定了重点打击吴三桂的策略。康熙任命勒尔锦为靖寇大将军，命令他由湖南进剿叛军，严防叛军东犯湖广；又派将军瓦尔洛进驻四川，断绝叛军入蜀之路；同时命莫洛率兵驻扎西安，阻止叛军进兵西北。

曾经嚣张一时的吴三桂在康熙周密的部署和接连打击之下，见大势已去，还想垂死挣扎，急急忙忙演出了登基称帝的丑剧。康熙十七年（1678）三月，吴三桂派人在衡阳草草修建了百余间庐舍，用黄漆涂刷房顶权作皇宫。三月十八日，吴三桂匆匆登上了临时搭成的祭坛祭祀天地，改国号为周，彻底扔掉"复明"的遮羞布，将自己的狼子野心大白于天下，处境不仅没有好转，反而更加孤立。此时，清军的攻势更加锐不可当，吴氏小王朝日益陷入内外交困的境地。年已六十七岁的吴三桂惶惶不可终日，仅仅做了不到五个月的"皇帝"，突患中风噎嗝症死去。吴三桂死后，由孙子吴世璠继皇位。

康熙十九年（1680），康熙下令清军分三路进军吴三桂的老巢云南，向叛军发起总攻。不久清军攻入云南，将昆明包围得水泄不通，守军大都投降，吴世璠走投无路，最后只好穿戴着皇帝衣冠服毒自杀。康熙二十年（1681），历时八年、祸及大半个中国的三藩之乱终于被平定了。

三藩之乱被平定后，康熙决意收复台湾。当时统治台湾的是郑成功十二岁的孙子郑克塽。明末国势衰败，兵备废弛，台湾岛遂被乘虚而入的荷兰殖民者占领。康熙元年（1662）二月一日，仍在坚持抗清的郑成功收复了被侵略者霸占三十八年的台湾。就在这一年，郑成功之子郑经在属下的拥立下自称为王，统兵反对郑成功。年仅三十九岁的郑成功在病中突然遭受如此沉重的打击，忧愤而死。三藩之乱中，郑经曾与耿精忠合谋进攻广东，约定事成后平分天下。"耿藩"降清之后，郑经仍旧纠合部属骚扰沿海一带，烧杀抢掠，一派海盗行径。郑经这时已经背弃了郑成功据台抗清复明的初衷。在清军的打击下，郑经很快在东南沿海失去了立足之地，率部回到台湾。康熙二十年郑经死后，他的长子即位，但不久就被侍卫冯锡范等人绞杀。冯锡范又拥立自己的女婿、郑经的幼子郑克塽为王，篡夺了大权。此时，郑氏集团已经失去了人心，台湾政局动荡不安。

三藩基本平定后，康熙接受了福建总督姚启圣的建议，决定乘郑氏集团内乱的时机用武力收复台湾。康熙用武力收复台湾的决心已下，任用得力的军事将领便成了当务之急。姚启圣曾经多次保举郑成功旧部施琅任福建水师提督，后来施琅又得到别的大臣的大力推荐。但由于施琅为降将，遭到不少非议。康熙力排众议，于康熙二十年七月向议政大臣们郑重宣布：任命施琅为福建水师提督，加封太子少保。

施琅走马上任后，立即着手调整兵力，训练水师。为了等待适当的时机，出师时间一拖再拖，转眼到了康熙二十一年（1682），一时群言四起。这期间，施琅与姚启圣又在进剿安排上意见相左，施琅三次上书要求授予他专征权，由他统领军队自行进剿。尽管康熙对一再推迟出兵也有不满，但他没有被舆论左右，考虑到海战须蹈不测风浪，事先很难猜度，他采取了十分慎重的态度。他用人不疑，为了确保战斗胜利，同意了施琅的请求，给予他专征大权。

康熙二十二年（1683）七月，施琅率领两万多名官兵，分乘二百三十多艘战船，直蹈澎湖。清军战舰云集海面。争先恐后进攻，反而影响了攻势，又赶上潮落风逆，施琅的指挥船顺流而下，陷入重围。提督衔署右营游击蓝理奋不顾身地冲入重围，与施琅合力攻打，四艘敌船被打沉。激战中，蓝理被炮火击中，肠子流出，但稍加包扎，又投入了战斗。施琅也不顾自己血流满面，仍然指挥着战船突围。初战失利后，施琅对水师进行了短期整顿，遂与郑军展开了决战。清军船队以五只船为一个作战单位，称为"五梅花"战术，相互配合默契，以五打一形成局部优势进击敌船。战斗从清晨一直持续到傍晚，矢石如密集的雨点，炮火遮住了天空。经此一战，郑军主力几乎全军覆没，台湾的门户被打开了。困守孤岛的郑克塽见大势已去，不得不派人向清军送上降表。收到降表，康熙认为，如果不准许其投诚，郑军残部还可能流窜他处制造事端，不如招抚为善。他还决定对归降的郑氏大小官员加恩予以安置。康熙的谕旨打消了郑克塽最后的疑虑。八月十三日，施琅率领的清军在鼓乐声中登上台湾岛，郑克塽率属下列队恭迎。至此，台湾又回到了祖国的怀抱。

台湾回归后，围绕台湾的弃守朝廷中又出现分歧。有人以台湾孤悬海外为理由，主张把台湾人全部迁进内地，放弃台湾。有人竟然主张把台湾赐给荷兰人，令其世守输贡，以示圣朝天威。施琅为此专门在台湾进行了实地考察，据实据理驳斥了弃台的论调。他上书康熙，力陈台湾为江、浙、闽、粤四省安全的要害，为东南之保障，弃之必酿成大祸，留之则永固边防。因此，台湾不仅不能放弃，还必须加强防务。康熙接受了施琅的建议，1684年在台湾设立台湾府和台湾、凤山、诸罗三县，并向台湾派遣了八千名驻兵，向澎湖派遣了两千名驻兵。这样就大大增强了东南海防，并且促进了台湾经济文化的发展。

平定台湾后，康熙的注意力转移到了东北地区。东北地区一直被满族视为祖先的发祥地。17世纪，沙俄将侵略魔爪伸向了这块肥沃的土地。沙俄的侵略，是康熙的心腹大患。亲政以后，他便密切注视着沙俄的侵略活动，多次派人了解东北地区的地形、交通及风土人情各方面的情况。但由于当时先是明末农民起义未平，后又有三藩之乱，康熙对沙俄侵略的反击还顾不上。康熙二十一年春，三藩之乱刚被平定，康熙率文武大臣赴盛京告祭祖陵。大典之后，他立即巡视了乌喇地区，并率属下围猎习武，还泛舟检阅了水师，开始了武装抗俄的准备，同时他也没有放弃和平解决中俄边界争端的努力。

但沙俄政府无意进行和谈，反而趁清政府全力平定三藩收拾残局、收复台湾等用兵之际，扩大了对中国北方领土的侵略。在这种情况下，康熙决定进行武装反击，驱逐沙俄侵略者。康熙二十一年，康熙派郎谈、彭春以捕鹿的名义到前线实地勘察地形，调查沙俄的侵略活动。次年，康熙又决定派兵于第二年秋天到黑龙江流域永久驻守。开赴黑龙江地区的清军受到当地各族人民的欢迎和支持。军民共同打击沙俄侵略者，到康熙二十二年（1683），黑龙江流域中下游地区的沙俄侵略者基本被肃清，只有雅克萨还被沙俄侵略者盘踞着。

在黑龙江地区各族人民的支持下，清军为收复雅克萨做了大量准备。在清军进攻雅克萨前，遵照康熙的谕旨，清政府向沙俄一再表示和平解决边界问题的愿望，但沙俄方面置之不理，仍然继续在雅克萨进行战争准备。康熙二十四年（1685）六月，清军兵临雅克萨城下。

六月二十四日，彭春率领的三千大军分水、陆两路夹击雅克萨城。第二天清晨，清军派出林兴珠的藤牌兵阻击来自黑龙江上游的哥萨克援兵。藤牌兵头顶藤牌，裸身入水，手持大刀前进。由于有藤牌遮蔽，敌人的刀枪无法施展威风，清兵的大刀却所向无敌。敌人见状，又惊又怕，大喊着"大帽子清兵来了"竟相逃命。大部分援敌就这样被藤牌兵击溃了。当晚，清军发动了猛烈的攻势。他们在城南佯攻，牵制敌人的兵力，又在城北架起红衣大炮进行主攻。经过一夜激战，雅克萨的塔楼、城墙全被摧毁，还有一百多名敌人被击毙。城内还聚集了一小撮顽敌，于是清军在城下三面堆积柴草，准备焚城。走投无路的侵略者被迫向清军投降，他们的头目托尔布津向清军统帅立誓，永远不再来雅克萨捣乱。遵循康熙的旨意，清军统帅彭春接受了敌人的投降，将他们免死放归。有四十五人自愿留在中国，也得到了准许。这些曾经在中国的土地上横行多年、杀人越货的"罗刹"，如今在中国军民的打击下，一个个赤身露体，光着脚狼狈逃离了雅克萨。降敌离去后，清朝将雅克萨城堡彻底摧毁，撤回了瑷珲。

但是战火刚刚平息，托尔布津等残匪便纠合了尼布楚方面的援军卷土重来，又窜回雅克萨。他们在原城堡的附近重新构筑了工事，妄图永久霸占这块中国的领土。消息传到北京，康熙立即命令清军速备战船再攻雅克萨。他又亲自召见郎坦，做了战斗的具体部署，要求清军全部彻底地消灭雅克萨守敌，然后在雅克萨驻兵把守。

康熙二十五年（1686）七月，第二次雅克萨之战开始了。清黑龙江将军萨布素率领两千大军从水、陆两路向雅克萨发起猛攻。与此同时，康熙皇帝继续向俄方提出举行谈判的建议。清军在雅克萨城外挖掘工事、建立堡垒围困敌人。城中出击的敌人多次被清军击溃。经过两个月的激烈战斗，敌人遭到了毁灭性的打击，城中只剩了一百多个残兵败将，托尔布津也被击毙。清军在城的南北两面修筑炮台，准备炮轰雅克萨。此时，清军的胜利已是指日可待了。迫于清军的强大攻势，俄方不得不同意通过谈判和平解决边界问题。清军遂于这年的十二月十日解围，等待两国的谈判。

双方全权代表在经过多次谈判之后，康熙二十八年（1689）九月七日，中俄双方达成了和平解决边界问题的协议，这就是历史上著名的《尼布楚条约》。《条约》明确规定，以外兴安岭至海、格尔必齐河和额尔古纳河为中俄两国的国界，确认了黑龙江和乌苏里江流域都是中国的领土。中国将尼布楚割让给俄国。条约的其他条款还就两国贸易、边民等事宜做了规定。条约的内容，曾用满、汉、蒙、俄、拉丁五种文字刻成界碑，高高竖立在中俄边界上。它带来了中俄东部边境一百多年的和平，也成为康熙抵御沙皇侵略、维护国家主权的历史记录。

康熙收复雅克萨之后，立即着手平定噶尔丹分裂祖国的叛乱。噶尔丹是漠西厄鲁特蒙古准噶尔部的头领。康熙十年（1671）噶尔丹夺取了准噶尔部的统治权后，又用武力并吞了厄鲁特蒙古的其他各部，占领了青海和新疆天山以南的广大地区。当时，除了漠西厄鲁特蒙古外，还有漠南蒙古和漠北喀尔喀蒙古。漠南、漠北蒙古早就归顺了清朝。为了吞并喀尔喀蒙古，噶尔丹自康熙十三年（1674）起，便经常派人到沙俄进行秘密活动，寻找靠山。长期以来，沙俄就伺机将侵略魔爪伸进厄鲁特各部，但是他们的武装入侵和诈骗活动一直未能得逞。因此他们与噶尔丹一拍即合，相互勾结起来，准备攻打喀尔喀蒙古。

康熙二十七年（1688），噶尔丹向喀尔喀蒙古发动了突然袭击。他配合沙俄侵略者，击溃了土谢尔汗的蒙军，将库伦城化作一片废墟。在追击喀尔喀蒙古的途中，噶尔丹叛军大肆烧杀抢掠，人们丢下帐篷器具、马驼牛羊，昼夜不停地向南逃命，一时死者相枕，道路为之堵塞。这时沙俄乘机胁迫喀尔喀蒙古的上层人物叛国投俄，遭到了宗教首领哲布尊丹巴等人的坚决抵制。在哲布尊巴丹的率领下，喀尔喀蒙古归附了清朝。康熙派人抚慰了来归的喀尔喀部，发给他们生活用品，将他们暂时安置在科尔沁草原。康熙二十九年（1690），噶尔丹以追击喀尔喀蒙古为名，再次发动武装进攻。他带领的两万名叛军自呼伦池南下，杀进了内蒙古地区。叛军的前锋一直打到距离北京仅九百里的乌珠穆沁，京师震动，许多店铺停止了营业。

对噶尔丹的叛乱，康熙曾经给予多次规劝，要求他罢兵息战，归还喀尔喀蒙古的故地。同时也加强了塞外的兵力，做了武装平叛的准备。面对不断恶化的局势，康熙决定亲征噶尔丹，捣毁叛军的巢穴。当时朝中多数大臣主张同噶尔丹妥协。他们认为噶尔丹地处僻壤，他的叛乱无碍大局，应当治以不治，任其自然，同时大军远征茫茫沙漠，胜负很难预料，因此反对康熙亲征。康熙则认为噶尔丹一日不除，边陲就一日不宁，只有平定叛乱，才是万年之计。他排除了各种干扰，为保天下大一统的局面，毅然率军亲征。

康熙二十九年（1690）六月，康熙亲临塞北，指挥大军迎战噶尔丹。八月，清军在乌兰布通与叛军交战。噶尔丹依山面水布下"驼阵"，用来抵挡清军的攻势。"驼阵"是将骆驼捆绑卧地，在驼背上堆放箱垛，再加盖湿布布置而成的。叛军满以为"驼城"坚不可摧，易守难攻。可是在清军猛烈的炮火攻击下，骆驼非死即伤，反而成了叛军逃跑的障碍。驼阵被攻破了，清军大队人马掩杀过来，直杀得叛军横尸遍野，大败而逃。噶尔丹带着残兵败将，好不容易才突出重围。以后康熙又经过两次亲征，终于平定了为时十年的噶尔丹叛乱，粉碎了沙俄分裂中国的阴谋，巩固了西北边疆。

康熙深知，贪官污吏的勒索和压榨是激起民变的直接原因。为了清王朝的长治久安，他十分重视整饬吏治。他采纳了"民生安危视吏治，吏治贪廉视督抚"的建议，特别注意处置腐败的高级官吏。山西巡抚穆尔赛一贯贪酷不法，康熙对他的劣迹也时有所闻。一天，康熙向大学士勒满洪等人查询穆尔赛为官是否清正，他们竟徇私包庇，欺骗圣听，妄图掩盖穆尔赛的丑行。康熙对外官与京官相互勾结、贪赃枉法的现象早已深恶痛绝。所以在查明穆尔赛的罪行后，不仅将他革职收审，判处绞刑，还给勒满洪等人连降两级的处分。湖广总督蔡毓荣在平定三藩时任绥远将军，接受攻打吴氏巢穴昆明的命令之后，他按兵不动；等他人攻破城池，他反而大肆抢掠本应充公的吴氏财物，然后对贵戚重臣广行重贿，将他人战功贪为己有，由此竟然升官进爵。蔡毓荣在罪行败露后，也受到了严惩。

在惩治贪官的同时，康熙大力扶持清官廉吏，大加褒扬，以起到移风易俗、扶正抑邪的作用。但在当时贪风盛行的官场上，为政清廉者实属凤毛麟角，因此康熙一朝大树廉吏的榜样。被康熙誉为"天下廉吏第一"的于成龙就是一个受百姓爱戴的清官。早在顺治朝任广西罗城知县时，于成龙便插棘为门，累土为几，他清贫的生活和卓著的政绩一时传为佳话。康熙十四年（1675）秋天，黄州发生了严重的自然灾害，于成龙发放的赈济粮救活了几万灾民的性命。后来他离开黄州赴福建按察使任所时，几万黄州百姓送行到九江，哭声与江涛声连成一片。于成龙的廉能勤政，深得康熙赞许。康熙二十年（1681），他特地在懋勤殿召见于成龙，称他为"当今清官第一"，还赏赐白金、良马、御诗等，勉励他始终如一，保持气节。于成龙自此为政更加勤勉，常常通宵达旦。他善于微服私访，升任两江总督后，属下官吏不敢为非作歹，不久江南风气大为改观。但是，深受康熙信任、政绩卓著的于成龙后来受挟私报复者陷害，被迫离任。康熙又特下诏令留任。他去世后，遗物只有一袭棉袍和一些盐豉。康熙始知于成龙的确一生廉洁，所谓后来变更素行的说法纯系欺罔之语。为官清正反遭非议，康熙感慨不已。为了使廉风发扬光大，他特地为于成龙题了"高行清粹"四个大字。

康熙对于成龙的去世十分痛心，他询问廷臣："当今像于成龙这样清廉的还有几人？"廷臣当堂举荐了张鹏翮等七人。康熙南巡经过张鹏翮的任所兖州府，发现果然名不虚传，从此一再提拔重用他。陈瑸是康熙晚年时出现的清官。他认为，贪取一钱与取千百万金没有什么差别。因此，他的衣食住行都十分俭朴，对不义之财分文不取。他独自骑马带着行李到山东首府济南赴任，官吏们谁也没有认出他就是新任巡抚。康熙称他为苦行老僧，并说："陈瑸出身非世家大族，又没有门生故旧，天下人对他的情操交口称誉，不是确有实事，哪能名闻遐迩？"因此，康熙在他病故后追授礼部尚书，荫一子入监读书，以表示对清廉之臣优礼有加。

由于康熙对整饬吏治坚持不懈，不断清除贪官，褒扬清官，在一定程度上保证了国家机器的正常运转。但是当时的官吏日渐腐败，加上俸禄也确实偏低，已经积重难返，康熙费尽苦心进行的察吏，也只能是小修小补，并不能从根本上扭转当时的政风。

康熙统治初期，尽管各地的反清斗争已经被基本镇压下去，但是民族矛盾仍然相当尖锐。三藩之乱就带有明显的民族色彩。尤其还有相当多的汉族知识分子采取不合作态度，这一切都构成了对清王朝的潜在威胁。

康熙认为，士为四民之首，要争取民心，扭转汉族人民的反清情绪，关键在于促使汉族知识分子转变反清立场。于是，康熙采取了种种措施争取和笼络汉族知识分子。他首先从尊重汉族历史传统与儒家文化开始。例如，在他南巡时，曾多次亲自拜谒明太祖的陵墓，并亲笔写了"治隆唐宋"的匾额，悬挂在陵殿前。他还提出要查访明室后代，授予官职，让其看守陵墓。后来没有查到，便改派清朝官员按时致祭。他还亲临孔庙祭祀，对孔子的后裔大施恩宠，从感情上对汉族士大夫进行笼络。

除了进行传统的科举考试外，康熙还于康熙十七年（1678）特设"博学鸿词科"，千方百计吸引明代遗老及各种人才参政。康熙还要求各级官员都要将自己知道的学行兼优之士举荐给朝廷，以便他亲自考察录用。经各地官吏推举，有一百四十三人参加了康熙十八年（1679）的体仁阁考试。清政府给了应试者十分优厚的待遇，除了发给往返路费、衣食费、柴炭银外，康熙还亲自赐予了丰盛的筵席加以款待。表面上考试进行得郑重其事，康熙还亲自阅了卷，但实际上对应试者十分迁就，百般照顾。严绳孙只作了一首诗，潘耒、施闰章的诗不合韵律，都被录用。彭孙遹故意将词写得言辞不通，也被录为一等。可见，为了广泛招揽人才，康熙不拘一格，确实花费了一番苦心。这次考试录用的五十人都被授予了翰林院的官职，奉旨编修《明史》。高官厚禄和种种特权使这些人逐渐放弃或动摇了反清立场，落第的文人学士也无颜再以明代遗老自居了。博学鸿词科的设立确实起到了一箭双雕的作用。

但是应试的只是当时汉族学者的二三流人物，而顾炎武、黄宗羲、李颙等著名学者始终拒绝应试，康熙对他们也采取了宽容的态度。关中大儒李颙以身体有病为理由拒不应试，被强行从家乡抬到西安，李颙便绝食抗议，连续六天汤水不进。清朝官员无可奈何，只好又派人将他送回。后来，康熙来到西安，指名要见李颙，李颙托病推辞。康熙不仅没有怪罪他，还亲题了"志操高洁"的匾额赐给他的儿子以示褒扬。太原的傅山被役夫用床抬到京城外三十里的地方，誓死不入城，京中的王公大臣们慕名纷纷前来看望，傅山大模大样地躺在床上，既不迎送，也不施礼。结果地方官员只得以傅山老病为由奏请免试，得到康熙的准许。康熙所以能够容忍这些人抵制考试的种种大不敬行为，一方面是因为他们名满天下，影响极大，不愿意轻易触动他们，另一方面他们拒绝出仕，只是退居家中讲学著书，还没有直接触犯清王朝的统治。

不过，康熙朝也发生了十几次文字狱。如果说发生在康熙亲政前的庄廷钺一案与他没有直接关系，那么发生在康熙五十年（1711）至五十二年（1713）的戴名世一案，便确系康熙所为了。戴名世是安徽桐城人，自幼聪颖好学，喜读史书。晚年他身居故里，整理了《南山集》一书。书中记载了南明诸王的史事，并采用了同乡方孝标的《滇黔纪闻》中的一些史料。戴名世还主张以桂王死后的第一年作为清的定鼎之年。戴名世五十七岁才考中进士，担任了翰林院编修。谁想到五十九岁这年便大祸临头，他的《南山集》被左都御史赵申乔告发为诽谤朝廷之书。结果戴名世被判凌迟处死，戴氏、方氏家族十六岁以上的男子全部被判处斩，女子及十五岁以下的男子被没为家奴，族人的所有职衔全都被剥夺。到结案时，经"宽大处理"，戴名世才免遭凌迟，改判为处斩，方孝标这时已死，还被剉尸。只有族人方苞幸免于难，他原也被判处斩，只因其文章早已名满天下，康熙怕引起众怒，才下令"免治"，但仍然一度被编进汉军旗中受到管制。平时与戴名世有交往的官员，有三十多人被降职。受到案件牵连的，多达三百多人。由此可以看出，出于巩固统治的需要，康熙确实笼络了一大批人才为清王朝所用，但他对汉人的猜疑也是根深蒂固的。

清兵入关以后，在多尔衮执政时曾大规模地进行圈地，把落后的农奴制生产方式强加在中原人民头上，严重阻碍了生产力的发展。顺治亲政后虽有所缓和，但由于当时大规模的战争尚未结束，因此，到康熙时，广大农村还是满目疮痍，农民不得温饱，国家财政入不敷出。于是，康熙采取了一系列措施恢复和发展农业生产。

康熙即位后，便下令停止圈地。但由于鳌拜一伙人从中作梗，圈地仍禁而不止，有时规模还相当大。清除鳌拜后，康熙重申了永远停止圈地的命令，并要求将已圈土地还给农民。康熙二十四年（1685），康熙再次明确规定不许圈种民间新开垦的土地。这样，阻碍农业生产的圈地活动才逐渐被制止。直隶各省修建寺庙，侵占了大片农田，康熙也明令禁止。

鼓励垦荒是康熙采取的又一项重要措施。明末农民战争期间，许多藩王的土地被农民耕种了。康熙承认了这一既成事实，下令各地督抚正式将这些土地给予原来耕种的农民，并禁止作价转让部分土地。这些被称为更名田的土地计有十六万六千多顷，而且多是肥沃的良田，一经承认属于农民，即大大激发了农民的生产积极性。康熙十二年（1673），为了鼓励在更大范围内垦荒，康熙宣布：各省今后开垦的土地，耕种十年后再交税。同时用授予官职的办法鼓励地主招民垦荒。规定：开荒二十顷以上，又通晓文义者，授予县丞；不通文义者，授予百总。开荒一百顷以上，通晓文义者，授予知县；不通者，授予守备。这些措施对地主和贫苦农民都很有吸引力，于是河南、山东、直隶的老百姓纷纷前往东北垦荒，湖广人民也踊跃去四川垦荒。垦荒农民的汗水不久便换来了丰硕的成果。到康熙三十年（1691）左右，清王朝田亩达到了明王朝的高峰，比清初更多了近一倍。到了康熙五十一年（1712），边远省份的荒地大多已经变成良田。无怪康熙颇为自负地说："云南、贵州、广西、四川等省，人民渐增，开垦无遗……"此时，除了无法耕种的不毛之地，可以称得上是"四海无闲田"了。

蠲免地丁钱粮，是康熙为了恢复生产采取的又一项重要措施。收复台湾后，康熙认为，国家已经安定，要使百姓安居乐业生活富裕，蠲免钱粮势在必行。康熙二十六年（1687），康熙下令免去江宁等七府及陕西全省六百多万两钱粮，后来又先后蠲免过各省的钱粮。随着农业生产的发展，国库充裕了，蠲免钱粮的数额也随之增多。康熙四十一年（1702），因云、贵、川、粤四省没有经常得到蠲免，康熙下令宽免四省四十三年（1704）钱粮。以后康熙常下令全国各省轮免。据统计，自康熙元年（1662）到康熙四十四年（1705），蠲免钱粮的总额达九千多万两白银。尽管得到蠲免政策实惠最多的是钱多地广的富户，贫苦农民相比之下获利甚微，但是不能否认蠲免在一定程度上减轻了农民的负担。这种与民休息的政策，对于全面恢复和发展农业生产起到了积极作用。

清初的赋役制度沿袭明制，随着农业生产的发展和人口的增多，已经不能适应实际情况。康熙先是下令修改赋役制度，于康熙二十六年（1687）完成了《简明赋役全书》。到了康熙五十一年（1712），康熙又对赋役制度进行了重大改革，以清除旧赋役制度的弊端。康熙宣布：以康熙五十年（1711）的全国丁银数为标准，以后永不增减，此后到达成丁年龄的人一律不再承担丁银。这项被称作"滋生人丁，永不加赋"的措施成了清代地丁制度的基础。后来，康熙又在广东试行了"摊丁入亩"的征税方法，即把全省丁税统统归入田赋，实行征收田赋带征丁银的方法。这样就在一定程度上改变了赋役不均的现象，使无地的逃亡农民免于丁银之苦，重新回到土地上来，也使负担向土地占有多者转移了一些。

治河和漕运都是康熙十分重视的大事，而漕运的恢复又在于治河的成功，因此康熙在兴修水利上倾注了许多心血。康熙执政期间治理的河流主要是黄河、淮河和运河。由于频繁的战争，黄河长年失修，形成了严重的水患。在康熙即位后的最初十六年中，黄河竟决口达六十七次。当时黄河下游的部分河道与淮河、运河汇合，黄淮泛滥后，洪水便倒灌运河，切断南北漕运。

为了根治黄河，变水害为水利，康熙任命水利专家靳辅为河道总督，另一位专家陈潢做他的助手，开始了大规模的治河工程。当时正是三藩之战进行得非常激烈的时候，足见康熙对治河是十分重视的。靳辅采用了明代潘季训"以堤束水、借水攻沙"的方法，又用开中河、修堤坡等方法做辅助，一年之后，饱受水患之苦的七个州县的土地便能够重新耕种了。又经过十几年的努力，水归故道，漕运无阻。对治河取得的巨大成绩，康熙曾在第一次南巡时，赐诗给靳辅加以嘉奖。

康熙的六次南巡都以巡视治河工程为重点，对治河是很大的推动。他对治河的具体措施认真研究，提出了一些很有见地的意见。第三次南巡时，他沿途亲自用水平仪进行测量，发现黄河河床高于两岸田地，指出这是产生灾害的根源，要根治水患，必须深挖河道。他提出用木制的立体治河模型代替平面图纸，以便制定更切合实际的治河方案。他乘坐小舟，不避风浪，亲自察看水情。康熙还亲自主持了浑河的修治工程。浑河素有"小黄河"之称，经常改道，危害沿岸百姓的生命安全，有时还直接威胁京城。康熙曾经十三次巡视浑河，经过试验确定了治河方案。在康熙的督促下，浑河治理工程于康熙四十年（1701）竣工，浑河遂改名为永定河。治理后的浑河堤岸坚固，两岸是百姓新盖的房屋和茂盛的庄稼，出现了一派繁荣景象。对治河这件关系国计民生的大事，康熙抓得很有成效。他的名字，不仅作为治河的组织倡导者，而且作为一个颇有建树的水利专家被载入史册。

康熙采取的一系列措施促进了农业生产的恢复和发展。到康熙末年，耕地面积和人口都有了大幅度的增长。国库收入十分充裕，年年有余。国库存粮达到几千万石，京城的国库爆满，只得将漕粮截储在运河沿岸的苏杭等地。国库中有些粮食存放时间过长，竟然变质，只好用来作肥料。

有感于明代奢侈败国的历史教训，康熙很注意节俭。南巡路过南京，他曾做《过金陵论》表达自己的这种感悟。康熙初年，宫中所有人员合计才八百余人，这与明宫廷仅宫女动辄几千、太监动辄几万相比确实是大大减少了，因此宫廷的费用与明代相比也大大节省了。明代仅光禄寺每年用银即达一百万两，康熙时只用十万两；明代工部每年宫廷修造用银最少约二百万两，而康熙时只用二三十万两；明代的宫中建筑都要用楠木料、临清砖，而康熙时除特殊需要宫中一概用普通砖瓦。据康熙自己说，他的所有行宫都不进行特别装饰，每处花费不过一二万金，只占每年治河费用的百分之一。康熙还说，明代一日之费，可抵今一年之用。这话显然有些夸张，但也能说明康熙反对奢侈、提倡节省的效果是很显著的。

"满招损，谦受益"是康熙常说的名言。他为政讲求实效，一贯反对浮夸虚饰。因此，他多次拒绝了臣下为他上尊号的请求。平定三藩之后，朝臣请上尊号，康熙拒绝说："乱贼虽已削平，疮痍尚未全复。如果政事不能修举，上尊号又有什么益处？朕断不能接受这样的虚名。"讨平噶尔丹之后的康熙三十六年（1697），诸王、贝勒、贝子、文武官员及远近士民来到畅春园，搞了一次更大规模的请上尊号的活动。这已是第五次为康熙请上尊号了。康熙仍然坚决拒绝，他说："天视天听，视乎民生，后人自有公论。若夸耀功德，取一时虚名，大非朕意，不必敷陈。"后来，借他的生日等机会，臣下又多次请上尊号，直到去世康熙也没有答应这些请求。他还一再拒收朝臣进献的生日贺礼，不准为他举行大规模的祝寿活动。他五十岁生日时，朝廷官员献上了鞍马缎匹和"庆祝万寿无疆屏"等生日贺礼，他婉言谢绝道："我的诞辰，你们这样进献，各督府也一定会仿效，所以我决不能接受。"在他去世前不久，他最后一次拒绝了群臣为他第二年举行"万寿七旬"贺礼的请求。康熙六十一年（1722）十一月七日，康熙病逝，庙号"圣祖"。

第九章　清世宗爱新觉罗·胤禛

　　康熙的皇四子胤禛与康熙众多的儿子一样在帝王家的荣华富贵中慢慢长大。康熙对他的儿子们是严厉的，教育抓得非常紧。皇子年满六岁便入南书房读书，皇子的师傅都是翰林院中的博学大儒。学习的课程有满文、汉文、蒙文及儒家的经史书籍，另外还有军事、体育等科目。每天五鼓，天还未明，便须起床，进书房学习。每天的课程皆是排好了的，先读史、作文，然后有满文师傅教满文，下午学习骑射。直到太阳落山，一天的功课才算结束。康熙皇帝看到一些贵胄之家对子孙娇生惯养，长成大人，则是废物，害了子孙。因此，他对诸皇子要求甚严，康熙帝经常在繁忙的政务中，检查皇子的功课，尤其告诫他们要熟读四书五经，贯通性理，以儒家的伦理道德规范自己，成为一个德才兼备的人上之人。

　　随着皇子们年龄的增长，康熙皇帝还让他们接触一些军政事务，经受实际锻炼，以增长知识和处理问题的能力。自八岁以后胤禛经常随父皇去边塞，了解边塞形势。康熙三十二年（1693），十五岁的胤禛同几位哥哥参加了曲阜祭祀孔子大典。第二年和康熙三十九年（1700）两次随父亲考察了永定河，并亲自主持了永定河的治理。康熙三十五年（1696），胤禛与诸兄弟参加了对噶尔丹的讨伐，他受命掌管正红旗的大营，虽然这只是象征性地坐镇正红旗，并没有真正亲临前线、躬冒矢石，胤禛还是从中学到了许多知识。康熙四十二年（1703），他跟随康熙南巡，由德州、济南、泰山、沂州，经淮安、扬州、镇江而达杭州。返途经南京、沛县、东平、东昌返京，历经四个月时间。胤禛得以详细了解了沿途风俗民情及运河闸坝工程。

　　清朝的传统原是不立太子的，皇位的继承人由老皇帝死前指定。这种不立储君的方法既有利也有弊。其利在于各个有继承皇位希望的人都能效忠皇帝，拼命出力，博取皇帝好感，以求被立为君。弊在不立储君，觊觎皇位者多，容易造成父子兄弟之间的钩心斗角，甚至刀兵相见，酿成争位的大祸。康熙皇帝即位后斟酌立太子的利弊，决心改变清朝的习惯，学习前人立嫡长子为太子的办法。康熙十四年（1675）他将孝诚皇后所生年方两岁的皇二子胤礽立为太子。皇长子胤禔因为是庶生，没有得立。其后，康熙的几个儿子争夺储位，刀光剑影，不可开交。胤礽立而废，废而又立。

　　康熙因废太子问题，劳神伤心，生了一场大病。而诸皇子多忙于经营自己势力、争夺储位，很少关心父皇的病。只有胤禛和胤祉问医问药，关怀备至，很得康熙的欢心。所以，在胤礽复立之时，康熙大封诸子，胤禛与胤祉、胤祺一起被封为亲王，超过了胤禔等人，得到了很大的胜利。此外胤禛很懂得伪装、韬光养晦，避免锋芒太露而遭忌妒。他在形势未明之前与各方面都保持着良好的关系，有效地保护了自己。他一面对胤礽表示关心，另一面也与胤礽保持某种联系。对其他兄弟，他在父皇面前只说好话不讲坏话。有人需要时他都能给予支持。他得到亲王之封后，自己上奏要求降低世爵，提高其他兄弟地位。他这样的做法，很得康熙好感，称赞他明白事理。

　　胤礽的复立并没有平息诸子之间的争夺，也没有消除他与父皇之间矛盾。胤礽复位后，照旧网罗党羽，招兵买马，迅速纠合了一批亲信大臣。眼见他羽翼日益丰满，日益骄横无忌，康熙只得再次采取断然措施，于康熙五十年（1711）十月再次废掉了他，逮捕了太子党人，将托合齐焚尸扬灰，耿额、齐世武等人锁拿审问，同时明确表示不再立太子。他说没有合适的人，立了反而引起争斗，本朝向无立太子惯例，不立亦不为过。

　　工于心计的胤禛看清了胤禔、胤礽，包括胤祉都不可能被父皇选为嗣君了，他在其他诸皇子中年龄居长，占据一个好的地位，当然也就产生了接班的想法，暗地里做些准备。胤禛的做法是尽可能地迎合父皇的意旨，取得父皇的喜爱。外松内紧，一方面底下加紧活动，分别取得了守卫京师的步军统领隆科多和在西北手握重兵的川陕总督年羹尧的支持。一方面向父皇、向世人表现出自己对皇位没有兴趣，麻痹康熙和诸位弟兄。

自胤礽二次被废之后，康熙对胤禛更器重了，许多重要的国务活动都让他参加。康熙五十一年（1712），胤禛参加了对太子党人的审判。康熙五十四年（1715），参与议定西北军事。康熙五十七年（1718）皇太后安葬，胤禛代父读文告祭。康熙六十年，康熙登极六十年大庆，胤禛前往盛京大祭。回京后，又衔命祭祀太庙、后殿。同年，会试不第士子以取士不公闹事，胤禛受命处理。当年冬至，他还奉命代父皇祀天于圜丘。康熙六十一年（1722），胤禛带人盘查京通仓物。这说明，康熙对立胤禛为储君已有了一定的想法，故而让其全面参与军政事务。

康熙六十一年十一月七日，康熙皇帝病了，冬至的祭天礼由胤禛代行。十三日，康熙在畅春园召见胤禛，在胤禛未到之前，康熙已向在病榻旁的胤祉、胤祥、胤禩、年大庆、隆科多等人交代由胤禛继皇帝位，胤禛到后，向父皇问安，康熙告诉了他自己的病症，胤禛含泪进行了劝慰。到晚上八点左右时，康熙溘然长逝。胤禛哀号痛哭，隆科多乃当众口头宣布康熙遗诏，命胤禛即位，胤禛当时惊恸昏倒，在大家的劝慰下，强起办理父皇丧事。当晚将康熙遗体运回后宫，次日封胤禛为亲王。召胤禵回京，关闭京城九门。十六日向天下颁布遗诏。二十日胤禛登上了皇位受百官朝贺，改第二年为雍正元年。宣布继承父皇的一切法规，不作变更，呼吁皇室团结，诸兄弟一体，共图清朝万世之固。

雍正坐上皇帝宝座，他的兄弟们是不死心的。一天不彻底解决兄弟间的争斗，他的皇位就一天坐不稳。而这件事情的处理又远较一切事情为复杂，不能不花费他大量的精力。雍正即位的第二天便封他的政敌胤禩为亲王，让他和胤祥、隆科多以及马齐一齐为总理事务大臣，办理一切事务。同时还任用了其他兄弟的一些亲信人物。雍正这一着大出人们意外。胤禩的手下人个个弹冠相庆，只有胤禩心怀疑惧。他对人说："皇上今日加恩，焉知没有明日杀头之意？"胤禩作为局内人，自然比别人想得深刻。但雍正这样做却有效地堵住了许多人的嘴，同时也将胤禩控制在自己手中，逐步分化他的亲信。他想暂时稳住胤禩，以待时机成熟时再下手杀他。

对待胤禵，他的同母弟弟，雍正真是不好下手。胤禵是皇位继承人最有力的竞争者，又加上社会上到处传扬雍正夺了胤禵皇位的谣言，胤禵很是受人同情，因此，他具有潜在的号召力，雍正决不能掉以轻心，泛泛视之。胤禵当时正在西藏抗击准噶尔，父亲一死，雍正火速令胤禵回京参加父皇的丧事，将前线军事交与雍正的大舅子年羹尧处理。胤禵到京之前，专门派人请示，是先谒父皇梓宫，还是先朝见新君。雍正命他先谒父皇灵柩。胤禵退到灵堂，望见父皇灵柩，百感交集，哭倒在地。雍正远远地站在一旁，胤禵对登上皇位的亲哥哥当然满怀仇恨，但人在矮檐下，又不得不敷衍向哥哥叩头。雍正为表示自己的兄长风度，上前扶他，胤禵却不理他，使雍正很下不来台，这使雍正非常不快。雍正因此借这件事，斥责胤禵"气傲心高"，削除了他的王爵，只保留贝子封号。过了一个月时间，雍正和诸皇子送康熙灵柩安葬东陵。事毕后，便令胤禵留下看守父陵，实际上便把他囚禁在了遵化。胤禵的几个亲信也被收拿治罪。

雍正对胤禵的无情，使他们的母亲乌雅氏非常伤心，但她管不住长子，帮不了幼儿，一气一急之下便生起病来。雍正元年（1723）五月二十二日得病，次日便死了。这个小家出生的女人，无福去做荣贵的皇太后，撒手离开了这个骨肉之间不能相亲相爱的世界。乌雅氏的死，据雍正的政敌说，是她要见胤禵，雍正不允许，她一气之下撞了铁柱子。这个说法真实性颇大，雍正为了安慰他的母亲，马上封胤禵为郡王，但仍圈囚在遵化。不久胤禵的妻子也染病而死。胤禵遭到如此打击，感到悲愤而又沮丧，向雍正表示他已走到生命的尽头，希望哥哥放他一马，因此才保住了自己的性命。

皇九子胤禟、皇十子胤䄉亦是胤禵的支持者，他们对雍正的上台同样心怀不满。雍正在胤禵回来后命胤禟前往西宁办事，暗里令年羹尧把他软禁在西宁。同时借故将胤䄉革去郡王爵位囚禁于京师。对废太子胤礽、大阿哥胤禔，他照样予以严行禁锢。

雍正在处理诸兄弟中，初期并不残酷，不危及他们的生命。他知道在刚继位时若开了杀戒，会激化皇室的矛盾，反倒不利于他的统治。但雍正对诸兄弟政治上的迫害却是一步一步加紧的。经过了两三年准备，他的权力已巩固，他就准备彻底解决问题了。雍正四年正月，雍正罗列了胤禩种种不法，将其降为民。圈禁高墙，赐名"阿其那"，意为狗。五月向内外臣工、军民人等颁布胤禩等人罪状。胤禟赐名"塞思黑"，意为猪，同年八月被害于保定。九月胤禩也不明不白地死于禁所。唯有雍正同母之弟胤禵保留下一命，活到乾隆二十年（1755）。至此，雍正彻底结束了诸兄弟争夺皇位的斗争，巩固了他的地位，加强了皇权，确定了他不可动摇的权威。雍正从皇位的争夺中摆脱出来之后，始以更多的精力投入到治理国家的事务中去。

康熙后期，官吏贪污，吏治腐败，因此钱粮短缺，国库空虚，造成很多严重的社会问题。雍正当皇子时深知要富民富国首先便是整顿好吏治。但是，整顿吏治，在官僚队伍头上动土也不是容易的，弄不好则一发不可收拾。雍正知道"吏治乃一篇真文章也"，他决心做好这篇真文章。

钱粮亏空是当时一个大问题，主要出在官吏贪污上。雍正继位，内阁起草登极恩诏，就开列了豁免官员钱粮亏空一条。雍正马上觉察了，当即将这条勾去，他决不宽恕官员的贪污。十二月十三日，他给户部下达了全面清查积欠钱粮的命令，让各地严格执行。查清亏空何项，原因是什么，并责令所有亏空三年内必须补齐，且不许苛派于民间。因上司勒索及公用者分别处分。属侵欺贪污者，赔补外还要惩办主犯。随即，在中央设立会考府，由怡亲王胤祥、隆科多负责将清查进行到底。会考府是中央的审计机关，各部、各省皆由其督责。会考府查出户部亏空二百五十万两，雍正令户部历任堂官、司官、部吏赔一百五十万两，另一百万两由户部逐年弥补。清查中涉及高级官员也决不容情，以致当时有许多郡王、贝子将家产拿到大街上变卖赔补亏空。对有些贪污多的官僚，雍正就抄他的家，以家产抵空。

地方的清查更为雷厉风行。因亏空，许多省级官员被革职查封抄家。对赃官，采取严厉手段，抄家之外，命其亲戚代赔。凡亏空赃官，一经揭露便予革职。各省被革职罢官的官员多达三分之一，有的达到一半。因此，民间说雍正"好抄人家"。雍正则认为这是应该的，不能让贪官污吏占到一点便宜。全国全面的清查收到很好的效果，三年之间，基本上清理了康熙以来的所有积欠，充实了国库，打击了贪官。

官吏的贪污有官僚队伍的素质问题，在清代还有具体客观原因，那就是官吏俸禄太薄。清朝一品官每年才一百八十两银子，七品官更是只有可怜的四十五两。靠这一点俸禄连家口都养不活，还要送往迎来，年节应酬，打点上司。不让他们用另外的办法来搞钱，除非叫他们饿死。所以清朝官场上，地方官靠的是苛捐杂税，最主要的是征收赋税银两时加收"火耗"来充填私囊；上面的清寒的京官、省官靠的是下边各种名目的送礼来维持生活。这样一个官场，怎么能不腐败。各级地方官员，贪污勒索的手段一般均以"火耗"为名。其所用名义是国家征收赋税为散银，上交国库时要熔铸成银锭，因此要有损耗，应多征银两以补损，称为"火耗"。另外，征粮还有"雀耗""鼠耗"等名目。"火耗"之征，各地不同，但都越来越重，有的地方一两正赋加四五钱"火耗"。雍正非常清楚，无限制地征"火耗"就是剥削民脂民膏，久而久之，非酿成大乱不可。可是如果禁止收"火耗"，各级官员又断了财路，断了生路。雍正很慎重地考虑这个问题。雍正三年（1725）五月，湖广总督杨宗仁提出"火耗"由国家规定征收数，统一征收。一部分归到省里作公用，一部分分给各级地方官。他的意见得到雍正的赞赏。

为了慎重起见，雍正命议政王大臣召集中央有关部门详加议处。讨论的结果，各执一说。雍正大为恼火，斥责他们目光短浅，不再听他们意见，雍正四年（1726）七月断然下令实行"火耗归公"。规定各地火耗征收比率依各地情况而定，只许比原数少，不许增加。所收"火耗"全部提解到省。拨出一部分作为官吏养廉银，其他用于地方公费，此法很快全国实行。各地"火耗"率皆比原额有所下降，多的由百分之八十降到百分之十八，如山东等省。全国各省"火耗"率普遍保持在百分之二十以下。"火耗"归公后给各级官员发放养廉银，养廉银的数额很多，远远超过俸禄。如一品官养廉银每年有两万两，是其俸禄的一百多倍，七品官养廉银亦达两千两左右，是其俸禄的四十余倍。清理亏空、火耗归公、实行养廉银三事同时进行，使官吏对小民任意加派、官场间收受规礼、贪污勒索的陋习有了很大改变，促使官僚队伍走向清廉，同时也使国库充实，地方公费充足，收到了一石二鸟的效果。

为了增加国家收入，打击不法地主官僚为逃避赋役而平均劳役、丁役，或将负担转到小农头上的情况，雍正三年（1725），雍正决定施行

"摊丁入亩"制度。将丁役摊到土地上去，谁田多，谁出力役多，没田的少出役。这个办法当然是对小农有利的。自明朝张居正"一条鞭法"提出这个设想，百年来一直实行不下去，雍正决心完成它。他以明确的认识、坚强的毅力促成了这一赋役制度的大变革。从此后没有了丁役，小农负担减轻了，压抑了富户，扶植了贫民，彻底解决了丁役不均、放富差贫的弊端。从另一方面说，因土地是固定的，而人丁是流动变化的，因此丁粮合收，使清政府的丁银收入有了保证，因此对国家亦是有利。所以这次赋税改革是一个有重大意义的历史事件。

雍正是一个精明的皇帝。他非常了解康熙后期上上下下报喜不报忧给他父亲造成对许多事情的失察。他登上了皇位，便不能再容许这样的情况发生。他要更加牢固地掌握他的权力，便需要十分清楚地了解全国每天发生的事情，做到耳聪目明。为达到这个目的，雍正对王朝的行政制度做了些改革和创造。主要的改革，一是完善了密折奏事制度，二是创设了军机处，目的是为了加强皇帝的集权。

清王朝的公文往来，主要是题本和奏本。题本是官员因公事所上的奏章，要加官印。奏本是个人私事，不用公章。二者皆由通政司送皇帝，其实到皇帝之前便已由内阁看过了。因此这两种公文都是公开的。这样便有许多局限，有些事情官员不敢公开讲，皇帝便无从知道。所以康熙年间便产生了补救的办法——秘密奏折。秘密奏折是皇帝视为心腹、最相信的人才能用的。所奏内容，风俗民情、地方治安、官员情况以及气候、粮价、民间琐事无所不包。这种奏折直接送皇帝，别人不得开启。皇帝看完，批示后发回本人保管。但是康熙时期，能用密折奏事者不多，还没有形成严格的密折制度。雍正上台后，感到密折是了解下情的最好办法。他首先扩大了可写密折人的范围，令各省督抚皆有此权限。后来又给提督、总兵官、布政使、按察使和学政官员上密折权利。一些中下级官员，经过雍正特许，亦可密折奏事。临时差往地方的官员亦有此权。估计雍正朝先后拥有密折奏事权的可达一千多人。

密折制度的建立，使雍正更能广辟耳目，对全国上上下下了如指掌。因此，处理各类事情时洞察秋毫，一言中的，加强了行政效率。雍正朝一切大政皆有密折的功劳。耗羡归公，摊丁入亩，改土归流，他皆有周密的调查，有与心腹大臣许多的论证，因此施行起来得心应手。密折又起到了严密控制官员的作用，使官僚人人自警自惕，兢兢业业一心为公，因为他们的所作所为皆逃不脱雍正的眼睛，密折像一根无形的鞭子，驱赶着他们。雍正创立密折制度没有明代东厂之弊，而收东厂之实效，这正是雍正的高明之处。

雍正的另一创造便是设立军机处。雍正七年（1729），西北对准噶尔用兵。为了更准确、迅速地处理各种军机大事，雍正在他的寝宫养心殿附近设立了军机处。军机处不是一个衙门，没有属员，只是一个临时处置机密军事事务的机构，内设军机大臣和军机章京。军机大臣不是专职，是临时抽调来的、雍正比较信任的官员，原来的职务照兼。军机章京也是抽调来的，仍属原衙门编制，升转在原衙门进行。军机章京是负责文字工作的秘书类人物，雍正以军机处为工具，他的谕旨直接由军机处转发。雍正每天都定时召见军机大臣，有事随时召见，军机大臣常半夜不能休息。

军机处初设是办理西北军务，后来雍正觉得军机处用得顺手，西北军务完毕，便用来办理国家所有机密事务，所以在雍正手中，军机处已代替了内阁，成为国家实际中枢。凡重要机密之事皆由军机处办，内阁只能办一般性事务。军机处除了承命办事之外，还有为皇帝出谋划策、提供咨询、参加议政的任务。军机大臣是雍正挑选的，统统属于他的亲信，事事秉命于他个人，因此雍正非常牢固地抓住了国家一切权力。

雍正继位时，清王朝的边疆地区并不安定。首先是青海、西藏动乱不已。青海、西藏地区的蒙古人在康熙时已归顺清朝。由于准噶尔部的挑动，青海的罗卜藏丹津在雍正元年夏天叛乱。他放弃清朝封爵，恢复旧日称号，进攻不跟他同叛的另外两个蒙古亲王，扣留清朝官员，进攻西宁。雍正听到前方传来的消息，决心武力平叛。谕令川陕总督年羹尧为抚远大将军，主持剿灭军事。年羹尧做了周密部署，雍正元年（1723）冬天，连打了几个胜仗，降敌十万。罗卜藏丹津逃到了柴达木。岳钟琪率五千精兵，乘大雪直捣敌巢。第二年二月初八，大败罗卜藏丹津，俘其母亲和妹妹，罗卜藏丹津男扮女装逃往准噶尔。平叛战斗胜利后，清对青海地区加强了统治，设立了青海办事大臣，处理蒙藏民事，下置若干州县，使青海直接隶于中央政府，改变了康熙时对青海间接统治的方法。平叛后，在青海各地开展了屯田，兴办农业水利，对当地少数民族经济发展多方扶持，取得了很大成功。

西藏地区在康熙时已驱逐了准噶尔势力，并留兵两千人驻守，任命亲清的藏人担任西藏地方领袖。雍正元年（1723），雍正听四川巡抚之请从西藏撤回了军队，雍正五年（1727）便发生了阿尔布巴叛乱。后藏政府首领颇罗鼐率兵坚决平叛，与敌周旋。雍正闻讯令川、云驻军出兵进藏。次年秋，一举平定叛乱。西藏平定后，雍正从长远利益考虑，决定强化对藏控制。在西藏设立了驻藏大臣，留兵两千防守。同时，将西藏宗教领袖达赖六世迁于康定，派兵看守。初步稳定了西藏局势。

西北准噶尔部在康熙年间数次发难，经康熙几次用兵，形势趋向缓和，但依然与清朝处于敌对状态，经常挑起事端，挑动青海、西藏、蒙古地区的蒙古族闹事。因此，准噶尔部不平，清朝的西北边境便不得安宁。雍正继承其父遗志，决心彻底解决准噶尔问题。但由于雍正决策的失误和前线将领的轻率，清军多次失利，直到雍正去世也未能达到目的。

西南云贵地区向为少数民族聚居之区。明代以来中央皆以土司制度统之，即由少数民族酋长自治。这些少数民族头人世世代代承袭其职务，对当地人民进行残酷压迫和剥削。土司之间又经常为争夺土地、山林、人口而争战，有时候又联合起来反叛中央政府，抢掠汉族及他族人民，明朝时一直为国家大患。清朝也沿袭了明的土司制度，行之近百年，土司制的各种弊病愈演愈烈。雍正从康熙年间便深知土司制度之弊，但怎样解决却没有办法。雍正二年（1724）冬，雍正任命鄂尔泰为云贵总督，让他一方面平定贵州土司叛乱，一方面认真调查研究找出解决土司制度问题的根本办法。雍正四年（1726）九月，鄂尔泰提出云贵土司改土归流的设想。雍正认为这是治本之策，便当机立断，责令鄂尔泰完成此事，并且迅速为他配备了必要的助手。为了鄂尔泰工作的方便，雍正重新改定了云贵川的行政区划，授他为云、贵、广西三省总督。

鄂尔泰自雍正四年下半年开始剿平了叛乱土司，首先对这些土司改土归流，然后，及于未叛土司。废除少数民族的头人，设立府县，派遣流官管理，并力行清查户口、田土，对忠于朝廷的土司给予荣誉世职，妥善安置。到了雍正八年（1730）云贵改土归流工作基本完成。此举打击了叛乱分裂势力，加强了中央对西南少数民族地区的统治。

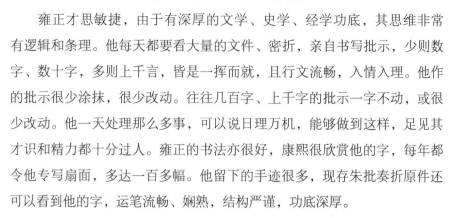

雍正才思敏捷，由于有深厚的文学、史学、经学功底，其思维非常有逻辑和条理。他每天都要看大量的文件、密折，亲自书写批示，少则数字、数十字，多则上千言，皆是一挥而就，且行文流畅，入情入理。他作的批示很少涂抹，很少改动。往往几百字、上千字的批示一字不动，或很少改动。他一天处理那么多事，可以说日理万机，能够做到这样，足见其才识和精力都十分过人。雍正的书法亦很好，康熙很欣赏他的字，每年都令他专写扇面，多达一百多幅。他留下的手迹很多，现存朱批奏折原件还可以看到他的字，运笔流畅、娴熟，结构严谨，功底深厚。

雍正的政治才能表现在他了解下情、了解臣下、了解自己，能够运用一切手段去实现自己的目标。雍正说他事事不如其父，唯有了解下情比康熙强。他清楚地知道天下弊病在哪里，官场恶习什么为最劣，因此处理政务得心应手，没有事情能瞒过他的眼睛。尤其是他的知人善任、控御臣下的本领更为他人所不敌。雍正常说："治天下惟以用人为本，其余皆枝叶事耳。"在通行"人治"的中国封建社会，雍正的认识可以说是非常确切的。只要用人得当，天下皆可以治。雍正在做皇子的时候，就形成了他自己的用人原则和用人风格。

康熙用人较为宽厚，其下官僚队伍相对稳定，但是形成了庸才充斥、官场腐败的现象。雍正欲一改康熙末年状况，造就一支振奋有为、有开拓性的官吏队伍，来保证他的政治目标的实现。因此，其用人原则便不同于他的父亲。雍正的用人原则，用他自己的话说就是"用人原只论才技，从不拘限成例"。中国历代人君用人的不同总在于德与才的如何偏重，也就是重德还是重才。德才兼备的人是有的，但数量少，远不够国家之用。大部分官僚皆属中才，就看人君怎么使用。一般来讲，德高者往往才不具，多为忠厚老成、谨小慎微、兢兢业业、缺乏开拓精神的君子型人物，这种人可以信任，但不能用于成就一项大事业。而有才者，又往往恃才傲物，不拘泥于道德的约束，不容易驾驭，甚至大节、小节皆有瑕疵，为君子所不齿，经常受人攻击，但成就大事业往往是这样的人物。

雍正用人是根据历史的要求。在他那个时代，为着除旧布新，革新政治，必须用一批有才干的大臣，即使这样的人有这样那样的错误也要用。

他认为国家设官定职，原是为了办事，而不是为了用人，尤其不是以官职养闲人、庸人。谁能把事情办好就用谁，而不必拘泥于他的出身、声望或德行，在这个前提下，对有缺点的才干之臣加强教育，对庸才则要让他腾出位子来给有才能的人。雍正曾经在田文镜的密折上这样批道："凡有才具之人，当惜之、教之。朕意虽魑魅魍魉，亦不能逃我范围，何惧之有？及至教而不听，有真凭实据时，处之以法，乃伊自取也，何碍乎？卿等封疆大臣，只以留神用才为要，庸碌安分、洁己沽名之人，驾驭虽然省力，惟恐误事。"可以说，这段话概括了雍正的用人之道。

对官僚，即使是贤才，雍正要求也很严。历代君王要求大臣不过"清、慎、勤"三个字，而雍正认为只有这三条要求还不够。做官，尤其是高级官吏，还应当眼光远大，有全局意识，胸襟宽广，不然的话，人品再好也不过一具木偶泥胎。对于真正的有才干的大臣，雍正打破了官吏升转惯例，给以高官厚禄、越级提拔。他给几个心腹大臣田文镜、鄂尔泰等人的上谕中，一再让他们荐才，他虚己以用，不拘资格。而对于疲软官员，他动真格地以察典处之。雍正时期，无能的官员被罢斥的很多。雍正也因此得了个"刻薄寡恩"的名声。

从整个雍正时期看，雍正对于才干之臣一点也不刻薄。他常常用赏赐世职、加级，赐四团龙补服、双眼花翎、黄带、紫辔，赐"福"字，赏食品、药物等办法奖励能臣。有病的大臣，他亲派御医前去看望。像杨宗仁、宋玮、方觐都受过这种殊荣。江苏巡抚陈时夏要将在云南的老母迎养于任所，雍正就令云南督抚将陈母送去。对政见不同的大臣，只要他公忠任事，雍正照样信任。像朱轼，曾反对他搞耗羡归公，反对西北用兵，但朱轼有才干，忠于朝廷，雍正照样信用他。李元直为监察御史，疏奏中侵及雍正，言辞激烈，雍正认为他没有恶意，赐给他荔枝，要他直言无妨。这种例子在雍正时非常多。雍正的用人有他自己的特点，可以说是才德并重，而偏于才，沽名钓誉、洁身自好、庸懦守旧的人他是不用的。他的这种用人方法辅成了他的一代之治。

雍正极为自信，这就决定了他性情刚毅。他教育臣下不要优柔寡断，不要瞻前顾后、拿不定主意。要认准了就干，不怕困难。他本人就很果断，摊丁入地、耗羡归公都是他认准了的，所以不顾舆论坚决干到底。他这种性格的另一面就是急躁。康熙皇帝曾就此批评过他，说他"喜怒无常"，实际掌权后性格也没改变过来。他轻举妄动的事也不少，如强迫闽广土人学官话，结果毫无成效。他气愤时常说过头话、走极端，有暴怒的毛病。经常有这样的情况，一个官员激怒了他，他在批示上将这人狗血喷头地大骂一顿，当转过念头来，又去表扬人家。他性格刚愎，但有时也能认错。年羹尧等案处理后，他也多次公开认错，说自己用人不当，应当引咎。

他处理朝政非常认真，容不得半点虚假和模棱。他看奏章很认真，经常能从中发现问题，一发现问题便非追出个结果来不可。他的批示如果不能立刻引起臣下的反应他就发火，所以雍正时期行政效率异常高，他的这种工作作风不可避免地被臣下说成是"苛察"。雍正说他处于天子之位，总揽万机，必须认真。那些害怕君主英察的人无非是想欺骗君主，掩盖他们的作奸犯科。

雍正没有声色犬马之好，继位后放掉了宫内所养全部珍禽异兽。他不事游猎，连父皇那样的巡游也不搞。但他很喜欢园林，他常年办公的地点就在圆明园，该园经过扩建修缮，湖光山色，风景如画。闲暇时，雍正喜欢流连于园中山水之间。其他生活用具，雍正亦不太讲究。吃喝方面，只是喜欢喝点酒，也有节制。当时西方传来的新鲜东西，像温度计、望远镜、玻璃眼镜他接受得很快，还让宫廷匠役仿造，赐给亲近大臣。

雍正共有八个后妃。这在清代皇帝中，乃至历代帝王中都是少的。他当皇子时只有一妻一妾。继位后根据历代惯例，为了"广嗣继"才纳了几个妃子。

雍正继位后勤政好学，事必躬亲，身体状况一直很好。雍正七年曾大病了一场，但一年后已完全痊愈。但到了雍正十三年（1735）八月二十一日，雍正在圆明园偶感不适，他未在意，仍照常办公。到二十二日晚上病情加重，急忙召见四皇子弘历及亲信大臣，谕及后事，二十三日子时，也就是二十二日深夜，雍正便死了。谥"宪皇帝"，庙号"世宗"。

第十章 清高宗爱新觉罗·弘历

康熙五十年（1711）八月十三日，乾隆帝弘历出生在雍和宫。因他长得大头大耳，高鼻梁，长身子，故深得他的爷爷康熙帝的钟爱。雍正十三年（1735）八月，雍正帝得急病死。大臣鄂尔泰和张廷玉等人一面料理丧事，一面齐集文武百官到太和殿，从"正大光明"匾额后面拿下雍正帝立储的遗诏，向诸皇子宣读。遗诏上写着："着皇四子弘历即皇帝位。"于是，原为宝亲王的弘历就被拥上宝座，阶下大臣齐呼"万岁"，新皇帝传旨，大赦天下，以明年为乾隆元年。他就是历史上的乾隆皇帝，庙号是清高宗。

乾隆帝刚即位时，还是个二十余岁的青年。当时，朝中大臣分为鄂尔泰和张廷玉两个帮派，这已成了公开的秘密。鄂、张都是先朝重臣，党羽甚多，朝野臣僚要么投在鄂尔泰门下，要么求张廷玉庇荫。两派明争暗斗，互相倾轧，连刚毅果断的雍正帝都感到束手无策。因为这两人都有大功于国，所以雍正帝特许二人死后祔太庙配享。太庙是皇帝家族的祖庙，臣僚能得到配享的待遇，那是极高的和十分罕见的荣宠。这两大派系朋党的存在，给乾隆帝提出一个突出的难题，即能否妥善处理两派的关系，将成为朝政能否正常运行的关键。

乾隆帝继位后明确表示痛恨私立朋党，同时，对两派臣僚一视同仁，有功即赏，无功即罚，决不少贷。如果要起用哪一个人，不只询问一方，而是令各人直陈，同时还要询问许多其他的人。被询问的人都需质言直语，倘被发现故意掩盖或美化，轻则被训斥，重则被解职回籍。于是，朝中虽有门户对立，但双方都兢兢业业地为朝廷尽力，任何一派都不敢骄横。在乾隆朝，这种门户对立不但没有明显影响朝政的运行，有时反而促使双方都争相为国立功。

乾隆帝对臣下恩威并施，凡是为国立功者，可以顿升公侯。如出征将领凯旋，乾隆帝通常在紫光阁宴劳。后来，乾隆帝命画工为功臣画像，挂在紫光阁中，以示荣宠。因平定准噶尔和南疆大小和卓的叛乱，功臣一百人画像入阁，其中以大学士傅恒为第一。以平定大小金川的叛乱，又画功臣一百人像入阁，以大学士阿桂为第一。后又以平台湾功，绘功臣二十人像入阁。阿桂虽未至军中，但图像仍为第一。最后以击退廓尔喀进犯，绘功臣十人像入阁，阿桂以自己未亲自参与战斗，恳让福康安为第一，阿桂列第二。乾隆年间，将领在外多能用事，战争都以胜利告终，这与乾隆帝不吝褒奖是有关系的。

乾隆帝虽以儒雅风流自命，但权柄从不稍假予人。自雍正以后，军机处就成了皇帝下面的最高权力机构。乾隆帝每天早上都到军机处理政。夏天，他到军机处时天刚亮；冬天，他到军机处时也就是五更时分。军机处一般有十几个人，每天晚上要留一个人值班，以备有急事，候乾隆帝临时召见。又怕事情多一个人处理不了，每天还要有一个人早早地到军机处相助，当时称之为"早班"。乾隆帝从寝宫出来，每过一道门就放一声爆竹。听到爆竹声由远至近，军机处官员就知道皇帝要来了。军机处的官员每五六天轮一早班，尚感到很辛苦，乾隆帝却天天如此，这使得军机处官员不敢稍有懈怠。倘如边疆用兵，只要有军报送来，就是在半夜里，乾隆帝也要立即亲自观览，随时召军机处官员面授机宜。军机处官员按照他的口授拟好文，再交给他过目。这中间往往需要一两个时辰，而乾隆帝还披着衣服等待。军机大臣都可以专折奏事，最后均听乾隆皇帝决断。

乾隆帝鉴于明代宦官多通文墨，故能够弄权，把明代政治搞得一塌糊涂，所以他一改旧制，将原来教习宦官读书识字的内书堂废掉。乾隆帝说："内监的职责就是供命令，只要略识几个字就行了，何必派词臣给他们讲文义呢？明代宦官弄权，原因就在这里。"自乾隆三十四年（1769）以后，内宫便再也不派词臣教习宦官了。乾隆帝还有一个禁止宦官弄权的措施，那就是凡当差奏事的宦官，一律都要改姓为王。这样，外廷官员就难以分辨，避免了他们之间的勾引。有一个叫高云的贴身宦官向乾隆帝说了几句外廷臣僚的事，涉及朝廷事务，乾隆帝立命将他处死。

清代的宦官由内务大臣管辖，不许宦官到外边胡作非为。乾隆二十二年（1757）四月，直隶总督方观成上疏弹劾巡检张若瀛，说他竟敢擅自杖责内监，这是一种目无皇上的大不敬行为，乾隆帝览疏，不但未准奏，反而斥责方观成不识大体。没过几天，那个被弹劾的张若瀛却连升七级。为了这事，乾隆帝特发了一道谕旨，凡内监在外边滋扰生事者，许外廷官员随时惩治。更有趣的是，有一个在御前听用的太监，乾隆帝直呼他为"秦赵高"。实际上这个宦官并没干什么坏事，乾隆帝这样称呼他，只是为了向他示警。正因为清前朝对宦官管理较严，所以清代没出现过像明代那样的宦官之祸。

乾隆帝接受了历史上外戚为乱的教训，对后宫的管理也很严格。皇后只能管理六宫事，不得干预外廷政事。他还用历史上著名的有德行的后妃为例，作"宫训图"十二帧，每到年节就在后宫张挂，作为后妃们学习的榜样。例如，其中有"徐妃直谏""曹后重农""樊姬谏猎""马后练衣""西陵教蚕"等。在宫中举行宴席时，乾隆帝还让后妃们以"宫训图"中的人物为内容，联句赋诗。后妃母家人虽不时蒙得赏赉，也不乏高官显宦，但都不敢过于弄权。

雍正年间曾大规模的"改土归流"，将许多世袭的土司改为流官。雍正末年，由于某些善后工作不妥，贵州云南等地的少数民族苗族又发生叛乱，清政府派刑部尚书张照前往平叛。张照反对鄂尔泰所推行的"改土归流"的政策，密奏"改流非策"，甚至提出要将大片西南土地放弃。他不懂军事，混乱纷更，故虽大兵云集，却旷日无功，苗族西南叛乱的规模越来越大。乾隆帝即位不久，听到这种不好的消息，颇为震怒，决心调整布置平定叛乱。他断然下令将张照逮治下狱，另派张广泗经营苗疆。

张广泗是治苗的老手，经过通盘筹算后，制定了"暂抚熟苗，力剿生苗"的策略。乾隆帝很赞赏他的计划，命他照计划行事。张广泗号令严明，对苗众先分首恶、次恶、协从三等惩治，因此进军所向克捷。张广泗的捷报传来，乾隆帝笑容满面，立命张广泗为贵州总督，兼管巡抚事。乾隆为照顾苗民的习俗和安抚他们，又规定苗民诉讼，仍按苗俗审理，不拘律例。初次用兵即获大胜，这使得乾隆帝对用兵增强了信心。他在位期间，多次对边疆用兵，虽损失惨重，但总算都取得了胜利。他在晚年自诩"十全武功"，就表现了他对用兵胜利的沾沾自喜。

在乾隆帝在位的六十年间，他多次对边疆和属国进行征讨，这成了他政治生涯中极为重要的内容。乾隆十二年（1747），大金川藏族首领莎罗奔公开叛乱。乾隆帝命张广泗为四川总督，全力进剿。莎罗奔负隅顽抗，清军多次失利。乾隆帝又派大学士讷亲前往督师。讷亲趾高气扬，一到前线，就严令三天攻下叛军核心据点噶尔崖，否则以军法从事。结果是损兵折将，讷亲自感失误，从此不敢自出一令。张广泗受了讷亲的斥责，对讷亲不知兵而事权反居己上感到不满，故负气推诿。过了半年，银饷花费不计其数，而战功却无。乾隆帝大怒，立命将张广泗逮治来京，说他"负恩忘国"，按律斩首。接着传旨，命讷亲回奏。讷亲尽把责任推给张广泗。乾隆帝将讷亲的奏折掷到地上，命侍卫到讷亲家，取出讷亲祖父遏必隆的遗刀，派人送往军前，令讷亲自裁。之后，乾隆帝另派大学士傅恒为经略，增派军队，和岳钟琪分两路进剿。莎罗奔乞降，大小金川遂告平定。乾隆帝十分高兴，对傅恒优诏褒奖，把他比作平蛮的诸葛武侯，封他为一等忠勇公，岳钟琪封为三等威信公。在凯旋时，乾隆帝命皇长子和诸王大臣郊劳，他亲自在紫光阁行饮至礼，并在丰泽园赐宴随征将士。

乾隆三十一年（1766），大金川再次叛乱。乾隆帝命四川总督阿尔泰率军往剿，多年无功。乾隆帝下令杀了阿尔泰，另派大学士温福督师，以尚书桂林为总督再征大小金川。用兵数年，劳师靡饷。清兵接连受挫。乾隆三十八年（1773），乾隆帝因温福已战死，桂林无功，遂以阿桂为定西将军，严令剿灭叛匪。乾隆四十一年（1776），阿桂攻克了大金川的最后据点噶尔崖，叛乱被平息。叛乱头目索诺木和莎罗奔率家族二十余人出降。阿桂献俘京师，乾隆帝御午门受俘。索诺木和莎罗奔被凌迟处死，其家族人等有的被杀，有的被监禁，有的被发边为奴。乾隆帝封阿桂为一等诚谋英勇公，并画像入紫光阁。此役后，改大金川为阿尔古厅，小金川为美诺厅。

乾隆二十年（1755），乾隆帝派兵平定准噶尔部的叛乱。康熙帝和雍正帝对准部多次用兵，但未根本解决问题。准部时服时叛，成为清政府一块很大的心病。在厄鲁特蒙古内附后，乾隆帝感到形势有利，遂命班第为定北将军，以归附的阿睦尔撒纳为定边左副将军，分两路向准噶尔部进攻。准噶尔军纷纷投降，接应清军。清军兵不血刃进入伊犁。叛乱头目达瓦齐见势不妙，率数十人往南疆逃窜。南疆维吾尔各部纷纷响应清军，摆脱准噶尔的统治。达瓦齐逃到乌什，被维吾尔人民擒获，押送清营，继而被解送北京。乾隆帝痛斥了达瓦齐叛国的罪行，但为了照顾民族关系，赦免了他的罪过，还封他为亲王，让他住在北京，给予很好的待遇。

乾隆帝在平定了达瓦齐的割据势力后，为了削弱准噶尔部的割据势力，把厄鲁特四部封为四汗，使各管所属。但是，阿睦尔撒纳自恃平叛有功，一心想当四部的总汗。乾隆未答应他的这种要求，但给了他特殊的荣宠，晋封他为双亲王，食双俸。他仍不满足，制造分裂的野心恶性膨胀起来。他不穿清朝官服，不挂清朝官印，行文各部"以总汗自处"，积极准备叛乱。乾隆二十年（1755）九月，乾隆帝命他到避暑山庄入觐，想调虎离山，消患于未然。阿睦尔撒纳看出了朝廷的用意，在半路上逃回，公开打出了叛乱的旗帜。叛乱迅速扩大，驻守伊犁的班第兵败被杀。乾隆二十二年（1757），乾隆帝命衮札布为定边将军，出北路；命兆惠为伊犁将军，出西路。清军长驱直入，锐不可当。阿睦尔撒纳仓皇逃入俄国。后来，他因患天花病死，俄国把他的尸体送给清朝。

南疆接着又发生了大小和卓的叛乱。大小和卓就是霍集占兄弟。他们是南疆的宗教首领，在维吾尔族中有很强的号召力。叛乱爆发后，迅速蔓延，乾隆帝派往南疆的使臣也被杀害。兆惠刚平定了天山北路，乾隆帝又命他立即率军赴南疆平叛。兆惠率领的清军仅三千人，被霍集占率领的一万多叛军围困在黑水。包围历时三个月，叛军始终未能攻破。乾隆帝命驻守乌鲁木齐的将军富德赴南疆增援。霍集占在清军的内外夹攻下迅速土崩瓦解，霍集占兄弟被当地部族所杀，这场叛乱最后被平息。乾隆帝鉴于准噶尔部屡次发生叛乱，便于乾隆二十七年（1762）在惠远城设伊犁将军，总辖新疆南北两路事务，从而加强了中央政府对新疆的统治。

乾隆年间，清政府与周边国家也时有战事发生。乾隆帝在平定了大小金川的叛乱后，又命阿桂赴云南，与云贵总督李侍尧勘定中缅边界。因叛乱者有不少人逃往缅甸，乾隆帝命他们整休战备，向缅甸索要叛人。缅王孟驳闻讯十分恐慌，马上遣使奉表入贡，表示愿意献还俘虏，只请求开关互市。乾隆帝答应了缅甸的要求，但缅人只将叛人放回了一半。乾隆帝遣使切责，缅甸新王孟云慑于中国的军威，便遣使奉金塔一座，驯象八只和宝石、番毡等物求贡，并将叛人全部送回。乾隆帝十分高兴，乃颁诏封孟云为缅甸国王，并谕暹罗，不可与缅甸继续构兵。从此以后，缅甸和暹罗二国都臣服清朝，不敢轻易发动战争。

乾隆二十六年（1761）八月，廓尔喀侵略军进犯西藏，深入到日喀则，占领了札什伦布寺，将六世班禅遗留的金银财物、法器珍宝抢劫一空，并到处烧杀抢掠，使西藏僧俗人民遭受了极大的灾难。乾隆帝闻讯后，即派福康安为将军，海兰察为参赞，调兵入藏，迎击入侵的敌军。清军所到之处，受到西藏人民的支持和欢迎，达赖喇嘛还亲自带领僧俗人等协助作战。清军很快将廓尔喀侵略军逐出西藏，并越过喜马拉雅山，到达距加德满都仅二十英里的纳瓦科特。廓尔喀统治者遣使求和，表示今后永不侵犯西藏，并归还掠夺的金银宝物。福康安奏请乾隆帝谕示，乾隆帝接受了廓尔喀的停战条件，命福康安撤兵返回西藏。

乾隆帝感到西藏地方政府太腐朽，无力阻止外来侵略，行政体制也存在着不少弊端，遂命福康安与达赖、班禅共定西藏善后章程，这就是著名的《钦定西藏章程》。它成了中央政府为西藏地方政府制定的最高法律。乾隆还提高了驻藏大臣的权力，对防止西藏农奴主贵族搞分裂割据有重要意义，又密切了中原与西藏人民的关系，加强了清朝中央政府对西藏地区的管辖。乾隆皇帝为迅速击退廓尔喀的侵犯，为西藏问题的妥善解决感到十分高兴，特晋封福康安为武英殿大学士，封为贝子。

乾隆帝对自己的武功很得意，亲自撰写了《十全武功记》。乾隆五十七年（1792）十月，他命人建造碑亭，以满、汉、蒙、藏四种文字铭刻碑上，以昭示他的武功。所谓"十全"，是指两平准噶尔、定回部、两定大小金川，靖台湾，服缅甸、安南，两服廓尔喀，合计为十。他自诩为"十全老人"，并镌刻了"十全老人之宝"。他凭借清初发展起来的国力，东征西讨，使清朝的国势在乾隆年间达到极盛时期。

乾隆在注意巩固边疆与周边国家关系时，对这时已来到东方，进而叩响中国大门的西方殖民主义者也给予了足够警惕。清朝在康熙帝收复台湾后，开四口与外国通商，中外贸易一时呈现出兴盛状态。乾隆初年，英国商人来华贸易的越来越多，他们与中国的行商相勾结，经常干一些违犯中国法律的事。乾隆二十二年（1757）十一月十日，因英商洪任辉"屡次抗违禁令"，乾隆帝传谕外国商人，以后只准在广州一口通商，禁止外商再往厦门、泉州、宁波三地贸易。两年后，乾隆帝命臣下制定了《防范外夷规条》，史称"防夷五事"。其大体内容是：禁止外商在广州过冬；外商必须接受中国行商管束稽查；禁止外商雇用役使中国人；外商不得雇人传递信息；外商不得在广州自由出入等。同时，在广州设立保商制度，保商都由官府派遣，凡外来人员、船只、货物和纳税等事，都由保商担保。还规定，金银、五谷、丝斤等物一律不得出洋。后世人们所常说的清代的"闭关政策"，主要就是指乾隆帝所颁行的这些法令和措施。

当时，英人在对华贸易中居于主导地位，贸易额也最大，广州的中国行商欠英商债款的纠纷不断发生，乾隆帝颇为恼火，命广东地方官对外商和中国行商严加控制。外商在中国发展贸易愈加困难。为了发展对中国的贸易，英国决定派高级使臣来华，这就出现了历史上有名的马戛尔尼来华事件。乾隆五十八年（1793），以为乾隆皇帝祝寿为名，英王遣马戛尔尼出使中国。此人富有外交经验，曾出使过俄国，并且在印度任过长官。为了显示英国文明程度高，所带贡品都经过精心选择，主要是天文、地理仪器、钟表、图像、军器、音乐、器皿等物，共十九件，价值一万三千英镑。为了显示马戛尔尼地位隆崇，除了东印度公司派有两艘船以外，另派兵船一艘。在启程来华之前，东印度公司先期通知两广总督，由总督奏达乾隆皇帝。乾隆帝听说大英帝国遣使为自己祝寿，满心欢喜，传旨准英使由天津入京朝觐。

马戛尔尼一行由广州经舟山，到达山东登州海面。当地官员上船迎接，并向英使宣读乾隆帝的谕旨。因为这时正值夏季，乾隆帝在承德避暑山庄，马戛尔尼则表示，他愿意"敬赴山庄叩祝"。马戛尔尼八月初到热河，但关于朝觐礼仪问题却颇费周折。乾隆帝要臣下导英使行"三跪九叩"礼，马戛尔尼认为不合英国礼俗，拒绝接受。为此，乾隆帝大为不快，要臣下传谕英使：既然来中国，就要遵守中国法度和礼仪。乾隆帝认为英使"妄自骄矜"，下令"全减其供给"，实际上是向英使施加压力，预示着这次朝觐有夭折之势。最后达成折中办法，许英使跪一膝行礼。

农历八月十日正式朝觐。马戛尔尼向乾隆帝呈递了表文，奉献了礼品。乾隆帝回赠英王的礼物也很多，对马戛尔尼本人也厚加赏赉，并赐予一道敕书。马戛尔尼虽然在热河一个多月，但关于商务问题却一直未得表达。回北京以后，马戛尔尼书面提出六项要求，其主要内容是要扩大贸易，增加通商港口，允许英人在广州居住，请允许占用一小岛贮存货物，允许传教士在各省传教。乾隆帝回复了英王来书，断然拒绝了英人要求。特别是对英人想占用中国岛屿之事，乾隆帝更是严词申谕："天朝尺土，俱归版籍，疆址森然。即岛屿沙洲，亦必画界封疆，各有专属。"乾隆帝在敕谕中反问道，倘若别的国家纷纷效尤，也要中国赏给岛屿以住买卖之人，怎么都能答应它们的要求呢？对英国殖民者的领土要求，乾隆帝做出如此严正的回答，维护了中国的主权和尊严。马戛尔尼感到所求无望，遂于九月三日离京返国，颇有怨望。

乾隆年间，西方国家中除了英国遣使来华外，其他不少国家也都曾遣使来华。早在乾隆十八年（1753），葡萄牙使臣巴哲格即来到中国。乾隆帝对葡使颇为优遇，特令沿途供应"量从丰厚，以示怀远之意"。乾隆帝还特派内务府郎中和德人钦天监监正一起到广州迎接。乾隆帝在回复给葡王的"敕谕"中，除了表达友好的语言以外，有关通商诸事全未涉及。

乾隆六十年（1795），荷兰以祝贺乾隆御极六十周年为名，派德胜为正使来华。乾隆帝认为"此系好事"，特令广东地方官派人沿途护送，妥为照料。军机处官员验礼品后，颇嫌菲薄，认为都不是贵重之物。乾隆帝未予计较，仍照常予以赏赐，还赐予使臣一个亲笔写的"福"字。

乾隆帝边疆用兵，连传捷报，再加上连年风调雨顺，海内升平，他俨然感到自己是个太平天子。因此纵情享乐，做出了不少风流韵事。康熙时曾修建了一处畅春园，赐给了当时还是藩王的雍正帝，后扩建为圆明园。雍正帝即位后，对圆明园大加扩建，添了不少的楼台亭榭。现在轮到了乾隆帝，他拨出库中大量白银，命工部规划大规模扩建。一时集中了大批的能工巧匠，费了无数心血，在什么地方植树，什么地方栽花，某处凿池，某处叠石，俱点缀得优雅别致。乾隆又责成各省督抚，搜集了无数的珍禽异卉、古鼎文彝，一齐陈列园中，供皇家人员玩赏。园林告成后，乾隆帝奉了太后，到园中游玩。他还发了一道圣旨，自后妃以下，凡公主、宗室、命妇以及近属，都准入园游玩。

有关乾隆帝的风流佳话中，传闻最多的莫过于香妃了。乾隆二十三年（1758），南疆发生了霍集占兄弟的叛乱，乾隆帝派兆惠等人前往镇压。第二年叛乱被平息。兆惠俘获了霍集占的妃子香妃。她身上生来就有一种异香，不用涂脂抹粉，香气袭人，人们因而称她为香妃。乾隆帝的后宫虽说嫔妃成群，但却没一个有这种天然香味的。兆惠俘获香妃后，为了取得乾隆帝的欢心，立即派人密折奏闻。乾隆帝闻报大喜，命兆惠尽快送往京师。因路途遥远，怕长时间风霜跋涉有损香妃的容颜，命兆惠派可靠的人好生护送，并谕示沿途地方官，要好生安排香妃一行的食宿起居。

香妃到京后，宫监将她引入内宫，朝觐乾隆帝。果然是玉容未近，芳气先来，这种芳气既不是花香，也不是粉香，而是一种奇芬异馥，沁人心脾。宫监让她到御座前行礼，但她全然不睬，只是泪眼汪汪，令人十分怜爱。乾隆帝说她生长在边远地区，不懂朝中礼仪，遂命不必苛求。按照乾隆帝的意思，宫监将香妃领入西苑居住。之后多次派能言善辩的宫女劝说，但香妃或面若冰霜或只是垂泪。再到后来，香妃对前来劝她的宫女说，如果皇帝逼她，她就用匕首自杀。甚至还说，她还不想白白地死去，即使自杀，也要再杀一个足以抵得上她的前夫的人。

乾隆帝本人也不时到西苑小坐，希望时间一久，她那思念前夫之心就会消失。一遇到什么节日，香妃就暗暗地落泪。乾隆帝见此情状，回来与和珅计议，以后香妃的饮食起居，完全按照回族人民的传统格式，吃回式蔬菜，穿回式衣服，另选派回族妇女对她好生侍候。按照乾隆帝的命令，在西苑为香妃建起回式的房屋，还修建了回教礼拜堂，想以此取悦于香妃。有时，乾隆帝还派人领着香妃到风光秀丽处去游玩。可以说，凡是想得出来的办法都用上了。但是，尽管乾隆帝百般劝诱，但香妃始终不肯屈从。

皇太后听说了这件事，生怕香妃在深更半夜里刺杀了自己的儿子，便把乾隆帝召入内宫，对他说："这位妃子既然不肯屈服，你就不如杀了她以成全其志向了，要不的话，就干脆把她放归乡里，还让她住在宫中干什么呢？"乾隆帝明知香妃志不可屈，但总舍不得杀了她，也不愿意放她回乡。

这样过了几年，倒也无事，在冬至那天，乾隆帝去天坛举行圜丘大祀，皇太后趁机派人把香妃召入慈宁宫。香妃入宫后，皇太后命人把大门上了锁，虽皇帝来也不得入内。皇太后把香妃召至跟前说："你志终不肯屈，那么你到底想怎么着呢？"香妃答道："只愿一死！"皇太后见她说得坚决，就说："那么我今天就赐你一死，行吗？"香妃马上跪下叩头说："太后遂了我的这个志向，恩德比天地还大。"说罢，泪流满面。皇太后一时也感到非常难过，遂命人将香妃引入旁边一间小屋，让香妃自缢而死。

这时乾隆帝正在天坛大祭，忽听下人飞马来报，说香妃被皇太后锁在慈宁宫，生死不知。乾隆帝闻报大惊，大礼还未做完，即命驾匆忙回宫。因宫门已上锁，无法进入，乾隆帝遂在宫门外大哭。不久宫门开启，皇太后命人领乾隆帝进入，这时香妃已经气绝。但她肤色仍像活时一样，脸上似乎还浮现着笑容。乾隆帝见状十分悲痛，命人置备棺木，以妃礼厚葬。

和珅是乾隆第一权臣，从后来被查抄的财产来看，也是有史以来第一号大贪污犯。他之所以能骄横跋扈，自然是因为深受乾隆帝宠信所致。但是，乾隆是一个非常老练刚毅的皇帝，怎么能对和珅的奸贪毫无觉察呢？更何况，即使不算和珅当侍卫小官的年月，仅从进入权力核心算起，和珅弄权亦有二十余年，如果说乾隆帝毫无觉察，那是不可能的。奇怪的是，乾隆帝对和珅却一直宠信不衰，其中必有极深的原因。

据某些野史记载，原来，雍正帝有一个妃子，长得十分娇艳美貌。那时，乾隆帝尚是个年近二十的皇子，一次因事进宫，从这个妃子身边经过。这个妃子正在对着镜子梳发，弘历忽地从后面将她的头抱住，用两手捂住她的两眼。其实，弘历只是与她开玩笑，说不上有什么邪念。这个妃子不知道是弘历，一时惊慌，用梳子向后击去，正打在弘历的额头上，还留下了一个小伤痕。第二天，弘历进宫去看他的母亲。他母亲即雍正帝的皇后，见他额头上有个伤痕，问是怎么回事，弘历支支吾吾地不想说，但经不住皇后的再三盘问，就把事情的经过说了出来。皇后一听大怒，怀疑这个妃子调戏皇子，立命将妃子赐死。弘历十分惊慌，想坦白承认是自己的过错，不能责怪这个妃子，但又未敢直说。踌躇了半天，未想出好法。

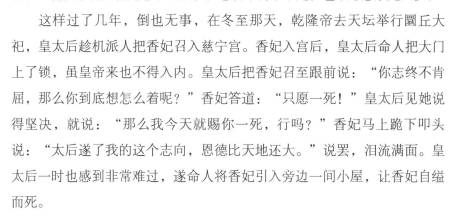

当他跑到妃子住所的时候，这个妃子已经悬梁自尽。弘历非常悲痛，用手指在妃子颈上按上指印，默默地说："是我害了你，魂如有灵，等二十年以后再来与我相聚。"说罢，满怀悲痛回到自己的住所。

乾隆中期，出身于满洲正红旗的和珅在銮仪卫当差役，即为乾隆帝抬轿子，地位很低。有一天，乾隆帝到圆明园中去闲逛，起初天气有些阴，不觉得炎热。但是到了中午，云开日出，遍地阳光，顿感炎热起来，仓促间却找不到黄盖。乾隆很生气。正在这时有人马上送上了黄盖。乾隆一看来人是个美貌少年，就问："你是何人？"来人应道："奴才名叫和珅，是满洲官学生，现充銮仪卫差役。"乾隆觉得此人面熟，似乎在什么地方见过，但又一时记不起来。回宫以后还一直惦念着这件事。他忽然想到，和珅的面貌与那个妃子相似。于是，便密召和珅入宫，令跪在跟前，反复端详，果然相似。再看和珅的颈上，也有一个痣，宛如手指的印痕。这时，乾隆帝便认定和珅是那妃子的后身，倍加怜爱。经询问，知道和珅颇通文墨，于是立即提升他为宫中总管。

和珅骤升要职，自然十分感激，侍奉乾隆帝十分尽心。乾隆帝常令他跟在身边，有问必答，句句称旨，乾隆帝心里也格外高兴。和珅日受宠任，乾隆帝似乎片刻少他不得，乾隆帝似乎感到，对和珅宠爱一分，就能减轻一分自己对那位妃子的负罪感。原来，身为皇帝的乾隆帝信奉佛教，很迷信佛家生死轮回的学说。他觉得既然和珅是那妃子后身，那么在和珅身上多施恩德，就等于是对那妃子的报答。在这种心理的支配下，乾隆听任和珅直步青云，为所欲为。

和珅本来只是一侍卫，乾隆帝不久就把他提为户部侍郎。和珅口齿伶俐，办事干练，处处合乾隆帝的意，只是贪墨成性，要他去掌管户部，侵渔货财十分方便，所以不久就遭到御史们的弹劾。你一本，我一本，说和珅如何贪赃，如何欺君，但乾隆帝全当成耳边风。乾隆帝甚至还对和珅说："你我是一家人，你喜欢多要几个钱，也无妨，那些御史们说，就让他们说去。"得了乾隆帝这话，和珅的胆子就更大了。外廷臣僚见和珅被参劾不但毫发无损，反而和皇帝越发亲热，甚至晚上还陪乾隆帝在御书房睡觉，也就没人敢弹劾他了。

和珅很快被提升为军机大臣，在乾隆后期执政达二十余年，累官至文华殿大学士，封一等公。和珅的弟弟和琳也迅速飞黄腾达，由一个生员升为兵部侍郎，不久又升为工部尚书，乾隆末年还曾代福康安为主帅。在外人眼中，和珅一家与乾隆皇帝简直就是一家人，由此谁还敢再对他们说半个"不"字？

乾隆帝无论到哪里去，总要把和珅带在身边。后来，乾隆帝把自己的第十个女儿和孝公主嫁给和珅的儿子丰绅殷德。和孝公主最受乾隆帝喜爱，乾隆帝出猎或微行时，常把和孝公主带上。和孝公主好穿男子的服装，骑马射箭也是好样的，又伶牙俐齿，遇到乾隆帝有什么烦恼事，她三言两语就使乾隆帝转愁为喜。乾隆帝把自己最喜爱的女儿嫁到和珅家，使和珅更加有恃无恐。有一次他们同行市中，衣铺中挂着一件大红呢夹衣，和孝公主很喜欢，说了一句好，和珅便立即买了下来，花了二十八两银子，双手捧给和孝公主。乾隆帝微微一笑说："你又要大人破费了。"和孝公主高兴，和珅比皇上还高兴。

和珅与乾隆帝做了儿女亲家，更加横行无忌。朝中大臣，多是和珅党羽。他家中的积蓄，比皇帝家里还多。他的一些家奴在京师横冲直撞，无人敢惹。有一个叫刘全的家奴，仗着和珅的威势四处勒索，家资万贯。御史曹锡宝上了一本，未敢直接弹劾和珅，只是弹劾他的这个家奴。乾隆帝命廷臣勘查，廷臣怕得罪和珅，也不仔细查问，就说曹锡宝风闻无据，反而加给他一个妄言的罪名。连和珅的一个家奴都参劾不倒，谁还敢对和珅怎么样呢？

直到乾隆晚年，和珅一直受宠不衰。乾隆六十年（1795），乾隆帝要禅位给嘉亲王颙琰，这使和珅吃了一惊。他极力劝阻说："内禅的大礼，前史上虽有所闻，但也并没有多少荣誉。现在皇上精神矍铄，身体康健，再过上一二十年禅位不迟。皇上多在位一日，百姓也多感戴一天，我等奴才也愿皇上永远庇护。"话说得面面俱到，十分恳切。以前，和珅怎么说，乾隆帝便怎么行，但这次却坚执不从。乾隆帝对他说："我这次决心已定，不用再多说了。我和你有缘分，所以能这样长久相处。如果换别的人，恐怕就不许你这样了。以后你检点一些为好。"在乾隆帝当太上皇的四年间，嘉庆未处治和珅。等乾隆帝一死，嘉庆帝立即将和珅抄家，和珅被赐死，被抄家产达八亿多两白银，包括嘉庆帝在内，朝野上下无不吃惊。所以当时流行一句谚语说："和珅跌倒，嘉庆吃饱。"

乾隆帝在这时也搞文字狱，但他更多的是对汉族知识分子采取一系列笼络的政策。其中主要手段之一就是编书。一是开"三通馆"，编纂了大型的典志书《续通典》《续通志》《续文献通考》。二是开"四库全书馆"，历时十五年，编成了我国历史上最大的一部丛书——《四库全书》。馆中集中了当时大批名流学者，其中最著名的有纪昀、于敏中、王念孙等。《四库全书》在我国文化史上占有很重要的地位，保存下来许多有价值的典籍。后人在利用这套大型图书时，自然会联想到乾隆帝对中国文化的贡献。但是，乾隆帝也正是在编这套图书的同时，对中国古代文化典籍进行了一次大规模的清查和销毁。据记载，经他批准销毁的书籍将近三千余种，六万七千卷以上，种数几与《四库全书》相当。像顾炎武、黄宗羲、黄道周、张煌言等人的著作都在违禁之列。

乾隆帝把大批著名文人集中到京师，与他们中间的某些人来往密切。作为二十四史之一的《明史》，经康熙、雍正两朝的编纂，乾隆初年已基本完成。在刊印时，乾隆帝常亲自校勘。明史馆的人员便故意在明显处错写几字，待乾隆帝去改正。乾隆帝也为自己校出错字而高兴。但是，经他一过目，就成为"钦定"，其中有些故意写错的字未被校正过来，只好将错就错。现在《明史》清宫刻本常有错字，原因就在这里。乾隆通过编书一方面密切了与知识分子的往来，笼络了一批知名文人，另一方面又使他们穷经皓首，整日埋头于古纸堆中，无暇顾及政治，从而达到了一箭双雕的目的。

乾隆帝在位的六十年间，无论文治还是武功，都有数端功绩可述，况且其在位时间之长古来罕见，他对此十分得意。乾隆四十五年（1780），他七十岁高龄，自称"古稀老人"，并镌刻了"古稀天子之宝"。又因五世同居，所以又刻了"五福五代堂古稀天子宝"。乾隆五十年（1785），为庆祝自己御极五十周年，特在宫廷举办"千叟宴"，特邀请朝野一千名年过古稀的人入宴，以粉饰升平。当他八十岁高龄时，又镌刻了"八徵耄念之宝"。他自称在中国历代帝王中，自己的年岁之高，在位时间之长，为自古以来所未有的。到乾隆末年，中国人口达到了三亿多，这也是中国自古以来所未有。乾隆帝感到，这正是在他统治下中国进入了太平盛世的表现。

乾隆六十年（1795），有一天乾隆帝把诸王大臣召入内廷，说自己准备把皇位传给太子，自己称太上皇。各位大臣极力劝阻。乾隆帝执意不允，为此专颁谕旨，说明自己决心要禅位的原因："我二十五岁即位，当时曾对天发誓，如能在位六十年，就将传位给嗣子，不敢与皇祖六十一年的在位年数相同。现在初愿已偿，怎么还敢再生奢望呢？现立皇十五子颙琰为皇太子，命他嗣位。我自应随时训政，不劳你等忧虑。"遂确定明年为嘉庆元年，命礼部制定禅位大典。因内禅为创例，清代未实行过，礼部只有参酌古制，定得冠冕堂皇，乾隆帝立批照行。

嘉庆元年（1796）的第一天举行内禅大典，乾隆帝在太和殿亲自将御玺授予嘉庆帝。诸臣先恭贺太上皇乾隆帝后，太上皇还宫。嘉庆帝遂登帝位，接受众臣朝贺，颁行太上皇传位诏书，普免全国钱粮，并下诏大赦。乾隆帝退位后称太上皇四年。嘉庆帝每遇有军国重事，都要亲到内廷请乾隆帝裁决。当时，由于社会矛盾激化，以湖北、四川为中心，爆发了全国性的白莲教大起义。乾隆帝留下来的实际上是一个被掏空了的烂摊子。嘉庆四年（1799），乾隆帝寿终正寝，享年八十九岁。谥"纯皇帝"，庙号"高宗"。

第十一章　清德宗爱新觉罗·载湉

　　光绪帝载湉，是清王朝自顺治帝以来的第九位皇帝。光绪帝自幼聪颖好学，才思敏锐，立志要有一番作为。但他一生都无法摆脱西太后的种种挟制，最终治国抱负被扼杀，个人的家庭生活也被无情地践踏，成为西太后掌中的囚徒，抱着满腹的遗憾和怨恨离开了人世。

　　说起来，小载湉的家世是显赫的。他的祖父是清代第六位皇帝道光皇帝，父亲是道光皇帝的第七子醇亲王奕譞，他的母亲是慈禧太后的胞妹叶赫那拉氏。1874年12月5日，做了十三年傀儡皇帝的同治帝病死，这在朝廷中引起了巨大的震动，当然反应最为强烈的是同治帝的母亲西太后。西太后以子而贵，现在儿子死去，给她带来了极大的难题。因为同治帝早死，没有儿子，按照清王朝的家法，在同治帝死后就应从晚辈近亲中选出一个人，为同治帝立嗣，并继承皇位。当时同治帝载字辈之下是溥字辈，按惯例，应从溥字辈中选出一人，继嗣给同治帝并称帝。但是，如果这样做的话，那么西太后将因孙辈为帝而晋尊为太皇太后，太皇太后固然也很尊贵，但从血缘关系看却疏远了很多，无法继续控制清王朝的大权。

　　西太后不甘心就此罢休，她想出了一个办法，那就是让醇亲王的儿子载湉继位。载湉年幼，又与同治帝载淳同辈，自己仍可保持皇太后的身份，执掌朝政。再说，就亲属关系而言，载湉既是自己的侄子，又是自己的外甥，关系密切，利于控制。拿定主意后，西太后立即在养心殿西暖阁召开了御前会议，西太后向到场的宗室贵族、军机大臣等群臣说："皇上的身体很虚弱，若有不测，宗室中谁可继大统？"话音刚落，内务府大臣文锡就说："请择溥字辈中贤能者立为皇帝。"这是西太后最害怕的，她按捺不住心中的怒火，脸色陡变，她不再想兜圈子，因此厉声说："溥字辈中没有可立为皇帝的。奕𫍯的儿子载湉已经四岁，且是至亲，我想让他继位。"随后，西太后突然宣布同治帝已死的消息，群臣惊惑不已，一个个呆若木鸡，失声大哭，闹成一团。这样的情况下，没有人提出异议，于是西太后的阴谋得逞。就在当天，刚刚四岁的小孩子载湉被迎到宫中，正式继为皇帝，改明年为光绪元年。

光绪入宫以后，西太后为了把光绪培养成自己的驯服工具，多方面对小皇帝进行精心塑造和驯化。平心而论，西太后对光绪帝还是比较关心的，对他悉心照顾，高兴的时候还口授光绪帝念四书五经。西太后想，只要关心光绪帝，那么就能在她和光绪帝之间建立起"母子"关系，就可以用封建孝道来加强对光绪帝的控制和约束。西太后为了达到这个目的，在关心光绪帝的同时，不近人情地切断了他与其亲生父母的关系，连醇亲王夫妇都不敢给光绪食物吃。西太后还精心选拔了一些宫内太监侍候光绪帝，并嘱咐他们，要经常告诉光绪帝，他不是醇亲王的儿子，太后才是他唯一的母亲。公元1881年，东宫慈安太后暴卒，西太后完全掌控了朝政，也完全掌控了光绪帝。

西太后也明白，只靠关心爱护是不行的，还要有必要的规矩和制度，这样才能树立起自己的权威和尊严，才能永久地控制光绪帝。为此，她为光绪帝制定了一些不可违背的条规。随着光绪帝年龄的增大，西太后对光绪帝的要求也更加苛刻。年少的光绪帝没有一点人身自由，整日生活在西太后的淫威之下，这给光绪帝幼小的心灵留下极大的阴影和创伤，致使光绪帝十分害怕西太后。

好在光绪帝天资聪颖，又得到了非常好的教育。光绪帝的师傅们以翁同龢为首，对他进行了精心培养。光绪帝记忆力很强，又酷爱读书，勤思好问，所以学业上进步很快。每当翁同龢提出问题，或者让他背诵已念过的书，他都能应付自如。

光绪十三年（1887），十七岁的光绪皇帝已不是一个毫无知识的孩子了，他开始有了自己的思想，开始有了参政意识，对朝政表现出越来越大的兴趣，正在冲击着西太后一手遮天的局面。而且光绪帝已经到了结婚的年龄。按照古往今来帝制王朝的惯例，幼帝一经大婚，便要亲政。西太后权力欲极强，自然不愿意归政于光绪。她使出浑身解数，又拖了一年，也只能在光绪十四年（1888）六月十九日颁发懿旨宣称明年为光绪帝举行大婚，并让他亲裁大政。

西太后对光绪帝的大婚尤其是选择皇后问题格外重视。西太后强势干预，将自己的侄女安排成了皇后。光绪帝虽然名义上是一国之君，但却连选择自己后妃的权力都没有，以后，造成了又一桩不幸的婚姻悲剧。光绪帝结婚后不几天，按照西太后的旨意，在太和殿为光绪帝举行了正式的"亲政"典礼。西太后时断时续地住进颐和园，做出让位的样子。光绪帝正式亲裁大政了。

大婚、亲政过后，光绪帝也没有成为清王朝的真正主宰者。当时，西太后的势力已经形成，有些大臣紧跟西太后，唯西太后的旨意行事，根本没把光绪帝当作一回事。清王朝一切用人行政都由西太后及其亲信把持，朝中有重大事件，光绪帝无权裁决，必须向西太后请示。因此，光绪帝仍然是一个挂名皇帝。

光绪帝在位的三十年，正值清王朝的多事之秋。列强步步进逼，加紧侵略中国，中国半殖民地程度急剧加深。面对列强的入侵，血气方刚的年轻皇帝从其统治和江山社稷的利益出发，怀着极大的激愤之情，积极主战，表现出满腔的民族义愤和忧国之情。中法战争的不败而败就曾给了尚未亲政的小皇帝极大的刺激，甲午战争的惨败则迫使他必须开始救亡图存了。

光绪二十年（1894）春，朝鲜爆发了农民起义，由于历史上形成的中朝之间的宗属关系，清政府应朝鲜政府之邀，于五月派兵入朝，帮助朝鲜政府弹压农民起义。清军出兵之时，按照光绪十一年（1885）签订的中日《天津条约》的有关规定，主动通知了日本。可是日本却借此机会大作文章，在朝鲜国内起义已被镇压下去、中国通知日本准备撤军之时，反借口保护日本侨民，大量向朝鲜运兵蓄意发动战争。清政府为平息事态，提出中日两国同时撤兵的建议，日本不但不接受，相反一再增兵。六月下旬，日军在朝鲜丰岛海面突袭中国的运兵船，致使中国上千名官兵壮烈牺牲，中日甲午战争爆发。

光绪帝积极筹措款项，为战争提供物质条件。战事紧迫，需要大批物资供应，然而当时清政府财政吃紧，这使光绪十分为难。可是，西太后却为了筹备自己的寿典，修建颐和园，动用大批经费，置战事于脑后。光绪帝为了集中国力备战，冒着被西太后痛骂的风险，请求西太后停止营建颐和园，把钱财用到军费上。对此西太后十分恼怒，痛骂光绪不仁不孝，可是迫于形势，不得不忍痛发布懿旨，同意光绪帝的请求。并同意简化万寿庆典的准备活动。光绪帝督促户部、海军事务衙门，从盐课、海关税、各省地丁银等项中抽出三百多万两，交给李鸿章做军费。光绪帝虽然受到西太后的压制，但却为备战付出了很大的努力和心血。

光绪二十一年（1895）正月，威海卫海战失败，北洋海军全军覆没。日本侵略者认为时机已到，向清政府透露，如果派位望甚尊、声名素著，并有让地之权者来日本谈判，中日便可议和。当时，主和派固然成为惊弓之鸟，乱作一团，即便是光绪帝等主战派也拿不出良策。西太后根据日本的要求，主张派李鸿章去日求和，光绪帝表示异议。但西太后单独召见朝廷枢臣，命让李鸿章来京请训，奕谖小心地说："皇上的意思不令其来京。"西太后大怒，蛮横地说："我可做一半主张！"在西太后的指使下，军机大臣孙毓汶草拟谕旨，正式任命李鸿章为头等全权大臣，并宣告，光绪帝在此以前给李鸿章的一切处分均免，赏还翎顶、黄马褂，开复革职留任处分。

李鸿章到日本后，于三月二十三日与日本签订了《马关条约》，将台湾割让给了日本。三月二十九日，条约文本送到北京。光绪帝看到条约中的苛刻内容，心中十分愤慨，百感交集，痛心地说："割台湾则天下人心皆去，朕何以为天下主？"主战派人物翁同龢、军机大臣李鸿藻等人也坚持不能承认这个条约，国内舆论也纷纷要求废约再战，并提出迁都持久抗战的策略。所以，虽然孙毓汶等一再逼迫光绪帝批准条约，但光绪帝没有答应，拒绝用宝签字。光绪帝想，要想废约再战，也只有迁都一条路了，所以光绪帝亲自到颐和园，力争西太后的允准，西太后淡淡地说"大可不必"，这样，光绪帝唯一的希望也破灭了。四月初八日，光绪帝在无可奈何的情况下，被西太后等强词逼迫，顿足流涕地在条约上签了字，批准了《马关条约》。

甲午战争的惨败，《马关条约》的签订，使民族危机更加严重，举国震惊，形成了"四万万人齐下泪"的悲壮局面。在时代的逼迫下，救亡图存的呼声逐渐高涨，这不仅表现在一部分统治者掀起了追求富强之术的热潮，更重要的是以康有为为代表的资产阶级维新派登上了历史舞台。在时代波涛的冲击下，光绪帝也进入了他一生中最富有生机的时期。

中国的出路何在，何以自强？对此，光绪帝虽有满腔热忱，但却不知从何下手。这时，翁同龢再一次充任了光绪帝的指路导师。翁同龢自任光绪帝的师傅之日起，就立志把光绪帝培养成"明君"。在甲午战争期间，翁同龢积极主战，同孙毓汶等主和派进行了坚决的斗争。甲午战争的惨败，使翁同龢十分震惊，他认识到，光靠祖先的遗训是无法挽救清王朝的。他思想变化较快，从一个尊王攘夷的封建正统人物变为颇具维新思想的开明人物了。翁同龢思想的变化，直接影响到光绪帝。翁同龢多次在光绪帝面前陈述西方的长处，指出向西方学习的必要，并多次向光绪帝推荐康有为及其主张。事实上，光绪帝最初就是通过翁同龢等人多少了解了外部世界的一些情况，翁同龢等人的开导和启发，使愁闷苦恼的光绪帝茅塞顿开，如梦初醒，看到了希望，一条救国的道路隐隐约约地展示在他的面前。这使光绪帝异常兴奋，他开始对外部世界的形势产生了兴趣，也喜欢读新书了。

为了更多地了解外洋形势，光绪帝通过各种途径搜寻有关国外情形的书。光绪帝向翁同龢等人索要了黄遵宪的《日本国志》，详加阅览，对日本的情形有了大致了解。光绪二十四年（1898）春天，通过翁同龢的"代呈"，光绪帝得到了康有为的《日本变政考》《俄彼得变政记》及英人李提摩太编译的《泰西新史揽要》《列国变通兴盛记》等书。光绪帝的思想更加豁朗，他开始认识到，中国许多地方都落后于洋人，很多事情都无法与列强相比，怎么能不被动挨打呢？承认自己的不足，敢于正视现实，使光绪帝心目中的"天朝至上"的虚渺观念开始破灭，对传统思想和先祖遗训开始怀疑，甚至唾弃。光绪帝对那些夜郎自大、顽固愚昧的封建官僚开始露出厌恶的情绪，甚至把原先奉为治国之宝的经典之书视为无用之物，只不过是一堆废纸，命手下人焚之。到此时，光绪帝不仅有救国的热忱，而且找到了救国的道路，那就是变法维新。他决心要仿照外国来革故鼎新，励精图治。

但这时候，光绪帝仍然是个有名无实的皇帝，上有西太后的控制和束缚，下有众多顽固派的阻挠和抵制。光绪帝要想在这种情况下变法改革，谈何容易！光绪二十一年（1895），光绪帝间接见到康有为的《上清帝第四书》，便十分赞赏。以后，在《上清帝第五书》中，康有为以极其沉重忧伤的语调指出，如果因循守旧，不思进取，恐怕日后"皇上与诸臣求为长安布衣而不可得"，意思是说不改革就有可能重演崇祯帝吊死煤山的悲剧。

康有为的论断在光绪帝心中引起了强烈的共鸣，更激起了他变法图强的信念和决心。他立即给总署诸臣下令，以后康有为如有条陈，要即日呈递，不得阻格。这就初步打通了光绪帝和康有为等维新派的联系。面对康有为等人的变法活动，顽固派如丧考妣，既恨又怕，大肆叫嚣"祖宗之法不可变"。针对顽固派的进攻，光绪帝鲜明地站在康有为等人一边，他说："今祖宗之地都保不住，何有于祖宗之法呢？"

光绪二十四年（1898）春，康有为等人在北京成立了保国会，提出了"保国、保种、保教"的口号，以便组织变法力量。封建顽固派官僚纷纷起来攻击，御史文悌上了一个奏折，污蔑康有为是招诱党羽，犯上作乱，名为保国，实则乱国。在这危急时刻，光绪帝针锋相对，质问顽固派说："会能保国，岂不甚善！"及时地支持了保国会。最后，光绪要争取西太后的许可，取得变法决策权。光绪帝心中明白，不争取决策权，换句话说，不取得西太后的许可，所谓变法最终是一句空话。光绪帝拿出自己最大的勇气，公开向西太后要权了。光绪帝曾召见西太后的亲信庆亲王奕劻，让他转告西太后："我不愿做亡国之君，如仍不给我事权，宁可退位。"奕劻找西太后去说了，西太后暴跳如雷，立即就说："他不愿坐此位？我早不愿让他坐了。"可沉思了一会儿，西太后明白现在还不到废帝的时候，于是她让奕劻转告光绪帝："皇上办事，太后不会阻拦。"光绪帝听到此话，长长出了一口闷气，心中也踏实了许多。就这样，光绪帝总算争得了一点变法的权力，虽然这种权力是暂时的、有限的、很不稳定的，但它却是变法付诸实施的重要前提。

光绪二十四年六月十一日，光绪帝断然颁布了《明定国是》诏，正式宣布，进行变法革新。自《明定国是》诏拉开维新变法的序幕，到九月二十一日变法夭折，共计一百零三天。在这一段时间内，光绪帝共发布改革谕旨一百零八条左右，最多的一天竟发布十一条谕旨。从所发布谕旨的内容来看，几乎涉及国家生活各个重要的方面，主要有：选拔、任用通达时务和有志维新的人才；开办学堂、发展近代教育；鼓励士民上书言事；提倡办报、译书和出国留学；发展近代工商农业及交通运输业；奖励发明创造；整顿民事，改革财政；整顿海陆军，加强国防力量等。

《明定国是》诏的颁布，犹如一声炸雷，在当时社会中引起了强烈而复杂的反响。一部分开明官员士大夫，拍手称快，积极响应，争谈变法，他们从光绪帝的变革中，看到了中兴的希望。然而，就当时的中国社会而言，封建顽固派的势力还是十分强大的，他们不学无术，因循守旧，鼠目寸光，只知图高官厚禄，花天酒地，养尊处优，置国家和民族的前途于不顾，形成一种十分腐朽顽固的社会力量。光绪帝要变法改革，不仅撞击着中国传统的思想观念和伦理道德，而且也直接触及这些顽固大臣的切身利益，引起了他们丧心病狂的攻击和反对。所以，光绪帝和维新派所设计的改革方案，要想在中国大地上变成现实，必然需要进行一番艰苦的斗争。

光绪帝颁布《明定国是》诏后的第四天，西太后为了控制变法的势头并为以后绞杀维新运动准备条件，采取了先发制人的措施。这一天，西太后逼迫光绪帝发布谕旨宣布：一、以揽权狂悖的罪名，将协办大学士、户部尚书翁同龢革职，逐出京城回籍，由此砍掉了光绪帝的左膀右臂；二、规定以后凡授任二品以上官员都需向西太后谢恩，由此控制了人事任免权；三、将王文韶调进中央为军机大臣，任命荣禄署直隶总督，由此抓住了京师重地的军权。这些谕旨的实质就在于，西太后不仅控制了军政权力，加强了顽固守旧力量，还削弱了光绪帝的权力及其支持力量。面对西太后的压力，光绪帝也采取了对策。第二天，光绪帝召见了康有为，召见的地点就在西太后身边——颐和园的仁寿殿。他任命康有为"在总理各国事务衙门章京上行走"，并允其专折奏事。但与西太后扶持顽固派的力度相比，光绪的手段就软多了。

到光绪二十四年八月中旬，变法已进行了近三个月，光绪帝虽然尽了最大努力，但他过于急躁，顽固派又强烈反对，实际进展缓慢，成效不大。在这期间，光绪帝尝到了改革的酸辣苦咸，也感受到了守旧派的愚昧和狡诈。但是，他知道改革变法的事业不能停止，必须继续前进，否则将前功尽弃。所以，在八月中下旬，光绪帝又采取了一系列措施，把变法运动推向深入。

首先，废除旧衙门，严厉打击顽固分子的破坏行为。变法开始的时候，光绪帝接受了康有为的建议，只增新衙门，勿废旧衙门。可是，顽固派的干挠破坏使光绪帝十分恼火，他认为有必要对守旧大臣进行警告和处置，所以光绪帝冲破了"只增新、不黜旧"的框框，果断地向封建旧官僚体制开刀，裁撤闲散机构和冗员。光绪帝颁布谕旨，把中央的詹事府、通政司、光禄寺、鸿胪寺、太仆寺等衙门裁撤，同时宣布，上下冗员也一律裁撤尽净。并严词警告内外诸臣，不准敷衍了事，多方阻挠，否则定当严惩，决不宽贷。光绪帝的大胆举措，使清朝的守旧官僚们惊心动魄，人心惶惶。

其次，提拔维新人才，加强变法力量。分别诏谕任命内阁侍读杨锐、刑部主事刘光第、内阁候补中书林旭、江苏候补知府谭嗣同，均赏加四品卿衔，在军机章京上行走，参与新政事宜。虽然这四个人的经历和思想认识不尽一致，但却都有变法愿望，尤其是谭嗣同，更是坚定的变法维新人士。

再次，光绪帝准备模仿西方国家设立议院，开懋勤殿以议制度。"设议院、兴民权"本是康有为等宣传变法时的重要内容，但是变法开始以后，鉴于严峻的现实，康有为放弃了这一主张。光绪帝对设立议院有一个认识过程，逐渐产生加紧实施以推进改革的想法。对此，顽固派既恨又怕，百般劝阻。大学士孙家鼐危言耸听地说："若开议院，民有权而君无权矣。"光绪帝曾决然回答说："朕只欲救中国，若能拯救黎民，朕虽无权又有何妨？"八月下旬，光绪帝想把设议院的主张付诸实施，康有为劝他说："现在守旧之徒充斥朝廷，万不可行。"光绪帝想了想，接受康有为的建议，但他不肯完全放弃自己的主张，因此准备采取变通方式，即开懋勤殿。其目的在于把维新的骨干人物集中在一起，并聘请国外政治专家，以议论制度，全面筹划变法事宜，作为变法运动的最高指挥中心。

光绪帝的改革行动终于激怒了一直伺机而动的西太后。八月十九日，因礼部尚书怀塔布等官员压制维新派，光绪帝一怒之下，将礼部尚书、侍郎六个官员全部撤职。对光绪帝罢免怀塔布等人，顽固派大臣十分不满，纷纷要求西太后出面制止。怀塔布的妻子经常在颐和园侍候西太后，深得西太后的喜欢，她利用这种机会，更是多次哭哭啼啼，请求西太后的庇护。有一天，光绪帝照例到颐和园向西太后问安，西太后满面怒容，厉声说道："朝列重臣，非有大故，不可轻弃；如今你以远间亲，以新间旧，依靠康有为一人而乱家法，何以面对祖宗？"光绪帝分辩说："祖宗若在今日，其法也不会与以前一样；儿臣宁愿坏祖宗之法，也不愿弃祖宗之民，失祖宗之地，为天下后人笑。"西太后认为不能再让光绪帝干下去了，自己收拾局面的时候已到。于是，西太后便和其亲信开始了紧张的密谋活动。他们一面大造舆论，散布紧张空气，一面加紧进行军事部署，准备发动政变。遵照西太后的旨意，荣禄密调聂士成的武毅军进入天津，命董福祥的甘军进驻北京附近的长辛店。

面对西太后等人的进逼，光绪帝也感到形势危急，便同维新派一起加紧制定对策。可是光绪帝和维新人物既没有实力，也无手腕，因此缺乏良策。九月初，在康有为等人的支持下，光绪帝先后两次召见当时以维新派面目出现、手握一定军权的袁世凯，给他加官进爵，竭力拉拢，幻想利用袁世凯的军队来保护自己和维新事业。可是，狡诈的袁世凯并未明确表示要真心诚意地为光绪帝效劳。至此，光绪帝也认识到败局已定，无法挽回了。在这种情况下，为给将来的维新事业留下组织力量，光绪帝于九月二日密谕康有为说："你可迅速外出，不可迟延。你一片忠爱热肠，朕所深悉，望你爱惜身体，善自调养，将来更效驰驱，共建大业。"这时，康有为、谭嗣同等也在为保护光绪帝而做积极的努力。九月三日，谭嗣同夜访袁世凯，请求袁世凯杀荣禄，围颐和园，袁世凯假意答应。九月五日，光绪帝又接见了来华游历的日本前首相伊藤博文，希望他帮助自己。当天，光绪帝第三次召见袁世凯，命他保卫圣躬。可以看出，光绪帝以及维新派在紧急关头，病重乱投医，未能拿出任何切实可行的应急办法。

在这新旧较量的关头，善于见风使舵的袁世凯，又给光绪帝等人捅上了一刀。九月五日，袁世凯被召见以后，立即乘火车赶回天津，把光绪帝及维新派的谋划全盘告诉了荣禄。荣禄立即乘车赶到北京，告诉了西太后。西太后听到荣禄的报告后，十分恼怒。第二天黎明，西太后在重兵控制北京后带人直奔光绪帝的寝宫，光绪帝知道事情不妙，慌忙出来迎接。西太后也不理睬光绪帝，命人搜查光绪帝的寝宫，把全部奏章席卷而去。然后怒斥光绪帝说："我抚养你二十余年，你竟听小人之言要谋害我？"光绪帝吓得浑身战栗，面色发白，慌忙回答："我无此意。"西太后唾了光绪帝一口，说："痴儿，今日无我，明日还有你吗？"当日，又以光绪帝的名义颁布谕旨，重新让西太后训政。随后颁布谕旨，捉拿维新党人。康有为、梁启超等人已在政变以前逃出，幸免于难。九月十三日，谭嗣同、康广仁、刘光第、林旭、杨锐、杨深秀六人在北京菜市口被杀，史称"戊戌六君子"。至此，光绪帝及其维新派的变法活动就被以西太后为首的顽固派绞杀了，光绪帝的变法图强方案也就被无情地摧毁了。随之，光绪帝进入了他一生中最苦闷和痛苦的时期。

戊戌变法失败以后，光绪帝的生活境遇更加恶化了。为了彻底消除光绪帝的政治影响，西太后曾连续三次对光绪帝组织围攻和斥责。西太后发动政变的当天，在便殿召集起一大群顽固守旧大臣，令光绪帝跪在案前，并置竹杖于座前，如同审讯一般。她质问光绪帝说："天下者，祖宗之天下，你怎敢任意妄为，各位大臣，皆我多年历选，你怎能任意不用。你竟敢听信叛逆蛊惑，变乱典刑。康有为能胜于我选用之人？康有为之法，能胜于祖宗之法？"面对西太后的斥责，光绪帝虽然不敢顶撞，但也不想忍气吞声，他为自己分辩说："我自己固然糊涂，但洋人逼迫太急，为了保存国脉，通融试用西法，并不是听信康有为之法。"第二天，光绪帝再次被西太后等人围攻，西太后还逼迫光绪帝颁布捉拿康有为的谕旨。第三天，西太后组织顽臣，将光绪帝寝宫、书房等处搜去的奏疏文稿拿出来，逐条批驳，要光绪认罪。此后，又把光绪帝押解到瀛台的涵元殿，囚禁起来。

瀛台是中南海中的一个人工岛屿，四面环水，一面设有板桥，以便出入。西太后把光绪帝囚禁在瀛台后，选派二十多名太监轮番看管。太监每天送"御膳"之时，就架起跳板，走进瀛台，"进膳"之后，便撤掉跳板。光绪帝只能望水哀叹，不能离开瀛台一步，为此他曾写下"欲飞无羽翼，欲渡无舟楫"的诗句，抒发了无生趣之情。他在看《三国演义》时，往往哀叹："我还不如汉献帝。"光绪帝无法排解自己心中的闷气和怨恨，有时往往把太监作为自己发泄的对象，经常对他们发脾气，罚令长跪，还天天书写袁世凯的名字，以表达自己的怨恨之情。贵为一国之君的光绪帝，成为一名不见天日的囚徒。

西太后囚禁光绪帝一事，不仅引起国内舆论哗然，而且也引起各国列强的注意。列强各国感到，西太后的复旧很有可能使中国回到排外的时代去，与其如此，还不如支持开明的光绪帝，对自己更有利，于是他们对光绪帝的处境表现出前所未有的关心。英、日驻华公使极力帮助康有为、梁启超出逃，并再三要求觐见光绪帝。英国在华的舆论工具《字林西报》也多次发表文章，抨击西太后，赞扬光绪帝。这一切，都给西太后很大压力，使她不敢断然对光绪帝下毒手。但她一直担心光绪帝的存在会威胁自己的权力和统治，忍气吞声地寻找机会实现她的废帝阴谋。

正当西太后为废掉光绪帝而忙碌时，中国大地上爆发了义和团运动，西方列强出兵武力干涉，爆发了八国联军侵略中国的战争。在对待义和团的剿抚问题上，清朝统治阶级内部存在着严重的分歧，于是展开了一场激烈的争论。光绪帝对此忧心忡忡，虽身陷图圄，但却及时表明了自己的态度。光绪二十六年（1900）五月二十日，西太后在仪鸾殿召开第一次御前会议，到场的有大学士、六部九卿，光绪帝也奉西太后之命到场。会上，吏部侍郎许景澄、太常寺卿袁昶等人极力主张议和，而载漪等人却从自己的私欲出发，说："义民可恃，其术甚神，可以报仇雪耻。"竭力煽动对外宣战，两者相持不下。光绪帝则说："现在人人喜言兵，然而甲午中日之役，创钜痛深，可引以为鉴。况且诸国之强，十倍于日本，联合而谋我，怎样才能抵御呢？"分析完利害得失后，光绪帝断然说："断无同时与各国开衅的道理。"

五月二十一日，西太后再次召开御前会议。一开始，西太后便怒气冲冲，她对列强各国庇护康有为等人，干涉自己的废立活动十分不满，积怨甚深，所以一向对外妥协的西太后，现在却决心对外开战了。她说："今天的事，各位大臣都看到了，我为江山社稷着想，不得已而宣战；然而成败未可知，如果宣战之后，江山社稷仍无法保全，诸公当谅解我的苦心，不要归咎我一人。"西太后话音刚落，载漪等人立即应声附和，大谈宣战。光绪帝心中十分焦急。国家安危，在此一举，想到这里，光绪帝再次表示异议，他说："战不是不可言，但中国积弱，兵不足恃，用乱民孤注一掷，会有什么好处呢？"接着他又耐心地分析说："民众均未经训练，一旦上阵，在枪林弹雨之中，以血肉之躯抗击敌人，怎么能持久？所以，不要以民命为儿戏！"西太后听了光绪帝的话，心中老大不自在，但她没有正面反驳，质问光绪帝说："依你之见怎么办呢？"光绪帝回答说："寡不可以敌众，弱不可以敌强，决没有一国能敌七八个国家的道理。现在，只有停战议和才是上策，其次就是迁都。"由于两者争议不休，所以这次会议仍未能就和战问题做出决定。直到五月二十二日的第三次御前会议，西太后及载漪等人控制了局面，决意向列强宣战。光绪帝看到无法挽回，欲言又不敢言。他拉住许景澄的手，沉痛地说："兵端一开，朕一身不足惜，只是苦了天下的百姓了。"

西太后等人不顾光绪帝等人的反对，一意孤行，盲目主战，于五月二十五日正式颁布了对列强的宣战上谕。然而西太后等人既没有御敌的力量和本领，也没有彻底抗战的决心，结果清军节节败北，七月二十日北京陷落，西太后只得仓皇出逃。当西太后逃出北京之际，光绪帝要求留下来，以便同外使会谈，收拾残局，并乘机摆脱西太后的控制。可是未被西太后应允，只得随西太后出逃。在逃亡的过程中，光绪帝所到之处，凄凉萧条，满目疮痍，民不聊生，新仇旧恨一齐涌上心头。他痛恨列强的侵略，更加怀念自己的变法维新事业，也更加怨恨出卖自己的袁世凯。他每到一处，往往画一个龟，在龟背上填写袁世凯的名字，然后粘在墙上，用小竹弓射击，然后再取下来剪碎，用这种最简单的办法来发泄自己胸中的闷气。

光绪二十七年（1901）七月二十五日，经西太后批准，李鸿章、奕劻等人与各国列强签订了屈辱的卖国条约《辛丑条约》。十一月，光绪帝随西太后回到北京。面对北京残垣断壁的残酷现实，光绪帝决定卧薪尝胆。光绪帝仍然朝夕研读书籍，尤其留意有关西学的书。而且，光绪帝还坚持每日以一定的时间学习英文，虚心向人求教，持之以恒，因此对西方文化有了更深的了解。

光绪三十四年（1908）十月二十一日，光绪帝在瀛台涵元殿被人毒杀，终年三十八岁。光绪帝的死因本来成谜，但时隔将近一个世纪后，专家在其头发内检测出大量的砒霜，从而证实了其系遭毒杀身亡。指使毒杀者一说为不允许光绪帝在自己死后翻身的西太后，一说为惧怕遭到光绪帝报复的袁世凯。事实究竟如何，尚不得而知。

光绪帝死后，葬于崇陵，谥号"景皇帝"，庙号"德宗"。

第十二章　清逊帝爱新觉罗·溥仪

　　清朝是中国最后一个封建王朝，爱新觉罗·溥仪则是其末代皇帝。他的一生坎坷曲折，前半生，三岁登基，以后三度称帝，在位时名义上唯我独尊，事实上无异于囚徒；后半生，由皇帝变公民，过上了一个正常人的生活，为中国的皇帝制度画了一个意味深长的句号。

　　袁世凯自戊戌政变以来，地位迅速蹿升，逐次升迁山东巡抚、直隶总督兼北洋大臣、外务部尚书。在此期间，他借改革军制扩编北洋新军之机，采取种种手段，几乎使北洋军成了完全听命于他一人的袁氏武装，完全掌握了这支当时中国最为强大的军事力量。

　　慈禧对此有些不放心，便借筹备立宪之机上调袁世凯入值军机处，意在收回袁世凯军权。政治嗅觉十分灵敏的袁世凯不待慈禧下令便主动交出了北洋军权。慈禧深知袁世凯交出北洋兵权并非出自本意，其对北洋军的实际控制能力，远非朝夕能解除得了。至光绪三十四年（1908）秋，慈禧也大病缠身之时听闻袁世凯怕西太后死在光绪之前，光绪再次执政将报复自己，因此正在策划废掉光绪，拥立奕劻之子载振为皇帝。为了爱新觉罗氏的江山社稷及子孙计，慈禧认为该是采取果断措施的时候了。

　　经过再三权衡，慈禧终于拿定了主意。光绪三十四年（1908）十月二十日，光绪帝病危，慈禧颁发了"醇亲王载沣着授为摄政王"的懿旨，同时令将载沣年满三岁的长子溥仪送进皇宫教养。从而为大清王朝的皇统接续做好了安排。光绪三十四年十月二十一日，光绪驾崩，慈禧面谕王公大臣：摄政王载沣之子溥仪，"着入承大统为嗣皇帝……着摄政王载沣为监国，所有军国大事，悉秉予之训示裁度施行……"翌日午饭时分慈禧突然晕倒，醒后自知末日已至，急诏隆裕皇太后暨监国摄政王等，作了"嗣后军国政事均由摄政王裁定，遇有重大事件必须请皇太后懿旨，由摄政王随时请而施行"的临终安排。她满以为有光绪亲兄弟摄政监国，有自己的亲侄女裁决"重大事件"，大清王朝的江山就万无一失了。

光绪、慈禧去世之后，经过半个多月的准备筹划，王公大臣们拟定新帝于光绪三十四年十一月九日举行"登基大典"，年号宣统，改明年为宣统元年（1909）。

溥仪自三岁称帝成了"真龙天子"后，他就被从不同侧面培养和铸造着"真龙天子"的特殊人格。紫禁城的一切都是为他而设，城中所有人都得围着他转，在位三年如此，退位后享受民国优待十二年间也是这般。耳濡目染，潜移默化，溥仪自幼年起就逐步树立起天下唯我独尊的观念。

溥仪登基称帝后，遵照慈禧遗旨，由其父监国摄政王执掌朝政，如有重大难决之事，则须向隆裕皇太后请示办法。然而，无论是监国摄政王还是隆裕皇太后，谁也不可能像慈禧生前那样将国策与文武朝臣乃至皇帝的命运一肩独裁了。载沣执掌朝政后迫于形势，一面继续诏令加紧筹备立宪以笼络人心，一面实行加强皇室权力的方针，并立誓借机报其兄光绪皇帝十载瀛台囚徒生涯之仇，杀掉袁世凯。

然而载沣根本指挥不动听命于袁世凯的北洋军队。他找重臣商议杀掉袁世凯为兄报仇，而满洲贵族们都担心杀了袁世凯会逼反北洋军，极力反对。载沣只好请示皇太后，隆裕也别无良策。这时袁世凯的老朋友、英国公使朱尔典亲自出面多次力保，最后只能以袁世凯患"足疾"为名，将其遣回河南彰德老家"养病"了事。这既未能斩断袁世凯同中央奕劻、徐世昌等满、汉朝臣的联系，更没有做到解除他对北洋军的实际控制能力。监国摄政王意在保住清朝统治的种种措施和企图，不但毫无成效可言，反而加速了清王朝走向坟墓的步伐。

宣统三年（1911）八月十九日，革命党人武昌首义成功，南方及西部数省闻风响应，辛亥革命风暴席卷了大半个中国。清政府打算派出北洋精锐镇压革命党人，然而北洋军根本不听清将帅号令。摄政王载沣万般无奈，只好接受了奕劻、徐世昌等人的建议，起用袁世凯。老谋深算的袁世凯，以北洋军为资本，以外国势力做靠山，巧妙地玩弄两面手法，先以革命势头要挟清政府授予他军政全权，否则就不肯出山；当军政全权到手之后，又利用北京的清王朝和手中的武力和赞成共和的虚假许诺，诱迫以孙中山为首的革命党人最终做出了只要袁世凯倒戈推翻清政府，拥护共和，即由他出任新成立的中华民国临时大总统的决定。

袁世凯翻手为云，覆手为雨，一会儿指使北洋军将领通电南京临时政府誓死反对共和，一会儿又指使他们通电北京清王朝声称赞成共和，如不满足要求，将以兵谏相争，由此要清朝皇帝自行退位。他本人则装出既忠于朝廷，又不得不顺应时势的样子，规劝皇太后和摄政王交出政权，免致法国大革命时"路易子孙，靡有孑遗"的悲剧重演于中国。与此同时，袁世凯一再表示"决不辜负孤儿寡母"，并抛出了一个旨在显示他的忠心和促使清政府早下决心的《优待条例》，其中主要条款规定：清帝自行退位后，"尊号仍存不废"，暂居紫禁城，以后移居颐和园；新建民国政府以外国君主礼仪待之，并负责保护清帝原有的私产，并每年拨出四百万银元以供皇室享用。

在辛亥革命风暴的致命打击下，隆裕太后和王公大臣们为了保住大清皇帝称号和各自的身家性命，于穷途末路之中接受了袁世凯的《优待条例》。1912年2月12日，隆裕太后颁布了清帝溥仪的《逊位诏书》。次日，袁世凯公开声明赞成"共和"，孙中山向南京临时政府参议院提出辞职。15日，袁世凯接替孙中山，当上了中华民国临时大总统。

1924年冯玉祥发动"北京政变"之前，溥仪仍像退位前一样称孤道寡，过着与退位前相差无几的帝王生活。同清朝以往的皇帝一样，溥仪六岁即他退位那年，由钦天监选好良辰吉日，开始上学读书了。书房设在光绪小时候念书用的毓庆宫。他上学也依然保持帝王礼仪。在师傅们的着意培育下，溥仪随着年龄的增长，逐渐懂得了自己的身份和地位，从心里开始要做一名"好皇帝"和"真正的皇帝"了。自幼时起，他先从太监，继而是从师傅们那里，知道了天下原本都是他的，只是因为可恨的袁世凯和可怕的孙文，他才变成紫禁城里的"皇帝"，而把整个天下"让"给了民国。尽管清王朝早就已经失去了统治中国的可能性，可在溥仪心目中，中国的天下依然是他的，师傅们也总是要他卧薪尝胆，"先苦其心志，劳其筋骨"，等待着天再降"大任"于他。于是，溥仪从十多岁时就开始在紫禁城中施展"天子"的威风，诚心诚意地学做一名"好皇帝"，准备着一旦风云际会，天降大任，即出山做一名君临天下的"真正皇帝"。

溥仪要励精图治，做一名"好皇帝"和"真正的皇帝"的种种努力，尽管结果大都不尽如人意，有些甚至付出了惨痛的代价，可王公和中国师傅们都认为像个"真正的皇帝"所为，而他受报纸和外国师傅的影响所做的一切，却又令他们大失所望。随着年龄的增长，溥仪对紫禁城以外的世界的好奇心越来越大。在英国师傅庄士敦的有意诱导和影响下，他开始逐步"洋化"，要做一个英国式的开明君主。于是，他"御膳"不"进"，专愿吃西餐；传统服装不穿，硬要穿西服；轿子不坐，却爱骑自行车；好好的辫子不要，硬是剪成了短发；一大群专供"传旨"的活人不使，偏偏装上电话；圣贤书不读，专爱订阅各种报纸。更有甚者，为了骑自行车方便，他下令把皇宫中所有的门槛统统锯掉；为了满足好奇心，他竟把"新潮人物"胡适叫到皇宫里来看看是什么模样，甚至自己也常写了些小说、文章、新诗什么的，化名往外投寄一气……

这些都还能使中国的师傅们容忍，但有一件事是他们无论如何也无法容忍的，这就是溥仪要离开紫禁城出洋留学！原来，由于受英国师傅庄士敦的影响，溥仪认为要做一个开明君主，就必须学些新东西，见点大世面，而更重要的是想得到能够左右当时中国政局的西方列强的支持和帮助。这一切，在紫禁城里是永远无法办到的。于是，他长时期以赏赐的名义，让二弟溥杰带走了大批清宫珍宝，预做出国经费。但除庄士敦和溥杰之外，紫禁城中所有人都拼死反对他的出国之行。就在他与庄士敦秘密约定准备溜出紫禁城之时，不知怎么走漏消息，紫禁城里全部人马一齐出动，城外的"皇父"载沣也闻讯赶来，齐刷刷一齐跪到宫门外，阻止其外出，而且声明如溥仪不放弃，就决不起来，成功地破坏了他们的出走计划。这次任凭小皇帝如何暴跳，以"皇父"载沣为首的王公大臣和中国师傅及太妃们，死活也不肯让步，因为皇帝一走，全部优待条件等于自动放弃，他们以及靠紫禁城吃饭发财的"皇亲国戚"便会丧失现有的一切。

为了锁住小皇帝的心，太妃及王公们决定尽早为溥仪完婚。经过多方协商并得到"皇帝恩准"，人选很快就确定下来。1922年12月1日，紫禁城中的"宣统皇帝"举行了隆重的大婚典礼。民国总统黎元洪派出了大批军警卫队保驾，并先以民国政府的名义送上贺礼万元，而后又和其他军阀、政客们以个人名义亲致祝贺，赠送厚礼。当时尽管共和已十年了，可"大清皇帝"的名号在社会上还有相当声威和吸引力。溥仪作为"皇帝"，一次成婚，两个妻子：皇后，满洲正白旗郭布罗氏荣源的女儿，名婉容，字慕鸿，十七岁；淑妃，满洲额尔德特氏端恭的女儿，名文秀，十四岁。

少年"天子"，一后一妃，照太妃及王公们看来，该安顿一阵子了。但他们万万没想到，溥仪之所以"恩准"成亲，愿意一下子娶两位媳妇，是因为这是皇帝应该有的，并非是以为有什么必要，他这时心里想的仍是怎样逃出紫禁城，出去施展自己的抱负，计划着在结婚以后如何开始"亲政"。至于什么夫妻、家庭，压根就没有想过。结果，新婚第一夜，按祖制皇帝和皇后要在坤宁宫喜房里度过，可新郎却被那一屋子的暗红色——红帐子、红被褥、红衣、红裙、红花朵、新娘子的红脸蛋……搞得心神不宁，竟独自回到养心殿静思默想结婚后如何"恢复祖业"去了。

1924年11月5日，溥仪终于离开了那个他日夜想离开的紫禁城。但这既不是他自己计划的成功，也不是太妃和王公们让步的结果，而是参加第二次直奉战争、跟随吴佩孚进兵山海关的冯玉祥突然倒戈，发动"北京政变"，将小朝廷赶出了紫禁城。至此，溥仪结束了他十五年的"大清皇帝"生活。

溥仪被逐出宫时，曾向冯玉祥派来的代表鹿钟麟表示他早就不想做皇帝，而要当一名公民，并且说："当皇帝并不自由，现在我可得到自由了！"这话虽有其他背景，并非全是谎言，可他所说的"自由"，是要"自由"地按照自己的意愿去"恢复祖业"，庆幸从此摆脱了在他看来迂腐不堪的王公大臣们对他的种种限制和束缚。然而，溥仪匆匆住进了他父亲的居处北府之后仅仅几日，周围的一切就使他感到绝望。北府四周由冯玉祥的军队把守，切断了同外界的一切交通联络。好在天无绝人之路，没过多久，溥仪在北府里感到气候有变。先是不知哪里去了的师傅和王公大臣陆续出现在身边，接着就不断传来一些使他宽慰之余觉得振奋的消息：荷兰、英国、日本等国驻华公使联合向民国当局提出了"抗议"，接着天津日本驻军司令部捎来口信说，为保护北府安全，北京日本兵营将不惜采取"断然措施";段祺端发出了声讨冯玉祥"逼宫"的通电,并且同奉系军阀张作霖联手,逼走了冯玉祥,继而又重新组织了临时执政府,出任执政。于是,先后汇聚北府的王公大臣、遗老遗少,以"恢复祖业"为由纷纷为溥仪出谋划策。可如何恢复祖业呢?有人请他先去东交民巷使馆区,以确保安全;有人建议要设法"出洋留学,一旦有机可乘,立即归国",成其大业;而以王爷为首的一批王公世爵们则要他留在北府,争取恢复优待条件。各派势力为了自己的利益,都在极力地要把"皇帝"拉到自己身边。

在纷纷嚷嚷的吵闹声中,溥仪以为上策是先寻得安全自由的栖身地,然后再徐图大计。当务之急是先离开北府这座束缚他的牢笼,甩掉那批无用的王公世爵。于是,他和陈宝琛、庄士敦、郑孝胥、罗振玉等几位师傅和"股肱之臣"秘密定计,借口外出查看租用的房子,溜进德国医院,逼走"王爷"派来监视的随员,急急忙忙钻进了东交民巷日本使馆。

在使馆里,溥仪一行受到日本公使芳泽夫妇极为"热情殷切"的招待。公使清出礼堂,大肆装点布置,为溥仪十九岁寿辰举行了隆重的庆祝活动。这次生日后他暗自发誓,要为"恢复祖业"大干一场,这次不能像以前那样,光想不做,必须立即付诸行动。生日过后不久,他便征得日本使馆的同意和支持,由日本便衣严密"保护"前往天津,准备在那里从事实现理想中的大事业。到天津之初,溥仪一度仍打算出洋,可这时吴佩孚给他上书称臣,张作霖向他磕头问安,他因此认为还是在国内才有可能推动复辟大业,动摇了出洋的念头。

自吴佩孚上书称臣、张作霖磕头问安之后,溥仪联想张勋利用辫子军拥立自己的再度登极与退位,这一次的被迫出宫,以及当时中国与军阀混战密不可分的政局变幻,以为武人固然可恨,不过没有武人扶助,"重登大宝"无异比登天还难。因此他决心改变策略,利用一切可以利用的武人。在津数年,他"降贵纡尊",凡上门求见的大小军阀,一律不用再行叩头礼,而是相互握手致意,然后与常人一般平起平坐;凡表示愿为"恢复大清"效力的武人,哪怕是残匪败兵,他都有求必应,花费大量金钱财宝加以笼络。

在利用武人的同时,溥仪还接受郑孝胥等人的意见,结交"友邦"。

驻津七年，他以"宣统皇帝"的身份，经常参加天津日本驻军的阅兵式，与各国领事及驻军司令频频往来，另外还派遣郑孝胥及日本浪人前往日本活动，以三千六百元年薪雇用奥国流亡贵族到欧洲各国游说；支付巨额经费支持白俄匪首谢米诺夫"反赤复国"；请英国骗子罗斯为他办报鼓吹复辟帝制；将亲弟溥杰和三妹夫润麒等人送往日本学习军事，以备将来……在这些为"重登大宝"所进行的各种活动中，溥仪感到最可信任依靠的"友邦"，是自"北京政变"以来，一直把他当作"皇帝"加以"保护"的日本国。

1927年，被蒋介石收编为四十一军军长的孙殿英，制造了令溥仪和遗老们撕肝裂肺的"东陵事件"，掘了乾隆和慈禧的陵墓，扬尸盗宝，溥仪悲愤不已。但是一直"保护"他的日本人，则不时劝示他应"多加珍重"，慰而勉之曰"中国前途系之"。派往日本联络"友邦"的郑孝胥，学习军事的溥杰和润麒，去东北活动日本关东军的罗振玉等人先后带来消息，都给他以日本政府特别是军界，准备随时支持他"重登大宝"的美好印象。这一切，又使溥仪转忧为喜，似乎看到了希望。

1931年九一八事变后，日本帝国主义决定要溥仪去东北建立以他为首的"新国家"。溥仪认为"恢复祖业""重登大宝"的日子终于到来，决计不惜一切前往东北，不意他身边除郑孝胥外的遗老及"近臣"们，几乎一致反对"北幸"，爱新觉罗宗室中有人甚至提醒他，不要忘了历史上的石敬瑭。南京的蒋介石这时也派人来说，可以恢复民国初年的优待条件，居住则紫禁城、上海、国外任凭挑选，只是敬告他不要去东北与日本人合作。但溥仪为了将多年来"重登大宝"的美梦化为现实，1931年11月10日夜，还是在日本军警特务的特别"保护"下，悄然离开天津日租界潜往东北。

九一八事变后，日本帝国主义阴谋在中国东北建立伪政权之初，曾派时任关东军参谋之职的土肥原至天津面见溥仪，态度诚恳地请这位"宣统皇帝"到沈阳去"亲自领导"一个"独立自主"的"新国家"，并以肯定而又巧妙的言辞回答了溥仪最关心的问题，谓"新国家"毫无疑问"是帝国"，至于"宣统帝"如何领导这个"独立自主"的"帝国"，等到了沈阳以后再行详谈。到沈阳去领导一个新建的"帝国"，溥仪以为这正是

中国皇帝传 ◎ 第十二章　清逊帝爱新觉罗·溥仪

自己"恢复祖业"的肇始之基。于是，他丢下了那些反对"北幸"的师傅和"近臣"，躲在一辆跑车的后备厢里，驶出日租界，来到白河码头，与早在这里"恭迎圣驾"的郑孝胥父子一起，登上日本人为他们准备好的汽艇，开始了他去实现"重登大宝"美梦的旅途。

1931年11月13日晨，溥仪在营口登陆。然而他没有见到他所想象的东北百姓"恭迎大清皇帝圣驾"的壮观场面，甚至没有见到一个中国人。稍后，日本人没有按约带他去沈阳，而是以确保"宣统帝安全"为理由，将他秘密转移到旅顺，送进了一家日本人办的旅馆，不分昼夜地由日本军警"保护"起来，不得出居处半步，除了同他一起前来的郑孝胥父子和先期至东北联络关东军的罗振玉之外，不能同其他中国人会面，即使是天津方面尾随而来的师傅、"皇后"及"臣僚"们，也不例外。至于那个"新国家"的问题，则迟迟没有动静，溥仪派罗、郑二人再三去找日本人催问，得到的答复是"新国家"的建立正在研究。溥仪到东北后实质成了囚徒。

原来此时日本国内对如何统治东北这块殖民地尚未形成一致意见，关东军不便贸然行事。经过三个月时间的多方慎重磋商，日本军政各界最终统一了认识，决定在东北建立"满洲国"，暂行"共和制"；"国都"命名"新京"，设于长春；"国家元首"称"执政"，由溥仪出任。

1932年2月23日，关东军高级参谋板垣征四郎专程来到旅顺，向溥仪转述了日本政府关于建立"满洲国"的决定。溥仪听说要他出任"执政"，不由无名火起三千丈，暗骂日本人背信弃义，取消了他的"皇帝尊号"，断绝了"大清帝国"的统系，当即公开表示，无论如何也不能就任执政之职，满以为日本人会做出让步，仍请他当皇帝。谁知此时的日本人已不是在天津时候的模样了，阪垣竟当面称他"阁下"，声言关东军视不出任执政的答复为敌对态度，如不收回，即将采取敌对措施！无奈，"皇帝陛下"就这样在日本人那里变成了"阁下"，甚至立时要成为他们的阶下囚，如此突如其来的打击，一时弄得溥仪不知所措。就在这时，郑孝胥忠告溥仪说："张作霖殷鉴不远，还请皇上三思。"溥仪见木已成舟，害怕自己真的成了第二个张作霖，在日本人的警告和郑孝胥的"忠告"下，最终做出了一个自以为不失"体面"的决定：暂任执政一年，届期如不"重登大宝"，即行引退。

1932年3月9日，在日本帝国主义的精心策划下，溥仪正式出任伪满洲国执政。一直为他"恢复祖业"寻求日本人支持的罗振玉和郑孝胥，前者由于"顽固不化"，坚持帝制，被日本人一脚踢开；后者则因为"开明通达"，赞成"共和"，当上了"满洲国国务总理大臣"。从此，溥仪身边有了以"开国元勋"郑孝胥为首的一帮新的"文臣武将"，昏昏然又做起了"恢复祖业"的美梦。出任执政后，溥仪决心遵照祖训，励精图治，为将来"宏举"奠定基础。为此，他把"执政府"的办公楼命名为"勤民楼"，并真的每天早上早早起床，进楼办公。可是，不久溥仪便发现，他所能办的"公"，不是在"总理大臣"郑孝胥送来的各类文件上签名认可，就是同各部"总长"们闲谈聊天，所谓"军国大事"，原来都是由日本人担任的各部"次长"们决定的，而"满洲国"上自"总理大臣"、各"部"总长、次长，下至各"省"的大小官员，原来也都是由日本人提名，经他宣布任命的。所谓"执政"，原不过是为他人执政。不过溥仪并不灰心，因为希望在于一年之后。

在出任"执政"期间，溥仪签署了日本人为他准备好的"日满议定书"，出卖了大量国家主权，按照日本人的要求，向国联调查团表明了他"是由于满洲民众的推戴才来到满洲的"，他的国家"完全是自愿自主的"。对此，日本人感到十分满意。为了更好地利用手中的傀儡，加强对东北殖民地的统治，日本人也给溥仪一个回报，决定满足他的皇帝欲。于是，当溥仪"执政"一年期满之后，首先是关东军，继而是日本国内，不断地传出日本政府准备承认他为"满洲国皇帝"的消息。1934年3月1日，溥仪似乎如愿以偿了。这一天，他第三次登极，当上了"满洲国皇帝"，定年号为"康德"。

溥仪三度登极称帝后，享有了日本人恩赐给他的"尊荣"，同时也遭受了日本人给他带来的屈辱、痛苦和灾难。作为"满洲国皇帝"，溥仪所能享有的"尊荣"，说来其实也有限，可这有限的"尊荣"最初却使他得到了心理上的满足。

首先，所有日本人开始重新称他为"皇帝陛下"，公开场合像恭敬日本天皇一样地恭敬他。同时，关东军规定"满洲国"所有机关、学校、部队及各种公共团体，都必须供奉"康德皇帝"的"御真影"，所有公职人

中国皇帝传 ◎ 第十二章　清逊帝爱新觉罗·溥仪

员及学生、士兵等要按时向"御真影"行九十度鞠躬的最敬礼，据说这和日本国内恭敬天皇的仪式是一样的。

其次，关东军每年为他安排若干次"御临幸"和"巡狩"。"临幸"和"巡狩"的实际内容如何，溥仪并不理会，他所看重的是"皇帝"出行的威仪：每次"御临幸"或"巡狩"，先有大批全副武装的"净街车"开道，稍后是"满洲国警察总监"乘坐的红色敞篷车开道，继之才是他这位"皇帝"的全红色"正车"，车两边有摩托车随行保驾，再后面则是随从和一般警卫的车辆。

除了这些日常的几乎仅有的"皇帝尊荣"曾使溥仪感到满足和陶醉外，日本关东军为他安排的访日之行，更使他认为自己具有了一个真正皇帝的权威：庞大的护航、迎送舰队，裕仁天皇亲自到车站迎接，检阅日本海陆军，日本皇室的隆重礼遇和日本国民的"热烈欢迎"……这一切简直使溥仪飘飘然了。"回銮"后立即召集"新京"满日官员，发表访日观感，大谈满日亲善，甚至于异想天开地把"满洲国皇帝"同日本天皇放到了同等位置上，说什么无论满洲人还是日本人，"如果有不忠于满洲皇帝的，就是不忠于日本天皇，有不忠于日本天皇的，就是不忠于满洲皇帝"，等等。

然而溥仪这种飘飘然的自我陶醉没有持续多久，就被冷酷无情的现实扫荡得一干二净。首先，"开国元勋"郑孝胥，以为"满洲国"改行帝制，是"后清"的开始，用不着再什么事都去请示日本人，碰了几次壁之后，便在背后发起牢骚，在他创办的"王道书院"里对听课的人说："满洲国已经不是小孩子了，就该让它自己走走，不该总是处处不放手。"结果，溥仪访日归来不到一个月，日本人就以"郑孝胥总理倦勤思退"为由，要他换上大字不识一箩筐但十分听话的张景惠。

继郑孝胥之后，伪满洲兴安省省长凌升因为在一次省长联席会议上，抱怨日本人言行不一，说他们口头上承认"满洲国"是独立的，可从上到下什么事都是日本人说了算，散会后即遭逮捕，以"反满抗日罪"被砍了头。还有关东军在"宫内府"增设了"宪兵室"，严格监视进出人员，检查来往信件，并故意制造事端，将溥仪精心训练的"护军"全部缴械拘留，后经溥仪亲自道歉，才选用部分加以改编，由日本军官"代为训练"，其余则作为"肇事祸首"统统"驱逐出境"。

至此，溥仪已经清楚地知道要想做"大清国皇帝"是不可能了，不过这时他还不觉自己现有地位和人身安全会有什么问题。因为在他看来，"大清国"的"龙种"是无论如何也不能和郑孝胥、凌升那些人相提并论的，日本人离不开他。可到了1937年前后，日本人加强了对他的限制，不但不准他同外人接触，而且连前来为他祝寿的亲属，也要在日本人的监视下，只准行礼告退，不许说话逗留。溥仪开始感到事情有些不妙，暗暗告诫自己要小心从事，"恢复祖业"既然无望，可怎么也不能再丢了现有的"皇帝"尊号。然而，令他绝望的事情，终于还是发生了。这就是溥杰的婚事和关东军炮制的"帝位继承法"。

溥仪自成婚后，一直朝思暮想的是如何"恢复祖业"和早日"重登大宝"，无如屡经变故，凤愿难偿，以致经年累月心绪烦躁，夫妻生活极不正常。至1937年，溥仪而立之年已过，膝下仍无子无女，就在这一年由关东军一手安排，为溥杰找了一名叫嵯峨浩的日本侯爵的女儿，并在东京成了亲。随后，关东军即责令"满洲国国务院"抛出了一个"帝位继承法"，大意谓"满洲国皇帝"归天后，皇位依次由其子孙继承，如无子无孙就由弟弟继承，如无弟则由弟之子继承。溥仪这一下子就明白了，日本人原来要的是一个有日本血统的"满洲国"皇位继承人，因为关东军也曾劝他找一位日本姑娘做妻子，被他以语言不通、风俗习惯不同为由给拒绝了。在溥仪看来，"大清"的"龙子龙孙"，血统必须纯正。"帝位继承法"的颁布，溥仪觉得这不仅是"大清"统系断绝的象征，也是他个人性命随时都可能终结的标志。

溥仪在认识到自己的实际地位和所处境遇后，便由为了"恢复祖业"不惜一切代价，一变而为忍辱含垢求保性命了。自1937年七七事变前后始，他一面继续唯关东军之命是听，签发大量出卖民族权益、奴役掠夺东北百姓、屠杀各界爱国人士及无辜民众、支持日本帝国主义"圣战"的"满洲国"政令军令，一面战战兢兢地看关东军给他派来的"皇室御用挂"吉冈安直的眼色行事，生怕有什么"过失"，丢了性命。到后来，竟至换了祖宗。自1940年起，溥仪便不敢再公开祭祀自己的祖先，而是迎请日本天皇的祖先"天照大神"至长春，作为祖宗供奉起来；每当吉冈安直给他讲那一套"父亲"理论时，他都低头垂手，静听这位"准父亲"的训示。只有在这种常人不堪忍受的时刻，溥仪才不由得想起了在天津时爱新觉罗家族中有人说的那句话："不要忘了石敬瑭！"

直到1945年8月15日，日本宣布投降，溥仪的傀儡皇帝生涯才告结束。十六日，他在随关东军要人准备乘飞机逃往日本时做了苏联红军的俘虏。翌日，作为第二次世界大战的重要战犯，溥仪被押往苏联。溥仪被押往苏联后，先在赤塔一处疗养院住了两个月，而后便同相继押送到这里的其他伪满战犯一起，被转移到了离中国不远的伯力收容所，在这里度过了五年的拘留生活。在此期间，溥仪还作为重要证人出席了东京审判，为证实日本的军国主义战争罪行当庭给出了重要证词。

到苏联后不久，溥仪便觉察到苏联方面不打算杀掉他，但又害怕被中国政府引渡回国，以叛国罪处以极刑。他觉得不管是国民党还是共产党，谁得了天下都不会放过他。共产党是"洪水猛兽"，而国民党总裁蒋介石则早就警告过他不要到东北同日本人合作，国共双方恐怕谁都容不下他。因此，溥仪认为无论如何也不能回国。在苏联五年，他先后三次向苏联政府递交留苏申请，并把自己一直随身携带的一批珠宝首饰，挑出价值较差的部分捐献出来，支援苏联战后经济建设，希望苏联政府能批准他的申请，把他留下来，然后再寻求机会，到西欧哪个国家去度过他的后半生。然而苏联政府没有理睬他的留苏申请，而是在中华人民共和国成立后，于1950年7月将他及其他伪满战犯全部移交给了中国政府。从此，溥仪开始了为时九年的脱胎换骨的改造生活。

"皇帝"战犯的脱胎换骨与常人有所不同，溥仪在九年的改造过程中，经历了一个比普通伪满战犯更为艰苦复杂的过程。被引渡回国初，溥仪只想到死。从在苏联听到回国的消息后，他就认为这次必死无疑。然而溥仪回国后，所见所闻都令他大感不解：政府没有立即处死他，而是把他送到抚顺战犯管理所。同别的战犯一样，战犯管理所安排他洗了澡，换了衣服，发给了一些生活必需品，甚至还配给了香烟。朝鲜战争爆发时，中国政府出兵援朝抗美，伪满战犯们几乎一致认为美国人会打进来，共产党会像历代王朝一样，在关键时候先处理掉所有关押的重大犯人，结果是美国人没打进来，共产党更未把他们处理掉。

经过长达两三年之久的默默观察，到抗美援朝战争胜利时，溥仪已经意识到他不会被处死，可以和其他人一样活下来了。溥仪从此开始考虑如何度过以后的时光。死的问题解决了，绝大部分人都不再怀疑共产党的政策，开始努力学习，积极改造，争取得到政府宽大处理。可是对"皇帝"战犯来说，情况就大不相同了。

溥仪前半生，虽然在政治上三起三落，特别是伪满的十四年，无异任人摆布的木偶。但在个人生活方面，他却始终是按照皇帝标准，拿着皇帝的架子。因此，战犯管理所为了使溥仪获得改造，把他与家族成员分开。这位"皇帝"战犯不但要自己端饭、整理床铺、穿脱衣服、洗脚、洗衣服，而且还要和别人一样轮流做值日，打扫房间卫生，甚至还要提马桶！这些事他从未做过，也不会做，自然是做不好。每当溥仪感到自己无能、为自己事事落人后而痛苦时，战犯管理所的同志就来帮助、开导他，同时也循循善诱地引导他认识过去，反复讲明共产党和人民政府的政策，鼓励他好好改造自己，争取做个新人。

自1955年起，战犯管理所一方面带着溥仪一行伪满战犯到东北各地参观工厂、矿山、农村、学校，请各方面的人诉说日本帝国主义和伪满政权的种种罪行，一面在加强思想教育的同时，允许战犯们的亲属写信和前来探望，促使他们认识自己的过去，看到光明的前途。溥仪同其他人一样，在这一过程中，他亲眼看到了新中国的成就，亲耳听见了那些伪满时期受尽非人折磨的人们，在诉说了他们这些过去的魔鬼的罪行后，又说出了希望他们能改造成一个正常人的动人心魄的话语。慢慢地，溥仪挣脱了那个名为皇帝的精神牢笼，有了正常人的感情，开始认识自己的过去，并考虑自己是否也能在什么时候过上一个正常人的生活。

1957年，溥仪与七叔载涛的会见，终于燃起了他重新生活的希望之火。时年六十九岁的载涛，是溥仪嫡亲长辈中仅存的一人。这位清末的"涛贝勒""军谘大臣"告诉十几年未见面的侄"皇上"：爱新觉罗家族的老人，新中国成立后都各尽所长，生活得很幸福，青年一代更是朝气蓬勃，为建设新中国积极贡献力量，他这个"皇叔"已当选了全国人民代表大会的代表和全国政协委员，多次见到毛泽东、刘少奇、周恩来等党和国家领导人，毛泽东主席要他来看看"皇上"。

1959年，中华人民共和国建国10周年前夕，根据中国共产党中央委员会的建议，中华人民共和国主席刘少奇发布了特赦令。是年12月4日，溥仪被特赦释放。获释后，溥仪回到了阔别三十五年的北京。短短的两个多月的时间，他遍游了北京各名胜古迹，会见了爱新觉罗家族在京的所有成员，亲眼看到他们在新社会过着无忧无虑的生活，尽情地发挥自己的聪明才智。在此期间，中国共产党中央委员会主席毛泽东为他举行了家宴，详细询问了他的个人生活问题，并郑重地建议他重新建立一个幸福的家庭；中华人民共和国国务院总理周恩来亲自征求他的意见，对他今后的工作和生活做了周到细致的安排。这一切都使溥仪增添了重新生活的无限勇气。

　　自1960年3月起，溥仪开始了自食其力的新生活。他先在中国科学院植物研究所北京植物园半日学习，半日做些力所能及的工作，主要是熟悉新的生活环境。一年后，他到了全国政协文史资料研究委员会，任专员职，负责清理清末和北洋政府时代的文史资料，但仍坚持每周到植物园去劳动一二天，同时，撰写自传《我的前半生》。在人民政府和各方面人士的共同关心帮助下，1962年4月29日，溥仪与北京关厢医院的女护士李淑贤重新建立起幸福美满的小家庭。婚后，五十六岁的溥仪对李淑贤温情脉脉，体贴入微，夫妻感情可谓如胶似漆，形影难分。年过半百，溥仪终于尝到了人间真正爱情生活的甜蜜和幸福。

　　在国际上，溥仪特赦后短短几年时间会见了几百名国际友人、各国记者，向他们宣传中国共产党和政府的宽大胸怀，表示他对新中国前途的信心和为建设自己祖国尽力的决心。他的切身经历和感人话语，赢得了国际友人及各界人士的信任和赞誉。有的西方记者说，西方人理解溥仪比理解雷锋容易得多。溥仪以他特殊的身份，为中国政府和人民做出了他所能做出的特殊贡献。

　　正当溥仪沉浸在新生活的幸福和欢乐之中时，可怕的病魔悄悄向他袭来。其实，溥仪前半生长期的非人生活早已糟蹋了他的身体。1962年新婚后不久，溥仪就不时溺血，经名医诊治，暂时抑制了病情的发展，加之新生活的愉快，冲淡了疾病折磨的痛苦，表面看上去，身体一直很健康。1964年年底，溥仪病情开始恶化，尽管在周恩来总理的直接关怀和特别保护下，专家为他进行特殊的精心治疗，使他减少了一些痛苦，也基本避开了随后刮起的"文革"旋风的袭击，但肾癌这一恶魔终于在1967年10月17日凌晨吞噬了他的生命。

溥仪去世之时，正值十年动乱期间，后事较难处理。周恩来总理为此做出特别指示，说"溥仪遗体可以火化，也可以埋葬。根据家属意见，可以选择革命公墓、万安公墓和另一处墓地的任何一个地方安葬或寄存骨灰"。爱新觉罗家族主要成员在年过八旬的载涛的主持下，聚会讨论决定将溥仪遗体火化，骨灰寄存于八宝山人民骨灰堂。十年动乱结束以后，中国政府于1980年5月29日为他追办举行隆重的追悼大会。会后，根据中国共产党中央委员会的指示，溥仪的骨灰盒移至八宝山革命公墓，置于安放已故党和国家领导人及为中国革命做出卓越贡献的人们的骨灰盒的第一室副舍。